长江师范学院武陵山区特色资源开发与利用研究中心
长江师范学院武陵山片区绿色发展协同创新中心
武陵研究文库

乡村公共服务与反贫困联动
——来自武陵山重庆片区的实践与研究

刘安全 著

中国财经出版传媒集团
经济科学出版社
Economic Science Press

图书在版编目（CIP）数据

乡村公共服务与反贫困联动：来自武陵山重庆片区的实践与研究/刘安全著．—北京：经济科学出版社，2018.11
ISBN 978-7-5141-9926-0

Ⅰ.①乡⋯　Ⅱ.①刘⋯　Ⅲ.①农村-公共服务-关系-扶贫-研究-重庆　Ⅳ.①D669.3②F323.8

中国版本图书馆CIP数据核字（2018）第256713号

责任编辑：王　娟　张立莉
责任校对：王苗苗
责任印制：邱　天

乡村公共服务与反贫困联动
——来自武陵山重庆片区的实践与研究
刘安全　著
经济科学出版社出版、发行　新华书店经销
社址：北京市海淀区阜成路甲28号　邮编：100142
总编部电话：010-88191217　发行部电话：010-88191522
网址：www.esp.com.cn
电子邮件：esp@esp.com.cn
天猫网店：经济科学出版社旗舰店
网址：http://jjkxcbs.tmall.com
北京季蜂印刷有限公司印装
710×1000　16开　16.5印张　310000字
2018年12月第1版　2018年12月第1次印刷
ISBN 978-7-5141-9926-0　定价：72.00元
(图书出现印装问题，本社负责调换。电话：010-88191510)
(版权所有　侵权必究　打击盗版　举报热线：010-88191661
QQ：2242791300　营销中心电话：010-88191537
电子邮箱：dbts@esp.com.cn)

武陵山重庆片区绿色发展协同创新中心重大委托项目"武陵山重庆片区基本公共服务与反贫困联动机制研究"（XTCX04）最终成果

重庆市涪陵区社科事业专项委托项目"武陵山重庆片区基本公共服务与扶贫开发联动的实践与研究"（FLZXWT201801）最终成果

重庆市人文社会科学重点研究基地"武陵山区特色资源开发与利用研究中心"资助

序

安全博士新作《乡村公共服务与反贫困联动——来自武陵山重庆片区的实践与研究》（以下简称《研究》）即将付梓，作为兄长和朋友，拜读之余，欣然答应作序。

我与安全博士的相识是在 2015 年的秋天，当时，我受涪陵区政府委托，主持"涪陵武陵山旅游区发展中的问题与对策研究"课题，经好友陈雪阳副教授推荐，安全博士成为课题组成员。他曾在乡镇工作 10 余年，做事踏实，为人忠厚，善于思考，勤奋自律，扎实科研。课题组最后形成并报送的资政报告《关于加快武陵山旅游区文化与旅游相互融合的建议意见》能够获区主要领导的肯定性批示，安全博士功不可没。2018 年 3~8 月，安全博士挂任涪陵区社科联主席助理，朝夕相处，友情更笃。

安全博士是民族学科班，主要从事民族文化、旅游与社会发展研究，擅长实地调研考察、材料分析与问题提炼，所著成果《武陵山区旅游资源开发模式研究与实践》（经济科学出版社，2015 年版）、《新型城镇化进程中武陵山民族地区乡村文化传承与发展研究》（经济科学出版社，2017 年版），均是立足于田野实地调研而成。对于扶贫问题，他的研究也是不拘一格。2017 年 11 月，区社科联课题组对渝东南扶贫问题进行了一次全面深入的调研，课题组形成的资政报告《扶贫政策盲点及贫困户"老赖"问题值得高度重视》获中共重庆市委副书记、市长唐良智批示。在报告中，安全博士最先找出了扶贫政策福利对于贫困户的消极影响以及贫困户的道德滑坡问题。社会科学研究应在"现实中找问题，实践中寻答案，创新中求突破"，这次安全博士聚焦精准扶贫与小康社会建设，选择公共服务与扶贫联动为研究对象，立足田野调查，精心探寻问题，谋求解决对策，所著的《研究》

体现了学者应有的问题意识、创新观念和担当精神，正是对"扶贫2020"的目标实现及"后扶贫"时代反贫困策略的深入思考和系统探究，也是对新时期扶贫工作出现的新问题的高度关注与回应。

改革开放40年来，中国的扶贫开发事业是成功的，成就是显著的，正如阿马蒂亚·森所言："中国在世界反贫困斗争中的地位是独一无二的"（南华早报，2007）。但当中国跨越了绝对贫困之后，低水平的生态、教育、文化、医疗卫生、科技、就业服务供给造成的发展型贫困也会接踵而至。如何应对和解决发展型贫困，这需要社会各界的现实调研、决策咨询、理论反思和政策推动。就现实而言，我国的反贫困已开始进入重要的战略转型期，这就要求在精准扶贫政策的指引下，既注重经济增长对反贫困的作用，也注重以推进基本公共服务均等化为重点的城乡统筹发展策略，以全面解决包括相对贫困、能力贫困和机会贫困等在内的发展型贫困。新时期，集中连片特困地区的贫困多元化特征日益凸显，分析起来，既有客观的地理环境原因，也有地区发展不平衡、贫困文化代际传承等因素，但基本公共服务供给不足仍然是根本性原因。武陵山区的扶贫实践证明，必须建立扶贫开发新机制，合理配置社会资源，形成全社会反贫困合力。

在贫困地区，每增添一条公路、一家医院、一所学校等公共设施，所带来的积极影响均是直观的。如何看待和认识基本公共服务对扶贫的意义？曾经有学者做过估算，基础教育每投入1元，农牧业产值将增加8.43元；公共基础设施每投资1元，农牧业产值将增加6.75元（钱克明，2002）。也有学者认为，只有基本公共服务关系集束达到一定量时，基本公共服务的反贫困效应才会显现（李雪峰，2016）。因此，基本公共服务在助推贫困地区经济、社会、文化、生态的良性发展，提升贫困人口个人发展能力，增加就业机会，减少疾病威胁等方面有着极为重要的价值。但基本公共服务如何发挥其反贫困功能呢？《研究》一书给予了科学论证和系统回答，这正是《研究》一书的价值所在。《研究》以整体视角关注公共服务和扶贫开发互动的双向关系和作用机理，在基础设施建设、公共政策、医疗卫生、文化、教育、就业、生态等方面考察两者发展的时空转换。这既是创新性探索和有益尝试，同时，也是学术价值和积极贡献。

细阅书稿,《研究》体现出系统性、实用性和原创性特征。在扎实的实地调研基础上,寻找基本公共服务与扶贫开发之间的应有关系和实际关系,系统构建了武陵山重庆片区基本公共服务与扶贫开发互动与时空的演变轨迹;从武陵山重庆片区扶贫开发的实践出发,关照片区贫困发展的阶段性特征;说明基本公共服务对于区域反贫困事业的基础性作用,探索公共服务与反贫困的内生关系;证明了基本公共服务能针对贫困群体能力提升,贫困地区区域产业发展和生产生活条件改善等方面发挥作用,即公共服务通过专项服务改善乡村环境、培育区域产业发展和提升贫困人口综合素质,实现片区反贫困目标;明确指出均等化的公共服务和贫困地区脱贫有着天然的内在联系,基本公共服务投入不足是整体脱贫的根本性问题,难以改变区位、人力资源、资金以及产业发展劣势;公共服务是各服务供给主体为城乡居民提供基本而有保障的基础设施建设、文化教育、医疗卫生和社会保障等公共产品的服务;公共服务的反贫困机理研究的出发点在于无差别的公共服务,而公共服务的反贫困效果的显示点则在于服务的专业性及可达性。

总之,《研究》秉承了安全博士一贯严谨的学术风格,既注重理论研究文献的梳理,又采用了大量的图表数据和田野案例,不仅宏观展示了武陵山重庆片区贫困的时空发展脉络,而且有大量具体问题分析和建议对策,读来颇觉研究之深刻,分析之精到,措施之可行。

是为序,与安全博士共勉。

重庆市涪陵区社会科学界联合会主席
何侍昌
2018 年 6 月

目 录

第一章　绪论 ………………………………………………………………… 1
　　第一节　研究背景与意义 ………………………………………………… 2
　　第二节　文献综述：公共服务与反贫困研究进展 ……………………… 6
　　第三节　本书的研究思路与方法 ………………………………………… 11

第二章　反贫困与基本公共服务联动理论梳理 ………………………… 15
　　第一节　反贫困理论 ……………………………………………………… 15
　　第二节　基本公共服务 …………………………………………………… 20
　　第三节　基本公共服务与反贫困的联动关系 …………………………… 27

第三章　公共政策：扶贫规划、格局与公共财政投入 ………………… 35
　　第一节　扶贫政策演变及其执行策略 …………………………………… 35
　　第二节　"三位一体"扶贫格局的构建 …………………………………… 65
　　第三节　公共财政投入与经济持续增长 ………………………………… 69
　　第四节　扶贫公共政策与反贫困联动关系分析 ………………………… 77

第四章　基础设施建设的反贫困效益 …………………………………… 81
　　第一节　武陵山重庆片区基地设施建设现状 …………………………… 81
　　第二节　武陵山重庆片区基础设施建设与反贫困的相关性分析 ……… 88
　　第三节　武陵山重庆片区基础设施建设的制约因素与对策建议 ……… 92

第五章　知识、技能与教育贫困 ………………………………………… 98
　　第一节　教育贫困与教育扶贫研究理论分析 …………………………… 98
　　第二节　武陵山重庆片区教育供给现状 ………………………………… 104
　　第三节　武陵山重庆片区教育扶贫成效分析 …………………………… 117
　　第四节　武陵山重庆片区教育扶贫发展困境与对策 …………………… 120

第六章 医疗保障、医疗救助及人类健康 ……………………………………… 126
第一节 医疗卫生服务对于反贫困的重要意义 …………………………… 126
第二节 武陵山重庆片区医疗卫生服务供给现状 ………………………… 130
第三节 武陵山重庆片区基本公共医疗卫生服务反贫困困境与对策 …… 143

第七章 公共文化服务供给的反贫困绩效 …………………………………… 149
第一节 文化贫困与文化扶贫问题研究进展 ……………………………… 149
第二节 武陵山重庆片区公共文化服务供给现状 ………………………… 152
第三节 武陵山重庆片区公共文化服务存在的问题及原因分析与对策建议 …… 162

第八章 能力、就业机会与经济贫困 ………………………………………… 169
第一节 就业服务与经济增长 ……………………………………………… 169
第二节 武陵山重庆片区就业情况分析 …………………………………… 172
第三节 武陵山重庆片区就业存在的问题及对策 ………………………… 184

第九章 科技服务、特色产业与经济效率 …………………………………… 193
第一节 科技扶贫的回顾与前瞻 …………………………………………… 193
第二节 武陵山重庆片区科技扶贫开发现状考察 ………………………… 197
第三节 武陵山重庆片区科技服务存在的问题及原因分析 ……………… 213
第四节 促进科技服务与扶贫开发联动的建议 …………………………… 216

第十章 生态贫困、经济发展与家园保护 …………………………………… 220
第一节 生态贫困与经济发展研究述评 …………………………………… 220
第二节 武陵山重庆片区生态贫困现状及形成机理 ……………………… 227
第三节 生态环境保护与反贫困联动的对策建议 ………………………… 234

第十一章 结论与建议 ………………………………………………………… 239
第一节 乡村公共服务的反贫困机理 ……………………………………… 239
第二节 推动乡村公共服务与反贫困联动的对策建议 …………………… 242

参考文献 ………………………………………………………………………… 246
后记 ……………………………………………………………………………… 253

第一章

绪　　论

贫困问题仍然是当今世界面临的严峻挑战之一。无论某一国家或某一地区其经济社会发展程度如何，都存在着贫困人群。贫困问题因其长期性、复杂性和相对性特点将一直陪伴着人类社会。关于贫困问题的起源，包括舒尔茨、阿玛蒂亚·森、纳克斯、莱宾斯坦、缪尔达尔等著名学者从不同角度进行了解释，创造了人力资本投资理论、权利贫困理论、贫困恶性循环理论、临界最小努力理论、循环积累因果关系理论等理论与分析框架。无论是人力资本投资匮乏、基本能力和机会丧失，还是恶性循环导致贫困，似乎所有理论都偏向于政府消除贫困的能力与价值判断。

政府部门必将承担起治理贫困的历史使命。在我国，"消除贫困，改善民生，逐步实现共同富裕，是社会主义的本质要求"[1]。从"八七"扶贫攻坚以来，在各级党委和政府的主导之下，我国贫困地区和贫困人口大幅度减少，从1978年到2014年，累计减贫人口约7亿人，为世界反贫困做出了巨大贡献[2]。但是，作为发展中国家，我国的扶贫工作仍然十分艰巨，特别是集中连片困难地区因其恶劣的自然条件、贫困文化代际传承、地区发展不均衡等问题，严重地制约了贫困地区的扶贫工作进程。

均等化的公共服务和贫困地区脱贫有着天然的内在联系。实践证明，基本公共服务投入不足是影响地区整体脱贫的根本性问题，贫困地区的基础设施建设、医疗、社会保障以及基础教育等公共服务不足，很难改变其在区位、人力资源、资金以及产业发展劣势。2013年11月，习近平在湘西考察扶贫工作时说，关于扶贫工作，"三件事要做实：一是发展生产要实事求是，二是要有基本公共保障，

---

[1] 习近平：《把群众安危冷暖时刻放在心上　把党和政府温暖送到千家万户》，人民网－人民日报，2012年12月31日。

[2] 新华社：《1978年~2014年我国累计减贫逾7亿人》，人民网，2015年6月23日。

三是下一代要接受教育",强调了公共服务在地区脱贫中的重要性①。

第一节 研究背景与意义

一、贫困的现在式

贫困是人类社会一个共有的现象,不管贫困的含义及其衡量标准如何变动,它都以一种朴素而客观的方式在人类社会中存在。所谓的贫困问题是某一区域某些人口的实际生活状态与主流社会所期待的状态之间存在差距。

贫困首先是一种物质生活状态,是相对于富足而言的。人群是否贫困,可以由政府或其他权威部门根据某一国家或某一地区的总体经济状态,人为地划定某一标准(贫困线),在标准之下的生存状态就是贫困。当然,随着一个国家或一个区域的经济整体发展,这个标准也将发生改变。在我国,设立贫困标准有两个类型,一是以县为单位设定贫困标准;二是以个体人为单位设定贫困标准。从20世纪80年代,出于扶贫工作需要,我国开始对贫困县和贫困人口标准进行设定,随着经济社会的发展,贫困县和个体贫困标准也发生着变化。

1986年,我国第一次确定了国家级贫困县标准:"1985年,年人均纯收入低于150元的县和年人均纯收入低于200元的少数民族自治县";年人均纯收入低于300元的,对民主革命时期做出过重大贡献,在海内外有较大影响的老区县。1992年,国家级贫困县标准调整为年人均纯收入低于400元,人均纯收入超过700元的县一律退出国家贫困县,当年列入《国家八七扶贫攻坚计划》的国家重点扶持的贫困县共有592个,分布在27个省、自治区、直辖市。1994年,全国扶贫工作重点县确定采用"631指数法"标准,即按贫困人口(占全国比例)占60%权重(其中,绝对贫困人口与低收入人口各占80%与20%);农民人均纯收入较低的县数(占全国比例)占30%权重;人均GDP低的县数、人均财政收入低的县数占10%权重确定。具体标准为人均收入低于1300元,老区、少数民族边疆地区低于1500元;人均GDP以2700元为标准;人均财政收入以120元为标准。2006年,共确定公布全国21个省级行政区内的665个县为国家级贫

---

① 习近平:《扶贫切忌喊口号》,新华网,2013年11月3日。

困县。① 2012年3月19日，国家有关部门公布了调整后的国家扶贫开发工作重点县名单共592个县。2011年12月，国务院发布《中国农村扶贫开发纲要（2011~2020年）》，将六盘山区、秦巴山区、武陵山区、乌蒙山区、滇桂黔石漠化区、滇西边境山区、大兴安岭南麓山区、燕山—太行山区、吕梁山区、大别山区、罗霄山区等区域的连片特困地区和已明确实施特殊政策的西藏、四川藏区、新疆南疆三地州作为扶贫攻坚主战场。在中国14个集中连片特困地区中，农民人均纯收入为2676元，仅相当于全国平均水平的一半；在全国综合排名最低的600个县中，有521个在集中连片特困区内，占总数的86.8%②。

我国个体贫困标准主要适用于农村，分为绝对贫困标准（绝对贫困线）和低收入标准（相对贫困线），鉴于各地经济发展不平衡，可以根据实际情况进行上调。没有确定统一的城市居民最低生活保障线的城市，由各地区政府确定，存在较大差异。2008年前，执行两个扶贫标准：一是1986年制定206元的绝对贫困标准，该标准以每人每日2100大卡热量的最低营养需求为基准，再根据最低收入人群的消费结构来进行测定。后来，此标准随物价调整，到2007年时为785元。二是2000年制定的865元低收入标准，到2007年底，调整为1067元。2008年，绝对贫困标准和相对贫困标准（低收入标准）合一，统一使用1067元作为扶贫标准。2009年贫困线标准进一步上调至1196元。此后，随着消费价格指数等相关因素的变化，贫困线标准进一步上调，至2015年调至2800元③。详见表1-1。

表1-1　　　　　　　　　　我国历年贫困线标准　　　　　　　　　　单位：元/人

标准	1978年	1984年	1985年	1986年	1987年	1988年	1989年	1990年	1992年	1994年
绝对贫困线	100	200	206	213	227	236	259	300	317	440

标准	1995年	1997年	1998年	1999年	2001年	2002年	2003年	2004年	2006年	2007年
绝对贫困线	530	640	635	625	630	627	637	668	693	785
相对贫困线			880	865	882	924	944	958	958	1067

标准	2008年	2009年	2010年	2011年	2015年	2016年
贫困线	1067	1196	1274	2300	2800	3000

资料来源：历年《中国农村贫困监测报告》。

---

① 申秋：《中国农村扶贫政策的历史演变和扶贫实践研究反思》，载《江西财经大学学报》2017年第1期。
② 中共中央、国务院：《中国农村扶贫开发纲要（2011~2020年）》，载《国务院公报》2011年第35号；中华人民共和国人民政府网站，http://www.gov.cn。
③ 王晓琦、顾昕：《中国贫困线水平研究》，载《学习与实践》2015年第5期。

从 2009 年始,我国将绝对贫困标准和相对贫困标准合二为一,把现行低收入标准作为新的扶贫标准。2011 年,根据新调整的乡村个体贫困标准,当年农村贫困人口数量从 2688 万人增加到 1.28 亿人。至 2014 年底,我国仍有贫困标准以下的贫困人口 7017 万人。2015 年,我国贫困标准提升为农民年人均纯收入为 2800 元,已高于世界银行最新贫困标准。"按购买力平价计算,约相当于每天 2.2 美元,略高于世界银行 1.9 美元的贫困标准"[①]。2009 年 3 月,世界银行发布以《从贫困地区到贫困人群:中国扶贫议程的演进》为题的中国贫困和不平等问题评估报告指出:"极度贫困——无法满足最基本的衣食需要——在中国基本上已经消除"[②]。但中国的贫困人口数量仍然巨大、部分人群返贫风险高、经济增长的扶贫效应减弱、收入差异加大、贫困人口分散、贫困人口的卫生和教育支出加重、劳动力市场不规范、社会保障制度不完善等原因导致中国的扶贫任务更加艰巨。新公布的国家级贫困县和 14 个连片特困地区主要集中于我国的中西部地区,这些贫困地区多半分布在"老少山边民"地区,自然环境恶劣、基础设施建设滞后、交通不便等公共服务体系建设不足,明显加大了脱贫难度。

武陵山重庆片区属于 14 个连片特困区之一的武陵山片区,即传统意义上的渝东南地区,也是 1986 年以来的国家扶贫重点地区。长期以来,渝东南地区囿于自然地理分割、自然灾害频发、乡村村庄分散、职业单一、村民较低的文化水平以及少数民族多样文化传统等因素的制约,乡村出行难、管理难、受教育难和分享外界资源难,以致造成贫困。至 2014 年底,武陵山重庆片区的黔江、丰都、石柱、秀山、酉阳、彭水、武隆 7 个国家级贫困(县)区,仍有贫困村 855 个,贫困人口总数为 502052 人,详见表 1-2。

表 1-2   2014 年武陵山重庆片区贫困村、贫困人口一览表

区县	黔江	丰都	石柱	秀山	酉阳	彭水	武隆	合计
贫困村(个)	80	125	110	110	180	150	100	855
贫困人口(人)	40641	71917	54908	61728	127286	96123	49449	502052

资料来源:重庆贫困农户公开查询网,http://cx.cqfp.gov.cn/。

[①] 林晖、陈春园:《国务院扶贫办:我国现行贫困标准已高于世行标准》,新华网,2015 年 12 月 16 日。

[②] 世界银行:《从贫困地区到贫困人群:中国扶贫议程的演进》,世界银行东亚及太平洋地区扶贫与经济管理局,2009 年 3 月。

二、新时期武陵山重庆片区减贫需求特征

新时期，武陵山重庆片区解决了贫困人口"最基本的衣食需要"，又面临着更加严峻的挑战。据向德平、张大维等对于武陵山片区8县149村的抽样调查结果显示，武陵山重庆片区的贫困在总体上仍然没有得到有效缓解。其贫困总体表现为：一是贫困发生率高。如酉阳县和秀山县的贫困发生率为16%，远远高于全国贫困发生率3.8%的水平。二是贫困人口绝对数多。到2014年底，武陵山重庆片区7个区县共有贫困人口502052人，平均贫困人口数为7.17万人/县，远远高于全国每县2.07万人的平均水平。三是贫困程度深。主要表现在住房面积小且构造简单，家电等日用品种类和数量少，交通工具、农业机械作业缺乏等。四是贫困的自我认同度高。绝大多数受访农户都认为本家庭处于贫困状态。五是脱贫难度大[1]。经过多年扶贫，武陵山重庆片区扶贫开发取得了明显成效。但是，新时期贫困的阶段已发生改变，传统贫困特征虽然在一定程度上存在，但发展型贫困、相对贫困以及因天灾人祸致贫等新贫困的脱贫任务更加艰巨，一些传统的扶贫方式方法已不适用于现代性的贫困。因而，武陵山重庆片区扶贫工作将迎来三个挑战：第一，复杂原因致贫、返贫风险、贫困代际传递以及贫困隐性化等新问题致使贫困的复杂化；第二，因贫困率下降和国家贫困线的提升，造成剩余贫困人口的分散化和扶贫面的加大，需要更新和创新多元的扶贫理念和方法，以应对贫困人口的新特征；第三，扶贫工作中出现了扶贫工作的供需矛盾、理论与实践矛盾以及扶贫管理矛盾等，急需创新扶贫理念，总结扶贫管理工作的经验与教训等。

新时期武陵山重庆片区扶贫要更加注重公共服务供给的水平和质量。有学者研究认为，农村基础教育、技术服务和基础设施建设三大公共投入对经济增长具有较高的回报率[2]。基础教育公共投资扶贫效果最好，每增加1元的基础教育投资，农牧业产值增加8.43元；每增加1元的公共基础设施投资，农牧业产值增加6.75元[3]。世界银行中国贫困和不平等问题评估报告指出："相关制度安排的变化导致了卫生和教育等公共服务的市场化和商业化""贫困人口的卫生和教育支出

---

[1] 向德平、张大维等：《连片特困地区贫困特征与减贫需求分析——基于武陵县山片区8县149个村的调查》，经济日报出版社2016年版。

[2] 樊胜根等：《中国农村公共投资在农村经济增长和反贫困中的作用》，载《华南农业大学学报》2001年第1期。

[3] 钱克明：《加入WTO与我国农业政策调整和制度创新》，载《经济问题研究》2002年第1期。

负担越来越重"①。武陵山重庆片区扶贫开发需要满足贫困人口的个体需求——而不仅仅是解决了生存必需的衣食问题——包括生存、安全、社交以及发展需求；还要满足贫困地区的公共需求，如基础设施建设、教育培训、医疗卫生、农业公共服务、公共文化服务、自然环境保护以及公民权利维护等，针对儿童培育、妇女发展、老人养老以及少数民族人群照顾与文化保护等需求也将大力伸张。另外，提供此类公共服务的公共产品供给却不尽人意。由于地方财政的紧张导致武陵山重庆片区公共产品供给短缺，提供的公共产品预设较多，落实较少，呈现出供给量少和分布不均衡等特征，不利于农村贫困人口生活压力的减少。

第二节 文献综述：公共服务与反贫困研究进展

建设完备的基本公共服务体系是建设中国特色社会主义和谐社会的主要任务之一。基本公共服务与国家减贫在战略目标、政策内容、行动举措和政策影响上具有很多共同之处②。近年来，随着城乡基本公共服务体系建设的推进，国内外对于均等化的公共服务和区域反贫困问题的研究越来越多。

一、贫困从绝对到相对

最初，贫困的概念是从经济角度来定义的，即认为贫困是一个（或一户）人在一定时间内的总收入不能维持身体正常需要的最低生活必需品，主要包括食物、住房和其他必需项目。世界银行在1981年将"贫困"定义为，一些人"没有足够的资源去获取他们在那个社会公认的、一般都享受到的饮食、生活条件、舒适和参加某些活动的机会"③。从经济的角度看，贫困就是人们的收入不足以满足日常生存所需的生活状况，即绝对的贫困。

随着世界反贫困事业的不断推进，人们对贫困问题的认知不限于经济收入，还包括人口的健康、文化、社会保障等其他方面。正如英国经济学家、贫困问题研究专家汤森德认为，贫困即是"因为缺乏资源而被剥夺了享有常规社会生活水

---

① 世界银行：《从贫困地区到贫困人群：中国扶贫议程的演进——中国贫困和不平等问题评估》，世界银行东亚及太平洋地区扶贫与经济管理局，2009年3月，第Ⅷ页。

② 苏明、刘军民、贾晓俊：《中国基本公共服务均等化与减贫的理论和政策研究》，载《财政研究》2011年第8期。

③ 世界发展报告翻译小组：《世界银行1981年世界发展报告》，中国财政经济出版社1983年版。

平和参与正常社会生活的权利"[1]。世界银行也在《1990年世界发展报告》中修订了贫困的概念，指出衡量生活水准除了家庭的收支情况，还要关注包括基本公共医疗卫生、预期寿命等社会福利内容[2]。基于对贫困产生原因的研究，经济学家阿玛蒂亚·森提出"可行能力贫困"概念，推动了世界对贫困的新认识。他把贫困看作基本可行能力的丧失或被剥夺，"贫困最终并不是收入问题，而是一个无法获得在某些最低限度需要的能力问题"[3]。世界银行贫困问题研究小组明确说明，贫困是物质、权利和发言权的缺乏，将经济、社会角度的贫困扩展到了"权利贫困"。20世纪90年代以后，世界对贫困的认识更加深入，即贫困不仅仅指收入和支出的低下，还包括能力缺乏、健康状况差、社会排斥、缺少机会和权利等。1997年，联合国开发计划署发表《人类发展报告：人类发展与扶贫，1997》，将"人类贫困"定义为"贫困不仅仅是收入低微、经济贫困，而且指人们在寿命、健康、居住、知识、参与、个人安全和环境等方面的基本条件得不到满足，限制了人的选择"[4]。

对贫困的理解从经济、社会和权利多种角度的分析，反映出人类对扶贫工作认知的进步性。在我国，反贫困问题已经取得了阶段性成果，对于世界贫困问题缓解、国家稳定以及对贫困地区持续性的工作，不仅仅是对绝对贫困的决定性胜利，而且是实现社会主义"共同富裕"伟大目标奠基性的成绩。深层次原因则是我国始终坚定不移地伸张和维护贫困地区和贫困人口的生存权和发展权。

二、贫困的度量方法

贫困的度量需要一个标尺。在某个社会中，当一些人没有达到既定的"最低生活限度"时，即认为该社会存在"贫困"。贫困度量的标尺即"贫困线"。贫困线首先反映了一个社会最低限度的生活基本需要，包括对食物能量的需要和对非食物消费的酌加。国际上没有统一的贫困测量方法。扶贫实践中有两种主要的度量方法，一是食物能量方法；二是食物份额方法。食物能量方法从个人所需要的食物能量卡路里水平确定收入和支出水平[5]；食物份额方法则是按家庭组总支

---

[1] Townsend P., *Poverty in United Kingdom: A Survey of Household Resources and Standards of Living.* London: Allen Laneand Penguin in Books, 1979, P. 31.
[2] 世界银行：《1990年世界发展报告：贫困问题》，中国财政经济出版社1990年版。
[3] 阿玛蒂亚·森著，王宇、王玉文译：《贫困与饥荒》，商务印书馆2001年版。
[4] 联合国开发计划署：《中国：人类发展报告：人类发展与扶贫，1997》，联合国开发计划署驻华办事处，1997年。
[5] Dandekar, V. M. and Rath, Poverty in India. *Pune: India School of Political Economy*, 1971.

出中的食物份额除以各个子群（成员）所得的花费估计。国际现行的通用贫困标准是 2008 年世界银行采用国际比较计划（ICP）和在 116 个国家的 675 项住房调查结果，计算出发展中国家的生活成本，制定了每天 1.25 美元的贫困线标准。2016 年世界银行又将贫困线标准上调至 1.9 美元。

除了世界银行发布的贫困线标准，国际还较多地采用恩格尔系数法、基本需求法、比例法和市场菜篮子法等①。恩格尔系数法是运用恩格尔定律，用"饮食开支/恩格尔系数"计算出贫困线数值。恩格尔系数法仅适用于绝对贫困线的测算；基本需求法则是根据各消费项对于居民的重要程度，确定必需商品的消费项目和最低需求量，即对每一项根据 5% 最低收入户实际消费的平均单价进行求总和，来确定贫困标准。经济学家朗茨提出的"可扩展线性支出模型"利用计量经济学原理，将居民的消费指标化，关照家庭基础教育、医疗支出等公共服务内容，将绝对贫困和相对贫困统一起来，采用截面数据作样本，得出较为准确的贫困线数值。

总的来看，贫困度量问题是围绕如何设定贫困线标准，以及衡量和比较贫困程度来展开的，从发展轨迹来看，贫困度量方法正从单一的经济度量方法向多维测量演变。构成度量实践的方法差别主要区分为"福利主义"和"非福利主义"②。福利主义以福利比较为基础，侧重于公共政策的选择依赖于个体的效用（偏好）；非福利主义则以某些特定的基本进步的评估为基础，如对衣食住行和子女抚养能力的提高等。在这种度量方法下，对贫困的测量不再依赖于对物质产品的支配，而是扩大到诸如寿命更长、身体健康、接受良好教育和更好地被抚养等因素③。

三、基本公共服务与反贫困联动

贫困从绝对发展到相对，其度量方式从单一经济方法发展到多维测量方法，使公共服务进入扶贫工作体系。随着资本和劳动力资源配置的合理性提高，利用家庭经济开展反贫困的研究焦点是农村家庭如何选择和调整其收入结构、家庭生产产出以及家庭内部的产权安排等项目实现家庭经济目标。应对各类贫困致因，需要在政府帮助、企业扶贫的基础上，形成一个政府、企业和家庭组成的三维分析框架，拓展扶贫开发新空间④。但是，一些专家学者质疑政府扶贫与公共服务

---

① 童星、林闽刚：《我国农村贫困标准线研究》，载《中国社会科学》1994 年第 3 期。
② 马丁·瑞沃林著，赵俊超译：《贫困的比较》，北京大学出版社 2005 年版。
③ Sen, Amartya K, *The Standard of Living*. Cambridge: Cambridge University Press, 1987.
④ 汪段泳、刘振光：《国外反贫困理论研究的新进展》，载《江汉论坛》2007 年第 5 期。

的协调关系，认为扶贫会引发地方政府公共支出决策的扭曲，而不利于用于生产建设和公共服务等方面的支出增长[1]。布雷伏德（Bradford）和欧德斯（Oates）的"面纱假说"[2]论证了地方政府对转移支付不产生实质影响，而斯泰恩（Stine）等的"粘蝇纸效应"[3]和吉昂克哈（Gamkhar）与夏（Shah）关于转移支付导致软预算和道德风险等问题[4]的研究，则指出政府间转移支付对公共服务的公平和效率产生影响。因而，扶贫与地方政府公共支出的内在关联在理论上不明确。

在扶贫实践中，发达国家基于公共服务供给的反贫困措施，包括建立健全社会福利及社会救助制度，实行区域开发和社会发展政策及其实施，由政府组织、企业及公益机构具体执行的各种反贫困计划。发展中国家反贫困的措施有保障基本生活需要、培训和促进就业等[5]。美国学者达荣·阿西莫格鲁与詹姆斯·罗宾森合著的《国家为什么会失败？——权力、繁荣与贫穷的根源》运用包容性制度和攫取性制度的分析框架，提出一种解释国家权力、繁荣和贫困之起源的理论模型[6]，被誉为是"提供了一种诠释富国穷国问题的新思维"，其观点是人为的政治和经济制度对经济成功与否至关重要。

在我国，众多学者对城镇化进行背景下的公共服务与地区脱贫开展了深入研究，结果表明，城镇化发展对经济增长存在着正向交互作用[7]。完善的城镇空间格局是区域经济发展的空间支撑，是农业转移人口市民化和城乡发展一体化的基础保障[8]。贫困山区县域城镇体系空间结构分层特征明显，城镇等级体系不合理，城镇空间结构不平衡，制约了区域经济的发展[9]。可以通过空间重组、产业整合有序推进村镇建设，能够改善贫困地区乡村空间的"散、乱、空"的局面，为贫

---

[1] 程丹峰、宁旭初、叶康涛：《中国财政扶贫政策分析》，载《财贸经济》1998年第4期。

[2] Bradford, D. And W. Oates, The Analysis of Revenue Sharing in a New Approach to Collective Fiscal Decisions. *Quarterly Journal of Economics*, Vol. 85, No. 3, 1971, pp. 416-439.

[3] Stine, W., Is Local Government Revenue Response to Federal Aid Symmetrical? Evidence from Pennsylvania County Government in an Era of Retrenchment. *National Tax Journal*, Vol. 47, 1994, pp. 799-816.

[4] Gamkhar, S. And A. Shah, *The Impact of Intergovernmental Fiscal Transfers: A Synthesis of the Conceptual and Empirical Literature. In Boadway. R. And Shah (des.). Intergovernmental Fiscal Transfers: Principles and Practice.* Washington, D. C.: The World Bank, 2007, pp. 225-258.

[5] 项秀：《国外反贫困经验及其对我国的启示》，载《学理论》2011年第14期。

[6] Daron Acemoglu, James Robinson, *Why Nations Fail: The Origins of Power, Prosperity, and Poverty.* Crown Business Press, 2012.

[7] 朱孔来：《中国城镇化进程与经济增长关系的实证研究》，载《统计研究》2011年第9期。

[8] 仇保兴：《按照五个统筹的要求 强化城镇体系规划的地位和作用》，载《城市发展研究》2004年第1期。

[9] 刘彦随、周扬、刘继来：《中国农村贫困化地域分异特征及其精准扶贫策略》，载《中国科学院院刊》2016年第3期。

困地区实现自我发展提供条件[1]。基础设施完善程度对贫困地区的扶贫开发具有重要的引导作用,直接改善了贫困地区农民的生产和生活条件,增加了农民参与市场经济的机会,加强了区域与城乡之间的经济联系[2]。贫困地区的农村教育、农业科研、灌溉工程和基础设施的建设与完善为农民增收、优化收入结构、降低贫困,推动农村可持续发展提供了物质基础[3]。然而,基础设施的投资倾向于城市地区,广大贫困地区受自然条件和远离经济发展核心区等因素的影响,基础设施投资严重不足,制约了贫困地区减贫和发展目标的实现[4]。

此外,贫困地区基本公共服务供给严重不足,影响了扶贫开发政策的实施和区域经济发展目标的实现。当前,公共服务供给不足成为影响贫困地区持续发展的主要障碍[5]。基本公共服务减贫的作用机理在于:通过提高贫困地区农业生产率和贫困人口生产力水平,增强贫困地区人口的发展能力,降低贫困地区的脆弱性,减少社会排斥来降低贫困发生率[6]。因而,基本公共服务与反贫困联动应做好扶贫与基本公共服务均等化在规划、标准、项目和体制机制上的统筹和衔接,以实现基本公共服务均等化为要领,着力改善贫困地区生产、生活、生态条件,重点健全城乡社会安全网,创新基本公共服务提供机制和方式[7]。

综上所述,尽管学者们在基本公共服务视角下,对贫困地区扶贫问题开展了卓有成效的研究,并取得了丰硕的成果,但仍然有许多薄弱之处。第一,对公共服务与反贫困问题进行总体研究较多,从理论思辨较多,而缺乏对两者相互促进的作用机理的分析。第二,从个案出发的研究和分析的类型较少,所提出的对策其适用性和操作性较差。第三,从研究方法上看,现存文献以理论思辨、剖面分析较多,探索两者互促过程的历时性研究较少。

---

[1] 孔露平、涂建军、华娟、简洁、张戈:《贫困山区县城镇体系空间特征研究——以重庆市秀山县为例》,载《西南师范大学学报》(自然科学版) 2012 年第 8 期。

[2] 王军:《集中连片特困地区的城镇化选择》,载《社会科学报》2013 年 4 月 18 日。

[3] 韦鸿、张全红:《中国农村公共投资的减贫效果分析》,载《经济问题》2009 年第 9 期。

[4] 辜胜阻:《城镇化能解城乡间的"失衡"》,载《中国人大》2011 年第 5 期。

[5] 沈能、赵增耀:《农业科研投资减贫效应的空间溢出与门槛特征》,载《中国农村经济》2012 年第 1 期。

[6] 曾小溪、曾福生:《基本公共服务减贫作用机理研究》,载《贵州社会科学》2012 年第 12 期。

[7] 苏明、刘军民、贾晓俊:《中国基本公共服务均等化与减贫的理论和政策研究》,载《财政研究》2011 年第 8 期。

第三节 本书的研究思路与方法

一、研究思路

本书关注武陵山重庆片区乡村公共服务体系与区域反贫困发展关联互动的方式、过程和作用机理，讨论两者促进的机制，分析其现实问题并提出建议，为民族地区扶贫工作提供参考。

在消除了绝对贫困之后，人们需要从政治、文化、社会、习俗等多个因素来分析和比较贫困，扶贫也将不再满足于解决贫困人口温饱问题。本书将基本公共服务作为贫困地区扶贫工作的重要助力，是与贫困地区资源赋存、人力资本、资金等发展要素一样，不可或缺。基于公共服务对于地区经济、文化和社会的发展有着内生发展的作用，本书将围绕基本公共服务和贫困地区反贫困的联动关系开展研究，见图1－1。

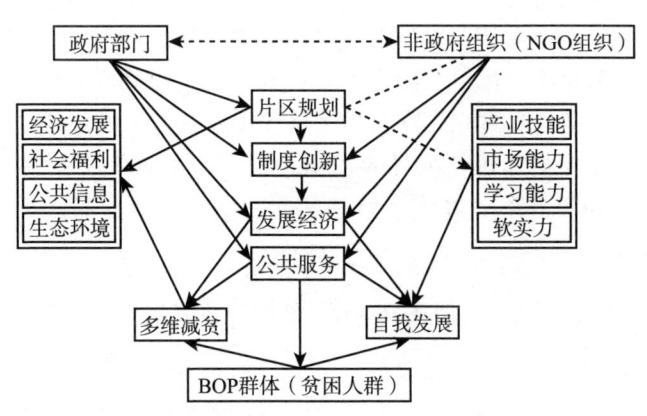

图1－1 乡村基本公共服务与反贫困联动思路

（一）厘清乡村基本公共服务与区域反贫困的内生关系和属性

公共服务与区域反贫困事业有着天然的内在联系。大量的事实和研究成果证明，基本公共服务不仅是衡量一个国家或地区经济社会发展水平的重要指标，也是区域社会经济发展的前提。两者互为需求，在功能上相互影响、相互促进。在研究实践中，我们将对国内外已有的相关文献进行梳理，总结前人智慧，建构起公共服务与反贫困联动的机制机理模型。公共服务与反贫困事业的互促，是两者互为切入点和载体，并能有效地建立起区域社会全面健康发展的长效机制。通过对武陵山重庆片区重点贫困区县、乡村进行实地调研，获取区域性扶贫工作的经验和第一手资料，从不同类型的公共服务探讨其对于扶贫工作的促进作用与启示意义。

（二）明确政府部门、BOP 群体和公共事业单位等反贫困主体身份及其职责

武陵山重庆片区的反贫困与区域发展的共同主体包括政府及其职能部门、公共事业单位和 BOP 群体（贫困人群），在区域扶贫工作中各主体应在各自的权利义务框架内扮演好不同的角色，发挥不同的作用。政府及其职能部门是"公共服务与反贫困联动"的组织者和推动者，不同层级的政府机构具有不同的角色差异性，国家、市（省）、县（区）、乡（镇）各级政府承担了战略定位、规划、策略选择、指导、组织实施、协调、监督等职责。BOP 群体则是"公共服务与反贫困联动"最主要和最直接的服务主体，长期以来的扶贫工作都把 BOP 群体看作"扶贫救济"的对象，而忽视了其作为反贫困主体的身份。只有充分调动 BOP 群体自我发展的积极性和能动性，通过在实践中学习，积累人力资本、生计资本，增强分享公共服务的能力，才能摆脱贫困。基层公共事业单位是武陵山重庆片区现阶段"公共服务与反贫困联动"的重要助力和主体。各种非营利性组织将在区域服务与反贫困事业中发挥更大的作用。一方面，事业单位以专业优势、组织优势参与片区公共服务与反贫困，在大扶贫格局中发挥重要的"润滑剂"作用。另一方面，鼓励企业参与非营利项目的发掘和培养，面向 BOP 群体需求进行产品供给创新，开发 BOP 市场，在实现减贫的同时增加企业盈利，推进区域经济社会发展。

（三）厘清多维度的公共服务与 BOP 群体自我发展之间的关系

贫困的多维性和公共服务的综合性决定了武陵山重庆片区"公共服务与反贫困联动机制"的多元性。因而，需要花大力气剖析各维度与各子系统之间的相互关系。多维贫困与自我发展能力缺乏是武陵山重庆片区贫困的重要原因，两者在很大程度上存在互为因果的关系。多维贫困导致 BOP 群体自我发展能力缺失，而能力缺失进一步加深多维贫困。公共服务能有效地针对贫困的多维性提出解决方案，以服务于 BOP 群体能力的提升，从而缓解多维贫困。所以，"公共服务与反贫困联动机制"研究应着眼于区域内的经济、教育、健康、基础设施、信息、文化和生态等多个维度的公共服务，推动特色产业、财政补贴、基本公共服务均等化、定向培育计划、基础设施建设、生态治理等项目。与之相对应，在扶贫项

目推进的过程中，又要与自我发展能力的培育结合起来，在"干中学"，不断积累产业、技能和文化知识，提升自身软实力和各项能力，最终形成 BOP 群体"自我造血"和片区可持续发展所必需的自我发展能力。

二、研究方法

本书对武陵山重庆片区乡村基本公共服务与反贫困联动机制的研究，主要采用文献分析法、比较分析法、田野工作法和案例分析法等相互结合的研究方法。

（一）文献分析法

项目研究在利用 CNKI、JSTOR 等国内外知名论文网络服务平台、长江师范学院图书馆和长江师范学院武陵山区特色资源开发与利用中心资料库收集整理文献，对贫困研究文献、武陵山片区贫困现状、贫困致因、扶贫模式以及公共治理、公共服务研究的各种文献进行了分类，厘清前人做过的与本书相关的研究工作，形成对乡村基本公共服务与反贫困联动的关系与机制的初步认识，从而衍生出本书的基本理论与方法，确定研究的重点方向和突破点。

（二）比较分析法

对乡村基本公共服务各个领域中的不同案例进行比较分析，发现其差别，利于全方位认识公共服务与反贫困事业的关联与互促。一是系统梳理武陵山重庆片区扶贫开发的各个阶段，对不同阶段的扶贫政策、实际做法和成效进行对比分析，比较各阶段的特点，并总结经验与教训，找准当前片区反贫困的主要问题和任务。二是对片区 7 个区县的乡村基本公共服务和反贫困实践进行对比分析，提炼各个区县扶贫的成功经验和存在的难点，为进一步提出完善公共服务与反贫困互促的政策和方法提供有效借鉴。

（三）田野工作法

以实地田野的观察与理解来收集资料和解读研究对象。通过对武陵山重庆片区 7 个区县和重点扶贫乡村进行田野实地调研，运用观察、参与观察、访谈等调查形式弄清当前片区基本公共服务的现状与影响。在实地调研中，与报告人深度访谈，收集相关文献与实物资料获取第一手资料，使研究更加"接地气"和准确[1]。

---

[1] 本书所采用的数据，除注明出处的外，其他均为田野调查时经采访收集而得。

（四）案例分析法

以武陵山重庆片区公共服务促进扶贫工作案例进行精准剖析，使问题研究更为深入。分别对武陵山重庆片区7个国家级贫困区县进行实地调研，获取数据和案例，从基础设施建设、基础教育、基本公共医疗卫生、社会保障、环境保护、就业培训、公共文化服务以及科技服务等寻找案例，考察基本公共服务对于反贫困事业的促进作用，分析公共服务促进扶贫开发的现状、问题和原因，剖析其联动效果。

第二章

反贫困与基本公共服务联动理论梳理

反贫困与基本公共服务联动研究不可避免地涉及两个主要理论，一是贫困问题理论；二是基本公共服务理论。贫困问题研究在理论和实践层面所做的研究很多，可以追溯至19世纪末。为社会成员提供基本公共服务则是现代化进程中国家治理的职责所在，是基于保障公民最基本权利的政策手段。两者之间有着紧密的关联。

第一节 反贫困理论

贫困问题可以说是伴随人类社会一同出现的，它的产生有着自然、社会、经济、历史以及文化的根源。在人类发展的各个历史阶段，人们一直不断地定义着贫困的概念，从经济、社会、个体、组织、制度、区域系统和权利等不同角度尝试对其作出解释，一些学者基于对贫困的不同理解，提出了贫困致因的解释框架以及反贫困的行动策略，形成了一些具有代表性的理论和观点。

一、经济增长视角下的反贫困理论

对经济增长、收入分配与反贫困关系的研究一直是经济学领域反贫困理论的核心内容。在20世纪50年代以前，马尔萨斯人口学说、马克思的无产阶级贫困理论开始出现在后凯恩斯主义经济学、发展经济学和福利经济学研究的成果中，后来，又出现了舒尔茨的"人力资源理论"、纳尔逊的"低水平均衡陷阱"、莱宾斯坦的"临界最小努力"和纳克斯的"贫困的恶性循环"等贫困理论，从资本短缺、资源禀赋、人力资源等方面解释贫困产生的机理。舒尔茨认为，经济发展的决定性力量是人力资源，对人力资本的投资能有效地增加劳动者技能，提高劳动生产效率。纳尔逊认为，发展中国家在最低人均收入增长水平和人口增长率相等的人均收入水平之间存在着"低水平均衡陷阱"。人均收入过低导致储蓄能力不足,从而导致投资量小,人均收入也得不到提高。这是一个稳定的现象,需要外力推动才能打破,因而,解决资本问题是反贫困最根本的途径。莱宾斯坦同样强调投资对于反贫困的重要意义。他认为发展中国家收入水平低,投资动力太小,导致资本达不到经济规模发展所需的最低量,所以,反贫困必须保证有足够高的投资率,这个投资水平即"临界最小努力"。纳克斯认为,发展中国家的低收入水平造成储蓄率低,储蓄率低影响资本的形成,资本不足进而影响劳动生产率的提高,这样周而复始形成"贫困的恶性循环"。"贫困的恶性循环"是发展中国家贫困的重要特征。

第二次世界大战以后,反贫困研究主流观点转换为发展中国家贫困根源在于低水平的经济模式,市场化和工业化是反贫困最有效的措施,即"经济溢出效应"。"工业化本身不是目的,而是这些国家分享技术进步的好处和不断提高群众生活水平的主要工具"[1]。而全球化使廉价劳动力由低薪地区向高薪地区迁移,贫富国家将融合在一起[2]。

以一国为单位的反贫困研究,则关注到收入分配、产业结构与区域经济发展等中观视角。库兹涅茨的倒"U"形发展曲线发现人均国民生产总值与收入分配不平等程度之间的现象。国民人均收入从最低水平上升到中等水平时,收入分配状况趋于恶化,继而随着经济发展逐步改善,最后达到比较公平的收入分配状况。刘易斯的"二元经济发展"模型说明劳动力的流动将会改变生产总量和收入分配,当现代工业只有能够吸收所有剩余劳动力时,才能推动劳动力工资水平上升,降低分配不平等[3]。赫希曼的"涓滴效应"认为,地区经济的总增长可以为贫困人群和地区引入投资、创造就业,带动其发展和富裕,因而,经济发展过程中不需要给予贫困阶层、弱势群体或贫困地区特别的优待,经济增长最终会使穷人受益[4]。

益贫式增长、包容性增长和减贫绿色增长等经济发展扶贫理论在联合国、世界银行等国际机构的推动逐渐形成。益贫式增长(pro-poor growth)在保持经济快速增长的同时,关注贫困地区和贫困人口是否会从经济增长中受益[5]。益贫式

---

[1] 劳尔·普雷维什著,苏振兴、袁兴昌译:《外国资本主义:危机与改造》,商务印书馆1990年版,第54页。
[2] 布鲁斯·斯科特:《全球化能否填平贫富鸿沟——论穷国和富国的收入差距》,载《国外社会科学文摘》2001年第6期,第25~27页。
[3] 威廉·阿瑟·刘易斯著,施炜等译:《二元经济论》,北京经济学院出版社1989年版。
[4] 艾伯特·赫希曼著,潘照东、曹征海译:《经济发展战略》,经济科学出版社1991年版。
[5] 周华:《益贫式增长的定义、度量与策略研究——文献回顾》,载《管理世界》2008年第4期。

增长可以分为相对方式和绝对方式,引发了学者关于亲贫困和厌贫困增长的讨论。怀特(White)和安德森(Anderson)所谓的"绝对益贫式增长"是指穷人获得经济增长的绝对利益,要等于或多于非穷人获得的绝对利益。"相对益贫式增长"则关照到增长减少贫困的同时,缓解不平等现象[1]。包容性增长(inclusive growth)强调社会和经济的协调发展,通过扶贫或益贫、社会保障、提升人力资本能力和生产性就业等途径,使贫困人口均衡分享社会财富[2]。对于"发展"和"增长"两个概念的区分,绿色增长理论成长为"以经济增长减贫"的重要理论。绿色增长首先强调经济和环境协调发展,进一步关注改变消费和生产模式、改善人类健康状况、增加就业和资源分配问题。其理论核心在于促进反贫困从追求经济增长向追求人的全面发展、与生态结合的现代化发展,从而实现脱贫[3]。

二、个体能力提升视角下的反贫困理论

社会学对贫困的研究立足于社会分层和社会流动,强调缓解贫困的个体性特征。贫困不再是经济收入低下的问题,还关涉个人能力低下和社会权利的不平衡[4]。基于个体能力提升的反贫困理论积淀了很多,诸如,贫困代际传递理论、能力贫困理论、主观贫困理论、人力资本理论、生计资本理论和社区主导发展理论等。这些理论都认为个人不适当的或缺乏生产性行为能力是致贫根源,反贫困在于通过人力资本投资来提升劳动力商品化水平[5]。

美国经济学家刘易斯(Lewis)提出代际传递理论,认为贫困是一种自我维持的文化体系,这种文化传统对后代产生影响使贫困世代相传,具体地说,在一定区域或人群中贫困以及导致贫困的相关条件和因素在代际间延续[6]。

舒尔茨(Thodore W. Schults)的人力资本理论认为,人力资本的积累是社会经济增长的源泉。人力资本将劳动者视为一种资本类型,像土地、资金等要素一

---

[1] Bhargava, Alok, T. Dean, L. J. Jamison and C. J. L. Mur-ray, Modeling the Effects of Health on Economic Growth. *Journal of Health Economics*, Vol. 20, 2001, pp. 423–440.

[2] 王志章、王晓蒙:《包容性增长:背景、概念与印度经验》,载《南亚研究》2011年第4期。

[3] 徐秀军:《解读绿色扶贫》,载《生态经济》2005年第2期。

[4] 赵娜:《关于反贫困研究的社会学理论综述——基于个体与结构的视角》,载《知识经济》2012年第11期。

[5] 李雪萍、王蒙:《多维贫困"行动—结构"分析框架下的生计脆弱——基于武陵山区的实证调查与理论分析》,载《华中师范大学学报》(人文社会科学版)2014年第5期。

[6] Oscar Lewis, *Five Families: Mexican Case Studies in the Culture of Poverty*. New York, Basic Books——1966;"The Culture of Poverty", *Scientific American*, Vol. 215, No. 4, pp. 19–25.

样在社会生产中发挥着重要的作用,"人口质量和知识投资在很大程度上决定了人类未来的前景"①。人力资本通过投资形成,包括知识程度、技术水平、工作能力、健康状况等方面的投入,投资使劳动者素质提高,将对经济增长做出贡献。人力资本投资是一种回报率很高的投资。

阿马蒂亚·森对贫困的分析立足于"穷人的福利",认为贫困不仅是收入低的问题,还应该包括贫困人口缺少创造收入的能力和机会。贫困人口可行能力的贫困,是适应社会及发展能力的低下与短缺,可以通过扩大个人选择范围来解决②。其分析框架基于能力、权利和福利的多维度考量,测度贫困引入能力因素,改变了以资源占有和收入情况衡量贫富的标准,也为我国开发式扶贫的某些困境给出了恰当的解释③。

社区主导发展理论基于参与式扶贫方法,其核心是"赋权于民"。将决策权和资源赋予社区,使他们能够回应外部支持,与扶贫者结成伙伴关系,自我组织经济活动,管理社区资源,达到提高社区发展能力和治理水平的目的④。

三、制度视角下的反贫困理论

国内外许多学者将制度和文化作为贫困致因,认为发展中国家有效制度的短缺导致贫困。基于这一视角,学者探讨贫困的生成机制,建立反贫困理论框架。

马克思最早从制度层面探讨贫困形成的原因,从制度与阶级层面分析资本主义社会贫困问题,指出无产阶级贫困化的事实特征与历史趋势,总结出资本主义异化劳动与雇佣劳动的根本性质⑤。

缪尔达尔"循环积累因果关系"理论提出,"制度性落后"和"制度性贫穷"概念⑥。美国学者阿西莫格鲁(Daron Acemoglu)和罗宾逊(James A. Robinson)在《国家为什么会失败》一书中提出了一个制度分析框架,是一个国家所采取的政治制度和经济制度决定了这个国家的经济绩效。他们把国家的政治制度和经济制度区分为包容性(inclusive)制度和汲取性(extractive)制度两种类

---

① 西奥多·威廉·舒尔茨:《人力资本投资》(Human Capital Investment and Urban Competitiveness),维基百科,http://wiki.mbalib.com/wiki/。
② 阿马蒂亚·森著,王宇等译:《贫困与饥饿》,商务印书馆 2001 年版。
③ 黄承伟、刘欣:《"十二五"时期我国反贫困理论研究述评》,载《云南民族大学学报》(哲学社会科学版)2016 年第 3 期。
④ 刘胜安:《社区自主型发展:国际经验与中国实践》,光明日报出版社 2012 年版。
⑤ 王朝明:《马克思主义贫困理论的创新与发展》,载《当代经济研究》2008 年第 2 期。
⑥ 胡联、孙永生、王娜、倪国华:《贫困的形成机理:一个分析框架的探讨》,载《经济问题探索》2012 年第 2 期。

型，包容性制度是实现长期经济增长的关键；汲取性制度虽然能够在一定时期内实现经济增长，但是，不能够持续①。

贫困文化理论者认为，贫困是根源于经济、文化、社会的综合现象，反贫困最重要的是改变贫困群体的价值观及生活方式。国内一些学者认为，贫困文化与中国传统农耕文化有着密切关系，是现代社会亚文化现象、贫困人群生活方式以及一种与市场经济理性相反的文化②。

四、区域、系统视角下的反贫困理论

区域、系统视角下的反贫困研究关注贫困与区域、空间系统的关系。将贫困看作区域性和系统性的问题，反贫困与区域发展的系统性和整体性相联系，早期贫困研究的增长极理论、大推动理论、涓流理论都属于区域经济增长理论。而贫困地区经济发展不平衡，促使学者在区域协调发展问题上提出新的解决方案。

发展中国家在追赶发达国家的过程中，逐步认识到跨越式采用最先进的科学技术使经济起飞的做法脱离国情，达不到预设效果，退而采用区域经济发展的"适应理论"，经济发展步骤与发展中国家薄弱的经济基础相适应。夏禹龙认为，中国经济发展已形成了一种技术梯度，即"先进技术"地区、"中间技术"地区和"传统技术"地区。区域经济发展应立足技术梯度的实际，让有条件的地区先发展世界先进技术，逐步向"中间技术"地带和"传统技术"地带推移，逐步缩小地区差距③。但一些学者提出与"梯度理论"相反的观点，他们认为，梯度理论忽略了待开发地区的潜在优势，阻碍落后地区技术革命和建设，也与实现区域平衡发展总目标相背。"反梯度理论"认为，落后地区有能力直接引进新技术，给落后地区带来超越发展的机会④。

中国正在推进的集中连片贫困地区的反贫困机制综合了区域协同和系统性开发理念。连片贫困地区扶贫开发注重地方发展的制度环境建构与设施建设，重点发展升级产业和新兴产业，强调贫困人口的学习创新能力，强化区域内的协同和经济竞合⑤。陈忠言提出了整体性治理理论，讨论了政府在扶贫中的主导性和中

---

① 德隆·阿西莫格鲁、詹姆斯·A. 罗宾逊著，李增刚译：《国家为什么会失败》，湖南科技出版社2015年版。
② 方清云：《贫困文化理论对文化扶贫的启示及对策建议》，载《广西民族研究》2012年第4期。
③ 夏禹龙、刘吉、冯之浚、张念椿：《梯度理论和区域经济》，载《科学学与科学技术管理》1983年第2期。
④ 郭凡生：《何为"反梯度理论"——兼为"反梯度理论"正名》，载《开发研究》1986年第3期。
⑤ 邢成举、葛志军：《集中连片扶贫开发：宏观状况、理论基础与现实选择——基于中国农村贫困监测及相关成果的分析与思考》，载《贵州社会科学》2013年第5期。

国扶贫整合机制与整体性治理①,以网络化治理作为管理实践和操作手段,实现跨部门协同,建立在市场机制、协商和强制、公共利益和价值认同上的合作②。冯朝睿也提出构建由政府、非营利组织、社会、贫困者参与的区域协作反贫困的多中心协同治理体系③。

五、反贫困理论对基本公共服务与反贫困联动的启示

不同时期的反贫困理论从不同角度和侧面探讨了贫困的成因,提出解决贫困的理论和方法。随着人们对贫困概念的内涵与外延认识的不断深入,贫困不再是单纯的经济增长问题,而是扩展到经济、文化、政治、习俗、社会保障、健康等多个因素。工业援助、资金投入、科技进步可以在一定范围内对贫困群体的收入产生积极影响,但不足以解决人的全面发展问题,基本的医疗、卫生、教育、安全等基本公共服务指向于扶贫中个体能力的提升和区域经济社会发展环境的建设。这一点,对于武陵山重庆片区反贫困尤为重要。当代贫困问题的解决需要一个全新的理念,我们除了需要继续发展产业,提升经济总量外,还需要加大基本公共服务的投入力度,将片区反贫困的主要有生力量(个体人)能力的提升作为抓手,"以人为本",全面推进片区扶贫工作。

第二节 基本公共服务

基本公共服务是保障社会全体成员基本权利的公共服务体系。新中国成立以来,政府主导下的基本公共服务在基础设施建设、基础教育和社会保障方面做出了卓有成效的贡献。在"十一五"时期之后,基本公共服务成为构建我国服务型政府的重要内容。2012年,我国正式发布《国家基本公共服务体系"十二五"规划》,进一步明确了基本公共服务的主要内容、标准和保障方法。

---

① 陈忠言:《中国农村开发式扶贫机制解析——以沪滇合作为例》,载《经济问题探索》2015年第2期。

② 陈忠言:《中国农村扶贫中的跨部门协同机制分析》,载《宁夏社会科学》2014年第4期。

③ 冯朝睿:《连片特困地区多中心协同反贫困治理的初步构想》,载《云南社会科学》2014年第4期。

一、基本公共服务的概念及其解读

基本公共服务,即由政府主导提供的"旨在保障全体公民生存和发展基本需求的公共服务"①。基本公共服务从保障人的基本权利出发,立足于一定时空的经济社会发展水平,在政府主导之下,保障公民的基本生存和发展权利,提供公共产品与服务,为维护经济社会的稳定和发展,实现社会公平与正义承担应尽的社会责任。

基本公共服务以保障和改善民生为重点,直面人民群众最关心、最直接、最现实的利益,也是中国特色社会主义市场经济发展到一定程度时所形成的社会共识,对于建设服务型政府、转变经济发展方式具有十分重要的意义。我国建立国家基本公共服务体系是国家关于基本公共服务的制度安排,引导资源配置,创新供给方式,建立管理和绩效评价机制,保障基本民生所需求的教育、社会保障、就业、医疗卫生、计划生育、文化体育、住房、交通、信息、环境保护等领域的公共服务。

均等化是基本公共服务最基本的要求,核心是机会平等、标准相同和结果相当。全体公民都能无差别地获得大致均等的公共服务。均等化是对"制度性供给不均、财政供给不均和成果享受不均的克服"②。作为一项公共政策,对基本公共服务评价既要考察各级各地政府的基本公共服务能力,还要从公众对公共服务的满意度和信心指数加以评估。

学者们从历时性研究和政策解读等方面进一步深化了对基本公共服务的认识和理解。国家发展改革宏观经济研究院课题组认为,基本公共服务是在市场失灵的情况下,政府通过行政手段保障公民基本权利和基本需求的公共服务。丁元竹认为,基本公共服务是在社会主义市场经济条件下,政府通过提供财政保障使不同地区居民有权利、有能力和有机会享有包括基本公共医疗卫生、基础教育、社会救济、就业和养老保险③。刘金程等人从法律角度认为,基本公共服务是政府依法向全体公民提供社会基本公共服务,并确保均等化④。廖文剑则认为,基本

---

① 国务院:《国家基本公共服务体系"十二五"规划》《国务院关于印发国家基本公共服务体系"十二五"规划的通知》,2012年7月11日。
② 中国社会科学院社会发展战略研究院:《中国基本公共服务调查报告(2012)》,中国社会科学网,http://www.cssn.cn/preview/zt/10475/10478/201306/t20130605_366502.html,2013年6月19日。
③ 丁元竹:《基本公共服务走向均等化》,载《中国卫生》2008年第4期。
④ 刘金程、李明刚:《从政策到制度:元创新视角下的"基本公共服务均等化"》,载《新视野》2008年第3期。

公共服务是政府使用公共权力和公共资源为人民群众提供与民生密切相关的基础的、必需的公共产品和服务的过程[①]。

一些学者对政府提供的基本公共服务进行分类，如常修泽将基本公共服务分为基本民生性服务、公共事业性服务、公益基础性服务和公共安全性服务四类[②]。陈海威根据公共产品和服务的性质和类型，区分出基本公共服务的四大领域：底线生存服务、公众发展服务、基本环境服务和基本安全服务等[③]。

二、基本公共服务均等化研究

（一）国外视角：立法、供给与城乡均衡

基本公共服务均等化不是简单的平均化和无差别化。国外较早就开始对基本公共服务进行研究，并在基本公共服务的法律保障、均等供给以及城乡均衡等方面作出卓越研究。

发达国家热衷于建立和健全基本公共服务法律和制度，确保公民基本权益。美国从 20 世纪初就制定了保障公共服务均衡的一系列法律，如《纯净食品药品法案》（1906 年）、《史密斯—休斯法》（1917 年）、《联邦食品、药品和化妆品法》（1938 年）、《就业法》（1946 年）、《人力资源开发与培训法》（1962 年）、《患者保护与平价医疗法案》（1965 年）、《充分就业与经济平稳增长法》（1978 年）、《个人责任与工作机会折中法案》（1996 年）等。英国于 1976 年发布了《英格兰卫生服务与个人社会服务的优先权》重视发展社区卫生服务，提出满足弱势人群卫生服务需求的低成本策略。日本也建立了相对完善的社会保障相关法律，如《健康保险法》（1922 年）、《保健所法》（1937 年）、《社会福利事业法》（1951 年）、《农村从业人员年金基本法》（1970 年）和《精神保健法》（1987 年）等。

从基本公共服务供给均等出发，作为理所当然的供给主体政府承担应有职责[④]，政府通过制定公共服务法律和公共政策保障基本公共服务的供给，建立相

[①] 廖文剑：《西方发达国家基本公共服务均等化路径选择的经验与启示》，载《中国行政管理》2011 年第 3 期。
[②] 常修泽：《中国现阶段基本公共服务均等化研究》，载《中共天津市委党校学报》2007 年第 2 期。
[③] 陈海威：《中国基本公共服务体系研究》，载《科学社会主义》2007 年第 3 期。
[④] Musgrave, Richard Abel, *The Theory of Public Finance：A Study in Public Economy*. New York：McGraw-Hill, 1959.

应的财政制度实现相对均衡,如财政转移支付制度等[1]。随着市场和社会力量进入公共服务领域,多元化的供给模式不断涌现,部分公共服务市场化不仅能提高基本公共服务质量,还能消减政府投入规模[2]。政府、企业和第三部门共同参与基本公共服务的供给,能够实现各主体的优势互补,在公共物品和服务的提供上做到公平与效率兼顾[3]。

城市和乡村这两种人类居住形式存在着较大的差异,在基本公共服务供给方面各个国家都存在着不均等现象。有学者认为,基于城乡差异实际探讨农村对公共服务的需求,依据当地的实际情况和发展趋势,制定农村公共服务供给目标与政策,才能达到供给效率与福利的帕累托最优[4]。在实践方面,针对乡村基本公共服务不足的现实问题,国外多以提供援助、实现专项计划来解决,并致力于城乡公共服务的政策和措施的完善。如澳大利亚针对乡村基础教育薄弱问题,1973年推行了"薄弱学校计划",从经费、师资、技术等方面帮助贫困地区学校;1977年提出了"贫困农村地区计划"拨款411万美元资助六个州和北部地区的部分学校。法律诉讼则是国外解决公共服务非均等化问题的主要途径[5]。而政府作为公共服务提供主体,在城乡公共服务均等供给具有极大的倾向性,政府主导了公共服务的供给,可以决定"谁在什么时候、什么地点、可以获得什么"[6]。

(二)国内视角:城乡二元、制度与服务型政府

对于基本公共服务均等化内涵的解读,国内学者们大致从权利均等、机会均等和结果均等三个方面进行理解[7]。鉴于我国城乡差异,蒯正明对城乡公共服务均等化理解为,政府主导,以农村为重点,合理配置城乡之间的公共服务资源,为城乡居民提供与其需求相适应的公共产品和服务。在不同阶段,根据不同标准,城乡居民享受公共服务的质量、数量和可及性方面都大体相当[8]。从历时性研究出发,一些学者将基本公共服务均等化看作一个动态的过程,这个动态过程

---

[1] Andrew Reschovsky, Fiscal Equalization and School Finance. *National Tax Journal*, Vol. 47, No. 1, 1944, pp. 185 – 197.

[2] E. S. Savas, *Privatization: The Key to Better Government*. Chatheam, NJ: Chatham House, 1987.

[3] Kieron Walsh, *Public Services and Market Machanism*. Macmillan Press LTD, 1995.

[4] 李轲:《公共服务供给全过程质量管理研究述评》,载《湖南行政学院学报》2013年第5期。

[5] John Boyle, David Jacobs, The Intracity Distribution of Services: A Multivariate Analysis. *Public Administration Science Review*, Vol. 76, No. 2, 1982, pp. 371 – 379.

[6] Lasswell, H. J., *Politics: Who Gets What When How*. New York: Mcgraw – Hill, 1938.

[7] 文敏、文波:《国内外基本公共服务均等化研究综述》,载《昭通学院学报》2016年第6期。

[8] 蒯正明:《推进城乡基本公共服务均等化研究》,上海社会科学院出版社2014年版,第14~19页。

需要分阶段、分层次地观察与解读①。卢洪友提出政府推进公共服务均等化需要保证"均等性""基础性""公益性"和"方便性",最大限度地维护公民的基本生存权和发展权②。

我国的东部、中部、西部地区、城乡、阶层之间普遍存在着公共服务非均等化现象,而多数学者认为,正是由于城乡分割的"二元"制度,城乡差距扩大,"自上而下"的供给机制、公共财政体制的畸态化和城乡二元结构体制是由城乡基本公共服务不均等制度所造成的③。在战略方面,我国城乡基本公共服务巨大差距的深层原因在于城乡梯度发展战略、市管县体制、重发展轻服务工作模式以及政府间事权与财权的不合理配置④。构建统一的公共服务体制将有利于缩小城乡差距。实现城乡基本公共服务均等化,应该将以城乡居民的需求为导向,实行均等供给和统一的制度安排为目标⑤,制度设计、市场融合和经济能力则是决定城乡基本公共服务均等化水平的关键因素⑥。

完善财政体制和相关法律制度,改革户籍制度是基本公共服务均等化研究的热点。建立和完善公共财政体系,实行合理的财政转移支付制度以及社会和公众参与机制是推进公共服务均等化合理的财政制度策略⑦。除此之外,户籍制度改革和就业制度、社会保障制度等最低标准策略也是必要的。也有学者认为,立法是实现基本公共服务均等化的根本保障,如政府间转移支付制度需要从政治模式向法治模式转变,要有宪法明确原则和专门部门法规范,依法对其进行管理和监督⑧。基本公共服务均等化的法律内容应该包括政府责任分工、建立问责制度、制定标准体系、确定效评估制度等五个方面的内容⑨。

公共服务是国家治理的核心内容。我国服务型的政府构建以增进政府的公共

---

① 涂小雨:《基本公共服务均等化研究综述》,载《商业时代》2014年第1期。
② 卢洪友:《中国基本公共服务均等化进程报告》,人民出版社2012年版,第2页。
③ 党秀云、马子博:《我国城乡基本公共服务均等化的制度困境及改革路径》,载《西北大学学报》2013年第6期。
④ 徐增辉:《制约城乡基本公共服务均等化的深层原因》,载《经济纵横》2012年第2期。
⑤ 邵明昭、张念明:《城乡一体化与基本公共服务均等化》,载《中共山西省委党校学报》2010年第4期。
⑥ 李继志:《城乡一体化背景下我国基本公共服务均等化问题探讨》,载《农业现代化研究》2012年第7期。
⑦ 翁列恩、胡税根:《发达国家公共服务均等化政策及其对我国的启示》,载《甘肃行政学院学报》2009年第2期。
⑧ 胡悦、刘彤、刘剑明:《基本公共服务均等化视阈下的政府间转移支付制度——从法治视角的分析》,载《中国行政管理》2010年第1期。
⑨ 曾保根:《论基本公共服务均等化的立法基础、模式和内容》,载《湖北行政学院学报》2013年第1期。

服务能力为抓手,明确政府公共职责,改革执政方式和创新各项服务制度,尝试选择基本公共服务的社会化途径①。尹慧敏认为公共服务均等化服务能从"促、改、帮、转、调"五个方面推进服务型政府建设②。建设服务型政府应该从诸多方面合力推进,包括转变政府职能、明晰中央与地方事权与财权、调整转移支付制度、顶层设计基本公共服务体系以及多元化公共服务供给网络的构建等③。

三、基本公共服务均等化对反贫困的启示

现阶段,武陵山重庆片区基本公共服务供给整体水平有待提高。低水平的基本公共服务供给是一个地区产生贫困的主要根源之一,低基本公共服务供给率直接决定基础设施薄弱、贫困人口素质较低、主导产业发展乏力以及民主权利缺乏保障等现实性问题。大量研究表明,无差别地实现基本公共服务,将有效解决和缓解上述问题。

(一)服务型政府与公共治理

在市场经济条件下,政府职能要求从"管制型"向"服务型"转变,这需要政府在市场失灵领域中发挥作用,在推进政企、政资、政事以及政府与市场中介组织分开的过程中,把工作重心转移到为市场主体服务和创造良好发展环境上来。因而,服务型政府应该超然于市场运行体制之外,专注于基本公共服务以营造良好的经济发展和社会进步的氛围上,不能直接介入市场能够配置的资源领域与民争利。正视政府服务的有限性,引入社会公共治理理念,强调治理主体的多元化,建立起政府主导,以民间组织、行业组织、中介组织和社区等为主要载体的行为主体,在贫困地区发挥各自的优势,从而避免某些领域存在的"市场失灵"和"政府失灵"现象。

服务型政府的反贫困策略,一是依靠政府调控力量,在整个区域内配置资源,共同进行反贫困联动,以改善和提高公民的生活质量,促进"国家、市场和公民"多元主体反贫困能力的提升;二是在政府转变职能改革的进程中,重新调整定位政府与市场、政府与社会以及市场与社会的相应关系,建立起政府、企业与民间组织之间的反贫困战略伙伴关系,提升政府管理公共事务的能力。在这些

---

① 中国(海南)改革发展研究院:《加快推进基本公共服务均等化(12条建议)》,载《经济研究参考》2008年第3期。
② 尹慧敏:《推进公共服务均等化 加快服务型政府建设》,载《中国财政》2008年第7期。
③ 井敏:《试论加快推进我国基本公共服务均等化——建设服务型政府的新阶段》,载《长春市委党校学报》2012年第5期。

策略下，政府能从主导的控制中走出来，能够有精力专注于反贫困的公共服务，在基础设施建设、基础教育、就业培训、医疗卫生以及公共文化服务等方面取得更好的"投入—产出"效益，并且能以卓有成效的基本公共服务引入市场和社会力量，促进贫困地区的特色产业、公益事业以及基础民生发展。

(二) 公共财政和转移支付

公共财政为社会提供公共产品与公共服务，满足社会公共需要，弥补"市场失效"缺陷。建立健全财权与事权相匹配的公共财政体制，明确各级政府提供包括义务教育、公共医疗卫生、社会保障和生态环境保护等基本公共服务方面的事权。在提供基本公共服务的事权划分上，改变按隶属关系划分的传统方法，使财权与事权匹配。

针对财政供给"越位"和"缺位"、财政支出结构不合理、政府收入机制不规范、分配秩序不规范和预算管理不科学等公共财政突出问题，公共财政资金应科学界定和规范财政资金的供给范围，积极改革和创新公共财政的管理手段，逐步退出经营性与竞争性领域，突出公共服务性特征。

财政转移支付以实现各地公共服务水平的均等化为主旨，是一种财政资金转移或财政平衡制度，对于贫困地区反贫困具有十分重要的意义。但目前我国实行转移支付制度仍不规范，表现为各级政府的职责和事权模糊、中央财政财力支持困难、利益调整难度大、地区差异大导致短期内均衡难和基础性数据不完善等问题，从而影响各地基本公共服务均等化。需要科学界定专项转移支付的标准，控制专项转移支付规模，同时加强对专项转移支付项目的监督和绩效评估。

建立公共财政体制、完善财政转移支付给予贫困地区财政支持，在一定程度上弥补了贫困地区财力不足的制约。而当前财政转移支付限于义务教育、公共医疗卫生、社会保障等项目支付，以提高贫困人口人均财政收入水平来体现公共服务供给能力。公共财政在财力保障方面做出了贡献，但仍然存在体制缺陷、地区差异、项目核定不规范、转移支付资金被挤占、挪用和截留等现实性问题，严重影响财政支持的均衡性。同时，除了公共财政和转移支付在贫困人口收入增加方面有成效外，对个人能力培养和利益保障等方面仍有所欠缺。

因此，增强基本公共服务需要政府加快转变职能，切实建立起服务型政府，进一步调整公共财政支出结构，加大对基础设施、基础教育、医疗卫生、社会保障的投入以及相关法律法规政策的完善，在经济发展、能力提升以及权利保障等方面实现贫困地区基本公共服务的均等供给，加快落后地区的经济社会发展和生态环境涵养保护，实现共同富裕的美好愿望。

第三节 基本公共服务与反贫困的联动关系

当我国反贫困事业进入新的阶段，均等化的基本公共服务已经纳入国家反贫困战略之中。《中国农村扶贫开发纲要（2011~2020）》明确指出："到 2020 年，贫困地区基本公共服务主要领域指标接近全国平均水平。"[①] 大量研究成果表明，均等化的基本公共服务对于贫困地区减贫有着明显的效果，对于贫困人口的能力提升和权益保障也具有重大意义。在新一轮的扶贫开发中，完善基本公共服务推进区域扶贫开发工作是一项不可或缺的重要内容，关注基本公共服务与反贫困在政策和扶贫实践中有机结合，厘清两者联动互促关系与机制，将有利于包括武陵山重庆片区在内的连片特困地区反贫困事业的整体胜利。

一、基本公共服务与反贫困的内在关联

多数学者认为，基本公共服务对反贫困有着十分明显的推进作用，如公共投资对中国农作物增长贡献明显[②]，在研究与开发（R&D）投入、教育、道路建设、电力系统等公共投资中，教育公共投资回报率和效果最好，农业其次。[③]

毛捷等人对 1994~2000 年间 2173 个县"生产性公共支出""教育事业费支出"和"行政管理费"等公共支出数据进行回归间断点设计（RDD 方法），研究了扶贫与公共支出的内生关联，确认了地方政府财政资金支出用于生产建设和公共服务，促进了扶贫，回应了对地方政府公共支出的质疑[④]，见表 2-1。

杨颖用"分段生产函数"和"双对数 OLS 线性回归"模型测算了政府公共支出对于反贫困的贡献[⑤]。从投向看，扶贫公共支出在各领域都促进了贫困率下降，其中，科教文卫支出一年后，贫困率显著下降，见表 2-2。基础设施扶贫支出虽然促进了贫困率下降，但在统计检验上不明显。

[①] 中共中央、国务院：《中国农村扶贫开发纲要（2010~2020）》，人民出版社 2011 年版，第 1~5 页。
[②] Fan Shenggen, Liuxiu Zhang, Xiaobo Zhang, How Does Public Spending Affect Growth and Poverty? The Experience of China. Paper Submitted to 2nd Annual Global Development Network Conference, Tokyo, Japan, Vol. 11, 2000, pp. 11-13.
[③] 林伯强：《中国的政府公共支出与减贫》，载《经济研究》2005 年第 1 期。
[④] 毛捷、汪德华、白重恩：《扶贫与地方政府公共支出——基于"八七攻坚计划"的经验研究》，载《经济学》（季刊）2012 年第 4 期。
[⑤] 杨颖：《公共支出、经济增长与贫困——基于 2002~2008 年中国贫困县相关数据的实证研究》，载《贵州财经学院学报》2011 年第 1 期。

表 2-1　　　　　　　扶贫与地方政府公共支出实证分析结论

主要指标	实证分析结果（％）	其他地区变化幅度（％）	国家贫困县变化幅度（％）	不同地区公共支出的比较
X1：生产性公共支出	-2		-5.34	-267
X2：教育事业费支出		-3.34		-10.94
X3：行政管理费用支出	11	-0.90	10.10	122.72
S：本级财政支出		-7.91		-96.11
P：贫困县	10		2.09	

注：国家贫困县与其他地区的公共支出上的量化差异：县级政府每增加 5000 万元的本级财政支出，国家贫困县相比于其他地区要少投 100 万元用于行政消费，多投 133.66 万元和 126.33 万元用于生产性仅供支出和教育事业。

资料来源：毛捷、汪德华、白重恩：《扶贫与地方政府公共支出——基于"八七攻坚计划"的经验研究》，载《经济学》（季刊）2012 年第 4 期。

表 2-2　　　　　　　贫困重点县各类支出对经济增长的影响

解释变量	被解释变量 Ln（农民人均纯收入）		
	系数	标准差	T 统计量
政府扶贫支出（按类型）			
Ln（人均扶贫发展支出）	0.9289***	0.2141	4.3382
LN（人均以工代赈）$_{(-1)}$	-0.3710**	0.2423	-2.9724
Ln（人均贴息贷款）$_{(-1)}$	-0.2543***	0.0643	-3.9497
Ln（退耕还林还草补助）	0.3821***	0.5760	4.07272
调整 R^2	0.8132		
政府扶贫支出（按投向）			
Ln（人均农业扶贫支出）	1.3017***	0.2628	4.9513
LN（人均其他行业扶贫支出）	0.6816***	0.1778	3.8322
Ln（人均基础设施扶贫支出）$_{(-1)}$	-0.1103	0.6828	-0.1615
Ln（人均科教文卫扶贫支出）$_{(-1)}$	2.7387*	1.9758	1.8413
Ln（人均其他扶贫支出）	-0.1853	0.308758	-0.6002
调整 R^2	0.9768		

注：*** 表示该系数在 0.01 水平显著（$1_0/2(4)=3747$）；** 表示该系数在 0.05 水平显著 [$1_0/2(4)=2132$]；* 表示该系数在 0.10 水平显著 [$1_0/2(4)=1533$]。

资料来源：杨颖：《公共支出、经济增长与贫困——基于 2002~2008 年中国贫困县相关数据的实证研究》，载《贵州财经学院学报》2011 年第 1 期。

李雪峰则认为，基本公共服务保障了贫困人口的生存权、发展权和受基础教育权等，基本公共服务与反贫困的关系可以用函数表示：[①]

$$F = f(\sum G_i \cdot G_{i+1})$$

其中，G_i 包括基础教育、文化、科技、卫生、医疗、社会保障、基础设施、环境保护和就业等基本公共服务项目。基本公共服务对于反贫困的效用发挥是"集束式"的，如果扶贫开发各主体没有协作，用"撒胡椒面"式的投入，即单一且数量较少的基本公共服务投入不会出现明显成效。只有当基本公共服务集聚而达到一定量 G_{cx}，即成效临界线时，反贫困成效才会显现达到 F_{nl}，即发展能力临界线。当基本公共服务供给未达到临界线时，反贫困成效仅能维持在较低的水平 F_i，只有基本公共服务在数量和体量上积累到一定量时，才能激发发展能力，进入反贫困成效明显阶段，即 F_{i+1} 阶段，见图 2-1。

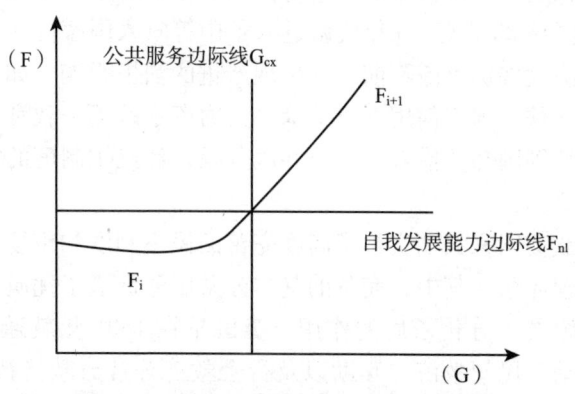

图 2-1 基本公共服务与反贫困函数关系

定量分析和函数模型用具体的数据分析基本公共服务对于贫困人口脱贫有重大意义，但这些研究未能明确指出基本公共服务促进反贫困事业的作用机理和实现途径，也较少说明基本公共服务可以从哪些方面减少人类贫困。

二、基本公共服务与反贫困的互促关系

（一）基本公共服务与反贫困联动的必然性

改革开放以来，我国启动了"八七扶贫攻坚计划"和两轮农村扶贫开发，贫

---

① 李雪峰：《贫困与反贫困——西部贫困县基本公共服务屯扶贫开发联动研究》，中国财政经济出版社 2016 年版，第 34~35 页。

困地区的广大干部群众通过艰苦奋斗、自力更生，农村贫困人口大幅度下降，解决了长期以来困扰农村的基本生存和温饱问题，获得了宝贵的扶贫开发中国经验。然而，在解决了基本生存和温饱问题后，相对贫困问题显现出来，表现得更加突出和严峻。虽然从整体上看，我国综合国力明显增强，社会保障体系逐步建立，但是，仍然存在着14个连片特困地区及全国7000多万贫困人口[①]。

相对贫困不再表现为经济收入的低下，而是包括经济收入、能力提升、社会保障以及安全环境的相对缺乏。多个反贫困理论，如人力资本投资理论、社会资本贫困理论、可行能力贫困、贫困文化理论和空间贫困理论从不同角度指出基本公共服务不足导致贫困的问题。当我们跨过了落后时期的"贫困陷阱"，却面临着"中等收入国家陷阱"的危机。当一国家的人均收入达到3000~10000美元的这个世界中等水平时，可能会出现经济长期停滞不前、贫富分化加剧、产业升级艰难、城市化进程受阻、社会矛盾凸显等重大社会问题[②]。巴西、墨西哥、阿根廷、马来西亚等国从20世纪70年代就进入了中等收入国家行列，但一直到2007年，这些国家经济发展仍停滞不前，并出现严重的消极影响，如通货膨胀、贸易逆差扩大、股市暴跌、国家信用评价下降、人力资本缺乏、教育和科学技术滞后等。反观英美日韩等国却凭借着基本公共服务投入和民主制度的完备跨过了这一陷阱[③]，见图2-2。

研究表明，欧美国家长期实行了高度完善的民主制度和市场体系，以及以基督教为核心的伦理体系，其中，完备的基本公共服务促进了优质劳动力资源的再生产，起到了缓解贫富分化矛盾的作用。英国早在1601年就通过了《济贫法》规范教会慈善活动、民间救济与互助以及行会救济等社会救济行为。至20世纪初，英国最终确立了社会救济制度，把劳动能力与社会救济、社会福利与公民权利联系起来。欧美国家就是通过社会福利制度这个利器跨过了"中等收入国家陷阱"。而日本也是在20世纪80年代泡沫经济还未出现之前，完成了基本福利制度建设，在其经历了多次经济危机之后，社会福利给这个国家带来了产业升级、技术创新的基础和可能。欧美和日韩等国的经验表明，完善的基本公共服务可以成为一个国家或一个地区发展的坚实基础，基本公共服务与反贫困事业相联系，必然为新一轮扶贫工作起到积极的作用。基本公共服务不仅为经济社会发展提供

---

① 肖中仁：《中国将实施精准扶贫战略　确保贫困人口到2020年全部脱贫》，国际在线，2015年6月28日。

② 龚刚、魏熙晔、杨先明、赵亮亮：《建设中国特色国家创新体系　跨越中等收入陷阱》，载《中国社会科学》2017年第8期。

③ Kenichi Ohno, Avoiding the Middle-Income Trap – Renovating Industry Policy Formulation in Vietnam, *ASEAN Economic Bulletin*, Vol. 26, No. 1, 2009, pp. 25–43.

产业升级、技术创新所需要的社会和文化环境，而且能直接为培养创新型人才提供人力资源保障，使国家顺利跨过"中等收入国家陷阱"。

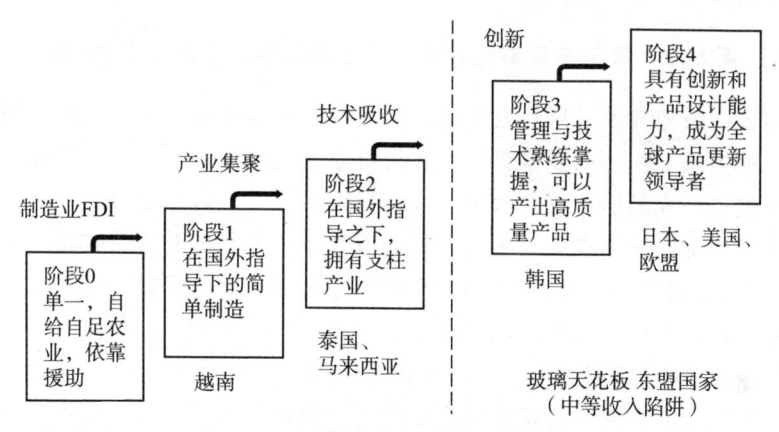

图 2-2 跨越中等收入国家陷阱示意图

资料来源：Kenichi Ohno, *Avoiding the Middle - Income Trap - Renovating Industry Policy Formulation in Vietnam*, ASEAN Economic Bulletin, Vol. 26, No. 1, 2009, pp. 25-43.

（二）基本公共服务与反贫困目标的一致性

我国反贫困事业的首要任务是改善贫困地区的基本生产生活条件、培育发展经济产业和提高贫困人口素质，致力贫困地区的经济社会发展，达到共同富裕的目标。基本公共服务体系建设以公益性事业单位为骨干，以全体人民为服务对象，提供公共服务设施、产品、服务和制度体系，实现均等化的基本公共服务，保证人民生产生活、社会保障与安全保障需求。两者都是以公共财政为支撑，以实现区域经济社会的全面发展为目的，在内涵和目标等方面均有一致性，也都是我国改善民生和实现区域发展的重大制度安排。基本公共服务和反贫困均是中国特色社会主义建设的重要组成部分，两者相互渗透、相互促进，共同推动社会的进步与和谐。

基本公共服务与反贫困在内容与形式上互补，全方位落实区域社会经济发展的目标。两者同属于国家和地区的公益性事业，反贫困通过具体的瞄准机制和项目方式，对特定地区和人群进行有针对性的政策、资金帮扶，因而，具有具体性和针对性。基本公共服务则是从政府提供公共产品的角度，建立起全方位的社会服务网络能巩固反贫困成果，既为反贫困提供条件，又防止因病、因灾、因高基础教育费用致贫和返贫等现象出现，具有普适性和全面性。

在实施过程中，基本公共服务与反贫困在理念、路径、手段、方法上互相借鉴、互为补充、互为条件，从领导机制、组织制度、工作手段、保障条件、检查评估标准和技术手段共生互补，相互融合和优化，相互促进机制创新、制度完善，使功能提升、效率提升。

（三）基本公共服务与反贫困联动有利于建立区域发展长效机制

基本公共服务与反贫困相互促进有利于建立区域发展的长效机制。基本公共服务是一项惠民工程，以满足最广大人民群众的基本权利为目的，提供经济产业的基础性服务、人的能力提升保障、社会保障以及安全环境保障，对于反贫困事业的推进在基础设施建设、人的能力培养以及良好的社会和生态环境方面做出重要贡献。两者的有机结合，有利于社会资源的科学利用、合理配置和节约，有利于贫困地区贫困人口素质的整体性提高，也有利于社会团结互信以及公平正义。

反贫困以贫困地区和贫困人口发展为主线，基本公共服务是以全体公民发展为主线，要想全体发展，必须先保证贫困人口脱贫与发展。贫困地区要发展，基本公共服务体系建设是基础，为全体公民发展提供载体和平台。因而，两者在平台建设方面具有共同性，互为切入点和载体；在机制和方法上具有共生性，相互借鉴；在内容上具有互补性，相互促进。基本公共服务和反贫困是我国党和政府的长期工程，在内容、组织、制度等方面逐渐完善，对于贫困地区经济社会全面发展是强有力的推手。

（四）基本公共服务成为衡量反贫困成果的重要指标

当前，我国的贫困不再是不能满足生存和温饱的绝对贫困，而是发展为多维贫困，以前以卡路里计算加最低收入来测定的贫困线，已不能成为衡量当前贫困人口的标尺。解决温饱后的中国扶贫目标将是巩固温饱成果、改善生态环境、提高发展能力、缩小发展差距等方面，也将是一个多维度的评价体系。2015年11月，习近平总书记在中央扶贫工作会议上强调教育、医疗卫生、住房和社会保障等基本公共服务主要领域指标接近全国平均水平[1]。2016年，国务院印发《"十三五"脱贫攻坚规划》，明确了脱贫目标是"到2020年，稳定实现现行标准下农村贫困人口不愁吃、不愁穿，义务教育、基本医疗和住房安全有保障"，即"两不愁、三保障"[2]，基本公共服务保障成为脱贫的主要指标。

我国目前贫困特征是贫困人口不断减少、分布分散，越来越集中在"老少山

---

[1] 《习近平：脱贫攻坚战冲锋号已经吹响　全党全国咬定目标苦干实干》，新华网，2015年11月28日。

[2] 《国务院印发〈"十三五"脱贫攻坚规划〉》，中国政府网，2016年12月5日。

边穷"等特殊困难地区，贫困地区医疗卫生、教育、文化等公共服务供给不足，基本社会服务水平较低，基础设施落后，而面临着返贫的风险和不确定性。基本公共服务体系的健全与否，可以作为反贫困衡量的重要指标。越来越细化和科学严谨的评价指标体系的构建使基本公共服务均等化能落到实处，从而推动区域的反贫困进程。将基本公共服务作为衡量反贫困成果的重要指标，不是贫困人口单纯在字面上的减少，而是要评估贫困地区和贫困人口存在的诸多社会问题，"不仅是单纯计算财政扶贫资金在贫困地区投放的数量，更要重视扶贫减贫质量动态提升和成果巩固，更是体现为贫困人口和地区公共服务的完善与提升"[①]。

三、基本公共服务的反贫困作用机理

（一）基本公共服务提高贫困地区生产力水平

农业基础设施建设，如"低丘岗改造"等农田改造、乡村公路建设以及如"五改三建"乡村生活环境改造，对于提高贫困地区农业生产率和贫困人口生产力水平、缓解贫困有重要意义。一是基本公共服务对于农村基础设施改造与升级促进农业生产率的提高。合理设计基础设施项目，改善基础设施布局和使用方式，能夯实农村发展基础，提高生产率。二是基本公共服务改善了农业生产基础条件，升级了产业工具，提升了农村生产力水平。通过义务教育、技能培训提升贫困人口人力资源水平，降低工作成本和时间负担。三是基本公共服务转移项目为贫困地区和脆弱家庭提供生产所需资金来源。政府的财政转移支付直接提高贫困地区的财政收入，能直接增加穷人收入改善福利，增加劳动生产率以及实现收入水平增加。

（二）基本公共服务增强贫困地区和贫困人口的发展能力

良好的基本公共服务不仅能保障贫困人口的基本生活水平和社会安全保障，还能接受义务教育和专项技能培训提升人的可行能力，改变弱势地位，减少贫困代际转移现象。一是投资性的基本公共服务，如教育、卫生和信息服务能提升人力资本水平和参与市场经济，提高贫困人口的发展能力。二是基本公共服务能创造优惠政策，劳动力市场能容纳贫困人口，发挥其劳动力优势来获得资产。三是基本公共服务提升贫困人口的资本积累能力。同时，基本公共服务保障了贫困人

---

① 牛华、李雪峰：《西部贫困县基本公共服务与扶贫开发联动关系探析》，载《内蒙古师范大学学报》（哲学社会科学版）2013年第6期。

口的医疗卫生、教育和福利，提升了贫困人口的身体和能力素质，使其适应经济和社会转型期所带来的就业竞争。

(三) 基本公共服务降低贫困地区的脆弱性

贫困地区因其自然灾害、产业结构、自身身体状况以及市场经济竞争而具体更为明显的返贫困脆弱性。缺乏基本公共服务，贫困人口将不能及时获得政府和社会从经济救济、能力培养和社会保障上的保证。基本公共服务则能将其收入提高到贫困线以上，增加其抵抗风险的经济或物质能力，成为减少脆弱性和持久性贫困的重要手段。政府增加基本公共服务支出，创造一个稳定和有利的经济环境，使贫困人口获得更多的获利机会，将农业产业不确定性转化为可以衡量的风险。以基本公共服务提供各种公共产品减少和分散这种风险，增强其抵御因自然灾害、疾病、资金缺乏返贫困风险和提升创造收入的能力，从而降低脆弱性。

(四) 基本公共服务减少社会排斥

社会排斥是判断相对贫困的重要指标，指收入低下和物质资源缺乏，并且包括人的社会和心理需求得不到满足。将基本公共服务与社会排斥联系起来是新扶贫阶段的重要内容之一，通过保障人的能力提升、各种基本权利满足以及非货币和主观性福利，帮助贫困人群改善生活状况。基本公共服务中的社会排斥分析，能动态化地看到各种静态贫困的状况，描述出动态的贫困化过程，有利于人们深化对贫困的认识。

第三章

公共政策：扶贫规划、格局与公共财政投入

扶贫公共政策是政府主导扶贫开发最基础，也是最有力的反贫困基本公共服务供给。扶贫是一项政府主导的社会性事业，从一开始就与政治有着千丝万缕的关系。扶贫政策对扶贫工作的人、财、物准备与配置，以及扶贫目的实现的阶段性管理，都有着谨慎而精细的规划。

第一节 扶贫政策演变及其执行策略

扶贫公共政策由贫困区域和贫困人口现实性问题所决定。作为社会问题的贫困是扶贫公共政策的直接客体，贫困地区的贫困问题影响着扶贫公共政策的产生、存在与发展。政策实施以及其产生的社会变迁构成了贫困与扶贫公共政策的生态环境。随着人们对贫困的认识不断深化，扶贫公共政策也随之调整。

一、我国扶贫公共政策变迁与挑战

从 1978 年开始，扶贫工作成为"以经济建设为中心"国策中的重要一环。至 2017 年，我国扶贫公共政策发展大致经历了三个阶段，即制度性变革缓解贫困阶段（1978～1985 年）、以经济高速增长为主的开发式扶贫阶段（1986～2000 年）和全面建设小康社会进程中的反贫困阶段（2001 年至今）[1]。

中国早期的扶贫政策以救济式政策为主，即在国家控制绝对贫困，通过中央政府向贫困地区调拨粮食、衣物等救济物资和财政补贴，用以维持贫困地区人民

---

[1] 向德平：《包容性增长视角下的中国扶贫政策的变迁与走向》，载《华中师范大学学报》（人文社会科学版）2016 年第 4 期。

的最低生活水准。贫困救助以"输血"为特征。1978年,中国政府调整工作重心,实施制度改革恢复并发展国民经济,农村因家庭联产承包责任制的推行引发农村经济全面增长,制度性改革使大批贫困农民告别了贫困,见表3-1。

表3-1　　　　　1982~2016年中国农村扶贫公共政策情况

类型	主要政策措施	实施时间（年）	对象
扶贫规划	八七扶贫攻坚计划	1994	农村贫困地区
	中国农村扶贫开发纲要（2001~2010年）	2001	农村贫困地区
	扶持人口较少民族发展规划（2011~2015年）	2011	人口较少民族
	武陵山片区区域发展与扶贫攻坚规划（2011~2020年）	2011	连片特困地区
	中国农村扶贫开发纲要（2011~2020）	2011	农村贫困地区
	全国"十三五"易地扶贫搬迁规划	2016	生态薄弱地区
开发式扶贫政策	三西农业专项建设资金（三西资金）	1982	甘肃河西、定西和宁夏西海固
	移民搬迁	1983	贫困县
	以工代赈	1985	贫困县
	贴息贷款	1986	贫困地区
	财政发展资金	1986	贫困县
	科技扶贫	1986	贫困地区
	社会扶贫	1986	贫困地区
	贫困地区义务教育工程	1995	西部地区
	小额信贷	1996	贫困地区
	整村推进	2001	贫困村
	劳动力转移	2004	贫困县
	产业化扶贫	2004	贫困地区
	西部地区两基攻坚计划	2004	贫困地区
	农村改革发展	2008	农村地区
	东西扶贫协作	2009	贫困地区
	统筹城乡发展	2009	农村地区
	应对国际金融危机,保持西部地区经济平衡发展	2009	西部地区

续表

类型	主要政策措施	实施时间（年）	对象
开发式扶贫政策	稳定农业、促进农民增收	2009	农村地区
	彩票公益金支持贫困革命老区整村推进	2011	贫困革命老区
	教育扶贫工程	2013	贫困人口
社会保障政策	农村医疗救助	2002	农村贫困人口
	农村低保、特贫救助	2003	农村特困人口
	农村最低生活保障制度	2007	农村贫困人口
	农村最低生活保障与扶贫开发有效衔接	2010	农村贫困人口
惠农政策	一费制改革	2001	农村中小学
	中小学布局调整	2001	农村中小学
	森林生态效率补偿	2001	生态保护区
	退耕还林和退牧还草	2002	山区和牧区
	粮食主产区粮食、良种和农机补贴	2003	粮食主产区生产者
	新型合作医疗	2003	农村人口
	农村税费改革	2004	农村人口
	义务教育"两免一补"	2006	农村和部分试点贫困人口
	减免农业税	2006	农村地区
	四项农业补贴	2006	农业生产户
	家庭经济贫困学生资助政策	2007	高校、中职学校贫困学生
	农民工培训	2010	农村人口
	农民减负	2011	农业生产户
	西部地区农民创业促进工程	2011	西部农村人口
监督与管理	专项转移支付资金管理办法	2011	各级政府
	扶贫统计监测	2011	各级政府
	实施《中国农村扶贫开发纲要（2011～2020年)》重要政策分工	2011	各级政府
	扶贫开发工作考核办法	2012	各级政府

资料来源：根据重庆市人民政府网站公开信息整理。

可以说,"三西农业建设专项补助资金①"是我国第一个针对贫困地区的开发式扶贫公共政策。1982年,原中央财经领导小组决定将三西地区(甘肃河西、定西和宁夏西海固)的专项农业建设列入国家计划,每年拨款2亿元专款支持"三西"地区的农业专项建设,计划连续拨10年;1992年,国务院决定三西农业专项建设资金延长投放10年;2009年,国务院第三次延长"三西"农业建设专项补助资金,并将资金总量增加到3亿元②。国务院"三西资金"由地区农业建设领导小组会同两省区按建设规划确定建设项目,再由财政部下达资金,然后由省、地区有关部门安排补助到具体项目中。根据不同情况实行有偿和无偿使用相结合的使用方式,主要解决农村居民生活所需燃料问题、兴建水窖及小型蓄引供饮水工程、植树、农用水利建设、农业科研和技术推广、多种经营和乡镇企业、培训乡级以下干部和农民科技人员。"三西"建设改变了以往单纯救济式的扶贫方式,提出"有水走水路,无水走旱路,水旱路都不通另找出路"的扶贫开发路子,开创了我国区域性扶贫开发的先河。

从1986年起,中国扶贫公共政策由"输血"向"造血"的转变,确定了开发式扶贫和区域扶贫方针。国家也正式有了全国扶贫开发指导主体,即"国务院贫困地区经济开发领导小组",1993年更名为国务院扶贫开发领导小组,负责领导、组织、协调、监督和检查贫困地区的经济开发工作,并相应成立了从中央、省、州、县各级扶贫开发办公室系统。在公共政策方面,也有针对贫困地区和贫困人口的专项扶贫开发政策措施。开发式扶贫政策为贫困地区提供必要的制度支持,利用当地资源开展生产性项目和基础设施建设,培育贫困地区和贫困人口自我发展能力。政府主要通过财政扶贫资金、以工代赈资金和扶贫贴息等方式对贫困地区进行扶持与引导。《国家八七扶贫攻坚计划》的顺利实施实现了解决既定人口的温饱问题,也使中国扶贫工作进入了新的阶段,中国的贫困问题也从绝对性、普遍性、区域性向点、线、片分布和相对贫困演变。

《中国农村扶贫开发纲要(2001~2010年)》和《中国农村扶贫开发纲要(2011~2020年)》的颁布实施,标明了中国扶贫形势的变化。在继承了开发式扶贫政策和工作经验的基础上,新阶段的扶贫发生了重大转变,一是扶贫对象由贫困县向贫困村的具体化瞄准;二是更强调开发式扶贫项目的结构式调整,更着力于贫困人口自身能力的提升,增加了基础教育和农村劳动力的培训力度。扶贫公共政策包括整村推进、劳动力转移、扶贫搬迁和农村小额信贷。以2007年在

---

① 国务院:《国务院关于"三西"地区农业建设进展情况和今后五年建设意见报告的批复》,1988年1月13日。

② 高天娥:《向贫困宣战:"三西"农业专项建设》,载《宁夏日报》2015年4月16日。

全国农村建立最低生活保障制度为标志,农村基本建立起了完善的反贫困社会保障体系。同时,城市反贫困政策体系也逐步得到完善。

改革开放 40 年来,我国扶贫公共政策经历了由救济式扶贫到开发式扶贫的转变,中国贫困问题得到了极大缓解:农村经济全面发展、贫困人口显著下降、基础设施明显改善、生态恶化趋于减缓、社会事业水平提升。中国的反贫困事业得到国际社会的广泛认可与肯定。但是,中国贫困问题仍然十分复杂,面临着新的挑战,如贫富差距扩大、区域发展不均衡、经济增长与社会事业不同步、环境资源破坏等问题[1]。

从宏观角度看,中国现行开发式扶贫政策,反贫困仍然是一项补救式的扶贫策略,贫困问题的预防是其弱项,这种"亡羊补牢式"的扶贫方式决定了反贫困工作的诸多缺陷。从政策的微观实施过程来看,政府主导下的扶贫开发,缺少主客体的互动。政府是扶贫政策的策划者、倡导者和执行者,而在客体方面,贫困地区和贫困人口更多地被动接受政府的安排。政策的"一刀切"特点,很难照顾到贫困地区和贫困人口多元化的利益诉求和现实需要。现阶段中国扶贫面临着贫困人口规模大、城乡发展差距大、致贫因素多元化和减贫成就不稳定等不利因素的挑战与威胁[2]。

二、武陵山重庆片区扶贫公共政策与措施

武陵山重庆片区扶贫开发,在发展历程上与国家扶贫工作同步。1997 年重庆市未直辖之前,由四川省主导。1997 年直辖之后,武陵山重庆片区扶贫开发工作在"统筹城乡改革和发展"等全局发展战略之下,立足于民族地区、山地农村、连片特困区以及对少数民族人口贫困等特殊贫困问题,制定了一系列卓有成效的扶贫公共政策和措施,使扶贫开发走向深入,体现出武陵山重庆片区开发式扶贫的个性特征和特殊内涵。现阶段的武陵山重庆片区的扶贫工作,不仅是确保在既定时间节点解决好现有贫困区县、贫困村和贫困人口的脱贫任务,还得统筹贫困问题、发展问题、生态问题和社会保障问题,既要"两不愁",还得"三保障"[3]。

---

[1] 刘源:《未来十年中国扶贫政策的趋势及对 NGO 工作的思考》,载《发展简报》2011 年 5 月 27 日。
[2] 向德平:《包容性增长视角下的中国扶贫政策的变迁与走向》,载《华中师范大学学报》(人文社会科学版) 2016 年第 4 期。
[3] 周晓雪:《重庆扶贫工作难点在哪?除了"两不愁"还得"三保障"》,华龙网,2016 年 7 月 11 日,http://cq.cqnews.net/html/2016-07/11/content_37636833.htm。

（一）武陵山重庆片区扶贫开发政策实践过程

武陵山重庆片区扶贫开发的实践历程与全国扶贫进程步调相一致。基于区域自然环境、经济发展和社会进步的实际情况，也体现出自身独特的实践特色。总的来说，改革开放40年来，武陵山重庆片区扶贫开发政策实践可分为四个阶段。

1. 农村经济体制改革扶贫政策阶段（1978~1985年）。

在这个阶段里，以救济式扶贫手段为主，主要对农村"五保户"、残障人员进行粮食和衣被救济。在农村经济体制改革中实行家庭联产承包责任制（分产到户）、农产品价格改革以及发展乡镇村企业，极大地解放了农村生产力，大面积地缓解了武陵山重庆片区农村的贫困状况。

2. 开发式农村扶贫政策阶段（1986~1993年）。

从1986年起，武陵山重庆片区各区县建立了扶贫专门机构，安排专项资金，制定专门优惠政策，在全区域开展有计划、有组织、大规模的扶贫工作。这一时期，武陵山重庆片区的扶贫融入"以经济建设为中心"的全国经济发展大局中，确立了"立足支柱产业"的开发式扶贫工作核心，"一切从实际出发，立足省情，点面结合，重点突破"，计划利用10年时间解决贫困人口的温饱问题。"开发骨干项目，帮助发展生产，提高粮食产量、全面解决温饱"是该阶段的扶贫政策主导方针。

3. 攻坚式农村扶贫政策阶段（1994~2000年）。

在《国家八七扶贫攻坚计划》"整体越温达标"的目标指导下，重庆市于1996年制定了《重庆市五三六扶贫攻坚计划》，决定力争在3~5年的时间内，通过突破重点，培植骨干支柱产业、落实科技兴县措施，解决好366万贫困人口的温饱问题。1997年，重庆市直辖后，扶贫工作成为重庆中心工作的"四件大事"之一，为武陵山重庆片区反贫困工作注入了新的活力，到1998年底，全市基本实现成建制的扶贫目标达成。

4. 城乡统筹发展扶贫政策阶段（2011年至今）。

这一阶段随着贫困问题的变化，武陵山重庆片区扶贫对象聚焦于乡村，制定了参与式村级扶贫发展规划，采取整村推进模式进行扶贫开发。这一时期扶贫开发工作更加重视全局统筹，重视农村社会救助，推行五保户供养、最低生活保障、医疗救助和临时救济等制度的完善，从制度上保障反贫困工作顺利进行。2001年，《重庆市农村扶贫开发十年纲要（2001~2010年）》更强调"提高贫困人口的生活质量和综合素质"，在巩固温饱成果的同时，强化改善社会、经济、文化和生态环境。《重庆市农村扶贫开发纲要实施办法（2011~2020年）》则明确了扶贫开发的工作方针:"把专项扶贫、行业扶贫和社会扶贫有机结合,充分调动和发挥社会各界在扶贫帮困中的作用,努力构建大扶贫工作格局";"因人而异,因地制宜,分类指导,统筹兼顾,科学发展,促进贫困地区经济社会人口与资源、环境协调发展"。城乡统筹发展扶贫政策需要统筹农村工作全局,以集团式帮扶为手段,以片区开发、整村推进、扶贫搬迁、信息扶贫为载体,整合资源,形成"跳出扶贫抓扶贫,统筹城乡抓扶贫,科学发展抓扶贫"的工作模式。

(二)武陵山重庆片区主要扶贫公共政策

1997~2016年,重庆市扶贫开发公共政策在开发式扶贫的理念下,强化贫困地区自身"造血"功能,保持了以往专项扶贫政策供给。同时,加大了基本公共服务政策的供给,从贫困地区经济发展、特色产业、义务教育、社会保障以及生态环境等方面编制了大量规划,确定了区域发展战略,明确了发展措施,并对保障措施都作了详细规划,见表3-2。在当前,重庆全局发展结构中,武陵山重庆片区以生态环境、民族文化、特色产业和社会事业建设为基础,不断在区域经济增长、人的可行能力培养和社会保障体系建设等方面为扶贫工作贡献力量。

表3-2　1997~2016年重庆市扶贫政策和相关公共政策(规划)一览表

类型	政策内容	所属行业	发布时间
扶贫专项	《重庆市人民政府关于重庆市武陵山片区区域发展与扶贫攻坚实施规划(2011~2020年)的批复》	扶贫攻坚	2013年1月29日
	《重庆市人民政府办公厅关于印发重庆市农村残疾人扶贫开发规划(2011~2020年)的通知》	农村残疾人扶贫	2013年1月23日
	《重庆市人民政府办公厅关于印发重庆市(武陵山片区、秦巴山片区)农村扶贫开发规划(2011~2020年)的通知》	农村扶贫	2012年7月27日
	《重庆市人民政府办公厅关于进一步动员社会各方面力量参与扶贫开发的实施意见》	社会扶贫	2015年6月18日
	《重庆市人民政府办公厅关于市级高山生态扶贫搬迁集中安置点拆旧建新方案审批事宜的通知》	扶贫搬迁	2015年3月20日
	《重庆市人民政府关于加快推进高山生态扶贫搬迁工作的意见》	扶贫搬迁	2013年1月31日
	《重庆市人民政府办公厅转发国务院办公厅转发人口计生委扶贫办关于进一步做好人口计生与扶贫开发相结合工作若干意见通知的通知》	计生扶贫	2012年6月8日

续表

类型	政策内容	所属行业	发布时间
经济产业	《重庆市人民政府关于印发重庆市农业农村发展"十三五"规划的通知》	农业、农村	2016年10月25日
	《重庆市人民政府关于印发重庆市建设国家重要现代制造业基地"十三五"规划的通知》	工业	2016年9月20日
	《重庆市人民政府关于印发重庆市水利发展"十三五"规划的通知》	水利	2016年8月30日
	《重庆市人民政府办公厅关于印发重庆市现代商贸服务业发展"十三五"规划的通知》	贸易产业	2016年8月30日
	《重庆市人民政府关于印发重庆市国民经济和社会发展第十三个五年规划纲要的通知》	国民经济	2016年3月4日
	《重庆市人民政府关于贯彻落实国家物流业发展中长期规划（2014~2020年）的实施意见》	物流业	2015年2月13日
	《重庆市人民政府办公厅关于印发重庆市现代农作物种业发展规划（2013~2020）的通知》	农业	2013年10月8日
	《重庆市人民政府办公厅关于印发重庆市非公有制经济"十二五"发展规划的通知》	非公经济	2012年1月11日
	《重庆市人民政府关于印发重庆市国民经济和社会发展第十二个五年规划农业和农村经济发展重点专项规划的通知》	农业、农村	2011年10月17日
	《重庆市人民政府关于印发重庆市商贸流通业发展第十二个五年规划的通知》	商贸流通业	2011年9月9日
	《重庆市人民政府关于印发重庆市"十二五"基础设施及物流保障规划的通知》	物流	2011年8月25日
	《重庆市人民政府关于印发重庆市"十二五"科学技术和战略性新兴产业发展规划的通知》	新兴产业	2011年8月11日
	《重庆市人民政府关于印发重庆市国民经济和社会发展第十二个五年规划纲要的通知》	国民经济	2011年3月11日
	《重庆市人民政府关于印发重庆市工业转型升级"十二五"规划的通知》	工业	2011年9月26日
	《重庆市人民政府关于印发重庆市贯彻国家物流业调整和振兴规划实施意见的通知》	物流	2009年11月19日

第三章 公共政策：扶贫规划、格局与公共财政投入 43

续表

类型	政策内容	所属行业	发布时间
经济产业	《重庆市人民政府关于印发重庆市一小时经济圈经济社会发展规划的通知》	国民经济	2007年8月17日
	《重庆市人民政府关于印发重庆市非公有制经济中长期发展规划（2005~2020年）的通知》	非公经济	2005年9月13日
	《重庆市人民政府办公厅关于印发重庆市建设国际知名旅游目的地"十三五"规划的通知》	旅游	2016年11月7日
	《重庆市人民政府办公厅关于加快乡村旅游发展的意见》	旅游	2016年7月14日
	《重庆市人民政府办公厅关于促进旅游投资和消费的实施意见》	旅游	2015年11月30日
	《重庆市人民政府办公厅关于加快推进渝东北生态涵养发展区和渝东南生态保护发展区"大旅游经济"发展的实施意见》	旅游	2015年11月6日
	《重庆市人民政府关于促进旅游业改革发展的实施意见》	旅游	2014年12月23日
	《重庆市人民政府办公厅关于推进文化与旅游融合发展的意见》	旅游	2014年12月17日
	《重庆市人民政府关于重庆市乡村旅游发展规划的批复》	旅游	2014年3月10日
	《重庆市人民政府办公厅关于建立区域旅游协作发展机制推进"一心三带"旅游经济发展的意见》	旅游	2014年1月14日
	《重庆市人民政府办公厅关于加快建设旅游度假区的意见》	旅游	2013年11月8日
	《重庆市人民政府关于贯彻落实〈国民旅游休闲纲要（2013~2020年）〉的意见》	旅游	2013年4月23日
	《重庆市人民政府办公厅关于加快渝东南地区旅游业发展的意见》	旅游	2012年4月21日
	《重庆市人民政府办公厅关于进一步加强旅游生态环境保护工作的意见》	旅游	2007年2月8日

续表

类型	政策内容	所属行业	发布时间
社会保障	《重庆市人民政府办公厅关于印发重庆市人力资源和社会保障事业发展"十三五"规划的通知》	社会保障	2016年9月23日
	《重庆市人民政府办公厅关于印发全市区域性消防安全专项治理规划的通知》	安全治理	2014年4月15日
	《重庆市人民政府关于贯彻落实国家基本公共服务体系"十二五"规划的意见》	公共服务	2013年6月18日
	《重庆市人民政府办公厅关于印发重庆市实施2011～2020年妇女儿童发展纲要（规划）工作考核办法的通知》	妇女、儿童	2012年11月22日
	《重庆市人民政府办公厅关于印发重庆市社会养老服务体系建设规划（2011～2015年）的通知》	养老	2012年6月18日
	《重庆市人民政府办公厅关于印发重庆市社区服务体系建设规划（2011～2015年）的通知》	社区服务	2012年5月2日
	《重庆市人民政府办公厅关于印发重庆市老龄事业发展"十二五"规划的通知》	养老	2012年3月8日
	《重庆市人民政府办公厅关于印发重庆市妇女发展规划和重庆市儿童发展规划的通知》	妇女、儿童	2012年3月1日
	《重庆市人民政府办公厅关于转发重庆市殡葬事业发展"十二五"规划的通知》	殡葬	2012年1月12日
	《重庆市人民政府办公厅关于印发重庆市天然气"县县通"管网建设实施规划（2012～2015年）的通知》	环境治理	2012年12月10日
	《重庆市人民政府关于印发重庆市社会事业发展"十二五"重点专项规划的通知》	社会事业	2011年8月9日
	《重庆市人民政府关于印发重庆市社会保障体系和人力资源开发第十二个五年规划的通知》	社会保障	2011年8月8日
健康医疗	《重庆市人民政府办公厅关于贯彻落实国家中医药健康服务发展规划（2015～2020年）的实施意见》	医药	2016年9月1日
	《重庆市人民政府办公厅转发市卫生计生委等部门关于推进医疗卫生与养老服务相结合实施意见的通知》	卫生	2016年8月18日
	《重庆市人民政府办公厅关于印发重庆市医疗卫生服务体系规划（2015～2020年）的通知》	卫生	2015年12月8日

续表

类型	政策内容	所属行业	发布时间
健康医疗	《重庆市人民政府关于印发重庆市乡镇卫生院管理办法（试行）的通知》	卫生	2012年12月5日
	《重庆市人民政府办公厅关于转发重庆市卫生资源配置标准（2011~2015年）的通知》	卫生	2012年11月21日
	《卫生 重庆市人民政府关于印发重庆市村卫生室（所）管理办法（试行）的通知》	卫生	2012年8月22日
	《重庆市人民政府办公厅关于在全市村卫生室实施基本药物制度的通知》	卫生	2011年6月17日
	《重庆市人民政府关于加强农村爱国卫生工作推进社会主义新农村建设的通知》	卫生	2006年11月13日
	《重庆市人民政府办公厅关于印发重庆市食品安全监管体系"十二五"规划的通知》	卫生、食品安全	2013年3月5日
	《重庆市人民政府办公厅关于印发重庆市中长期动物疫病防治规划（2012~2020年）的通知》	卫生	2013年1月9日
	《重庆市人民政府关于贯彻落实国家药品安全"十二五"规划的实施意见》	卫生	2012年8月30日
	《重庆市人民政府办公厅关于印发重庆市地方病防治"十二五"规划的通知》	卫生	2012年3月31日
	《重庆市人民政府办公厅关于印发重庆市卫生事业"十二五"规划的通知》	卫生	2011年10月24日
	《重庆市人民政府办公厅关于印发重庆市血吸虫病防治中长期规划（2004~2015年）的通知》	卫生	2005年4月15日
	《重庆市人民政府关于印发重庆市城镇职工基本医疗保险制度总体规划的通知》	医保	2000年2月23日
	《重庆市人民政府办公厅关于转发重庆市食品药品安全"十二五"规划的通知》	食品安全	2011年7月4日
	《重庆市人民政府办公厅关于印发重庆市人口和计划生育事业发展"十二五"规划的通知》	计划生育	2012年3月31日

续表

类型	政策内容	所属行业	发布时间
生态环境	《重庆市人民政府关于印发重庆市生态文明建设"十三五"规划的通知》	生态治理	2016年8月29日
	《重庆市人民政府办公厅关于印发重庆市测绘地理信息发展"十三五"规划的通知》	生态环境	2016年7月4日
	《重庆市人民政府办公厅关于印发重庆市环保产业集群发展规划（2015~2020年）的通知》	环境治理	2015年4月10日
	《重庆市人民政府办公厅关于贯彻落实国家应对气候变化规划（2014~2020年）的意见》	环境治理	2015年2月12日
	《重庆市人民政府办公厅关于印发五大功能区餐厨垃圾收运处理系统统筹规划建设实施方案的通知》	环境治理	2014年9月4日
	《重庆市人民政府办公厅关于印发重点流域水污染防治规划（2011~2015年）重庆市实施方案的通知》	环境治理	2013年1月11日
	《重庆市人民政府办公厅关于印发重庆市地质灾害防治"十二五"规划的通知》	环境治理	2012年8月6日
	《重庆市人民政府办公厅关于印发重庆市测绘事业发展暨地理信息基础设施建设第十二个五年规划的通知》	生态环境	2011年11月2日
	《重庆市人民政府办公厅关于印发重庆市"十二五"主要污染物总量控制规划的通知》	环保、污染	2011年11月30日
	《重庆市人民政府办公厅关于印发重庆市公共机构节能"十二五"规划的通知》	节能减排	2011年11月30日
	《重庆市人民政府办公厅关于印发重庆市重点生态功能区保护和建设规划（2011~2030年）的通知》	环保、生态	2011年6月10日
	《重庆市人民政府办公厅关于印发重庆市持久性有机污染物"十二五"污染防治规划的通知》	环保	2010年6月25日
	《重庆市人民政府办公厅关于印发镇乡生活污水处理项目规划（2009~2017年）的通知》	环保	2009年9月2日
	《重庆市人民政府关于印发〈重庆市地质灾害防治规划（2004~2015年）〉的通知》	环境	2004年8月5日
	《重庆市人民政府批转市规划局关于加强武隆县城规划工作提高地质灾害防御能力的意见的通知》	环境治理	2001年6月26日

续表

类型	政策内容	所属行业	发布时间
教育	《重庆市人民政府关于进一步完善城乡义务教育经费保障机制的实施意见》	教育	2016年7月15日
	《重庆市人民政府办公厅关于促进职业教育校企合作的通知》	教育	2015年9月23日
	《重庆市人民政府关于加快发展现代职业教育的实施意见》	教育	2015年3月30日
	《重庆市人民政府办公厅关于进一步加强社区教育工作的意见》	教育	2012年11月8日
	《重庆市人民政府关于印发重庆市职业技术教育改革发展规划的通知》	教育	2012年9月13日
	《重庆市人民政府办公厅关于印发重庆市义务教育发展基本均衡区县督导评估实施办法（试行）的通知》	教育	2012年9月6日
	《重庆市人民政府办公厅转发市教委等部门关于治理义务教育阶段择校乱收费工作实施意见的通知》	教育	2012年6月13日
	《重庆市人民政府关于深入推进义务教育均衡发展促进教育公平的意见》	教育	2012年4月9日
	《重庆市人民政府办公厅关于印发重庆市教育事业"十二五"规划的通知》	教育	2011年9月16日
	《重庆市人民政府关于加快学前教育发展的意见》	教育	2011年6月30日
	《重庆市人民政府办公厅关于印发重庆市地方教育附加征收使用管理办法的通知》	教育	2011年4月29日
	《重庆市人民政府办公厅关于深入开展全民环境教育的意见》	教育	2011年4月6日
	《重庆市人民政府办公厅关于印发重庆市农村义务教育经费保障机制改革暂行办法的通知》	教育	2006年2月10日
	《重庆市人民政府关于贯彻国务院关于深化改革加快发展民族教育的决定的实施意见》	教育	2003年6月24日
	《重庆市人民政府关于印发〈重庆市征收教育费附加实施办法〉的通知》	教育	2000年7月6日

续表

类型	政策内容	所属行业	发布时间
科技服务	《重庆市人民政府办公厅关于印发重庆市科普事业"十三五"发展规划的通知》	科技	2016年5月26日
	《重庆市人民政府关于印发重庆市深化科技体制改革实施方案的通知》	科技	2014年9月2日
	《重庆市人民政府关于印发重庆市促进科技成果转化股权和分红激励实施办法的通知》	科技	2014年9月2日
	《重庆市人民政府办公厅关于印发重庆市扶助中小微型企业科技创新和信息化建设实施方案的通知》	科技	2013年4月23日
	《重庆市人民政府办公厅转发市科委关于实施全民科技行动计划意见的通知》	科技	2011年5月23日
	《重庆市人民政府办公厅引导基金管理暂行办法的通知》	科技	2008年8月8日
	《重庆市人民政府办公厅关于转发重庆市科技型中小企业技术创新资金项目管理暂行办法的通知》	科技	2006年11月17日
	《重庆市人民政府关于印发重庆市中长期科学和技术发展规划纲要（2006~2020年）的通知》	科技	2006年4月30日
	《重庆市人民政府办公厅转发市外经贸委等部门关于进一步实施科技兴贸战略的意见的通知》	科技	2004年11月17日
公共文化	《重庆市人民政府关于黔江区濯水古镇保护规划的批复》	文化	2016年7月11日
	《重庆市人民政府办公厅关于推动文化文物单位文化创意产品开发的实施意见》	文化	2016年10月9日
	《重庆市人民政府关于公布重庆市第五批非物质文化遗产代表性项目名录的通知》	文化	2016年6月22日
	《重庆市人民政府办公厅关于印发推进基层综合性文化服务中心建设实施方案的通知》	文化	2016年4月27日
	《重庆市人民政府关于秀山土家族苗族自治县洪安历史文化名镇保护规划的批复》	文化	2015年6月26日
	《重庆市人民政府关于重庆市历史文化名城保护规划的批复》	文化	2015年1月23日
	《重庆市人民政府办公厅关于做好政府向社会力量购买公共文化服务工作的通知》	文化	2015年9月23日

续表

类型	政策内容	所属行业	发布时间
公共文化	《重庆市人民政府办公厅关于加快武陵山区（渝东南）土家族苗族文化生态保护实验区建设的意见》	文化	2015年8月18日
	《重庆市人民政府关于秀山土家族苗族自治县洪安历史文化名镇保护规划的批复》	文化	2015年6月26日
	《重庆市人民政府关于推进文化创意和设计服务与相关产业融合发展的实施意见》	文化	2015年5月13日
	《重庆市人民政府关于公布重庆市第四批非物质文化遗产代表性项目名录的通知》	文化	2014年1月27日
	《重庆市人民政府办公厅关于优秀近现代建筑规划保护的指导意见》	文化、文物	2013年4月28日
	《重庆市人民政府关于重庆市历史文化名镇后溪镇保护规划的批复》	文化	2012年11月16日
	《重庆市人民政府关于命名第二批重庆市文化产业示范园区和示范基地的决定》	文化	2012年5月16日
	《重庆市人民政府关于公布第二批重庆历史文化名镇（街区）的通知》	文化	2012年2月23日
	《重庆市人民政府办公厅关于印发重庆市"十二五"文化文物广播影视发展规划的通知》	文化	2011年11月9日
	《重庆市人民政府关于公布第三批市级非物质文化遗产名录的通知》	文化	2011年4月7日
	《重庆市人民政府关于进一步繁荣发展少数民族文化事业的通知》	文化	2010年6月24日
	《重庆市人民政府办公厅关于印发文化体制改革试点中支持文化产业发展和经营性文化事业单位转制为企业的两个实施办法（试行）的通知》	文化	2004年4月20日
基础设施建设	《重庆市人民政府关于秀山县土地利用总体规划修改的批复》	基础设施	2015年11月16日
	《重庆市人民政府关于酉阳县土地利用总体规划修改的批复》	基础设施	2015年10月14日
	《重庆市人民政府办公厅关于印发重庆市进一步加快农村通信基础设施建设实施方案的通知》	基础设施	2015年4月17日

续表

类型	政策内容	所属行业	发布时间
基础设施建设	《重庆市人民政府办公厅关于印发重庆市城乡规划诚信管理办法的通知》	基础设施	2014年12月15日
	《重庆市人民政府关于印发重庆市城乡总体规划（2007~2020年）的通知》	基础设施	2014年8月19日
	《重庆市人民政府关于重庆市普通省道公路网规划（2013~2030年）的批复》	基础设施	2014年3月26日
	《重庆市人民政府关于印发〈重庆市土地整治规划（2011~2015年）〉的通知》	基础设施	2013年11月28日
	《重庆市人民政府关于石柱土家族自治县城乡总体规划的批复》	基础设施	2013年7月18日
	《重庆市人民政府关于黔江区城乡总体规划的批复》	基础设施	2013年7月4日
	《重庆市人民政府关于进一步加强城乡规划工作的通知》	基础设施	2012年9月12日
	《重庆市人民政府办公厅关于印发重庆市农村村民住宅规划建设管理暂行办法的通知》	建设规划	2011年12月27日
	《重庆市人民政府关于重庆市水利发展"十二五"规划的批复》	基础设施	2012年1月6日
	《重庆市人民政府关于石柱县土地利用总体规划的批复》	基础设施	2011年12月5日
	《重庆市人民政府关于武隆县土地利用总体规划的批复》	基础设施	2011年10月25日
	《重庆市人民政府关于丰都县土地利用总体规划的批复》	基础设施	2011年10月25日
	《重庆市人民政府关于彭水苗族土家族自治县土地利用总体规划的批复》	基础设施	2011年10月25日
	《重庆市人民政府关于黔江区土地利用总体规划的批复》	基础设施	2011年7月30日
	《重庆市人民政府关于酉阳土家族苗族自治县土地利用总体规划的批复》	基础设施	2011年6月10日
	《重庆市人民政府关于秀山土家族苗族自治县土地利用总体规划的批复》	基础设施	2011年6月10日
	《重庆市人民政府关于狠抓落实扎实工作加强我市基础设施建设的通知》	基础设施	1998年8月20日

续表

类型	政策内容	所属行业	发布时间
公共信息	《重庆市人民政府办公厅关于印发重庆市标准化体系建设发展规划（2016~2020年）的通知》	行业规范	2016年5月5日
	《重庆市人民政府关于印发重庆市建设互联网经济高地"十三五"规划的通知》	信息产业	2016年9月9日
	《重庆市人民政府办公厅关于印发重庆市信息惠民应用平台工作方案的通知》	信息产业	2015年8月26日
	《重庆市人民政府关于促进云计算创新发展培育信息产业新业态的实施意见》	信息产业	2015年7月27日
	《重庆市人民政府关于印发重庆市电子信息产业三年振兴规划的通知》	信息产业	2012年8月15日
	《重庆市人民政府关于印发重庆市探索信息化助推农业农村发展机制改革实施方案的通知》	信息服务	2015年6月17日
	《重庆市人民政府办公厅关于印发重庆市社会救助家庭经济状况信息核查认定办法的通知》	临时救助	2014年11月14日
	《重庆市人民政府办公厅关于做好当前政府信息公开有关工作的通知》	信息公开	2014年8月15日
	《重庆市人民政府办公厅关于印发重庆市食品安全信息公布管理办法的通知》	食品安全	2014年7月29日
	《重庆市人民政府办公厅关于印发重庆市农村信息化体系建设完善和提升方案（2013~2015年）的通知》	信息产业	2013年5月21日
	《重庆市人民政府办公厅关于印发重庆市扶助中小微型企业科技创新和信息化建设实施方案的通知》	扶持、微企	2013年4月23日
	《重庆市人民政府办公厅关于加强气象灾害监测预警及信息发布工作的意见》	预警、气象	2012年6月5日
	《重庆市人民政府办公厅关于印发重庆市政府信息公开目录系统实施指引（试行）的通知》	行政事务	2010年10月11日

资料来源：根据重庆市政府网站公开公文和规范性文件统计。

从扶贫专项政策和扶贫相关公共政策的数量看，重庆市扶贫开发突出了对渝东南、渝东北等地区的政策倾斜，集中于国家级贫困县、贫困村，推行以县为单位的扶贫工作负责制。从扶贫相关公共政策的内容看，武陵山重庆片区反贫困工作以经济产业发展、教育、卫生、基础设施建设等相关领域较为突出，具体见图3-1。

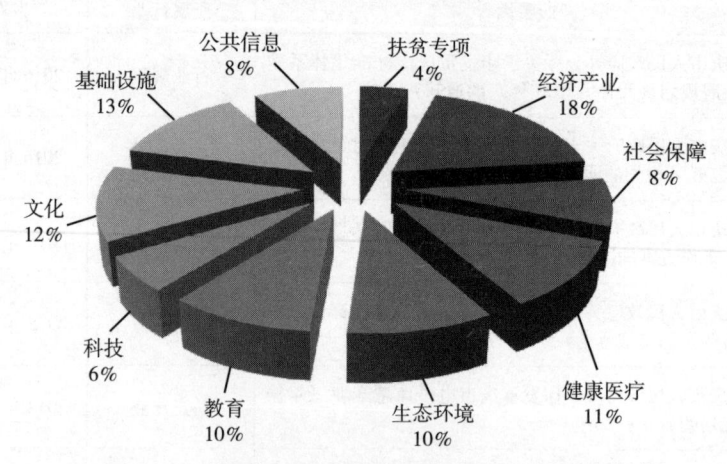

图3-1 重庆市扶贫政策和相关公共政策分布比值

基础设施 13%
公共信息 8%
扶贫专项 4%
经济产业 18%
社会保障 8%
健康医疗 11%
生态环境 10%
教育 10%
科技 6%
文化 12%

资料来源：根据重庆市政府网站公开公文和规范性文件统计。

重庆市扶贫专项政策以及相关公共政策的制定遵循了本地区经济社会发展的实际和规律，在建设社会主义市场经济的进程中，以区域特色产业发展为抓手，坚持解放思想、分类指导、教育优先、科技支撑相结合的原则，加强对重庆贫困地区反贫困工作的指导。积极推行整村推进、高山生态移民搬迁、产业化扶贫、劳动力转移培训、金融扶贫和社会福利保障，针对武陵山重庆片区少数民族贫困地区的特殊性，扩大对少数民族聚居区和少数民族人口的扶持范围，结合经济产业发展、社会保障、健康医疗、科技推广、基础教育、公共文化服务、基础设施建设以及公共信息服务等相关基本公共服务进行联合开发。

武陵山重庆片区各区县始终坚持开发式扶贫方针，以贫困群体为中心，以增加贫困人口经济收入为核心，用教育提升贫困人口的行为能力，实施整村推进，整合优势资源，强化基础设施建设，促进地区特色主导产业大发展，以产业发展助推区域反贫困。同时，各区县政府加大财政转移支付、项目投资和金融信贷等方面的支持力度，重点实施"雨露计划"、社会扶贫、扶贫搬迁、扶贫培训、外资扶贫、信息扶贫等工作，加快民族文化、卫生、体育、教育等社会事业，统筹相关公共政策的实施，逐步实现扶贫开发目标。以县为单位的扶贫开发公共政策更为具体化，如《秀山县"十二五"扶贫开发规划提纲（2011～2015）》详细编制了扶贫开发的对象与重点、内容、途径，以及扶贫开发的项目选择、资金、保障措施以及规划的实施与监督等各方面内容。

为了保障扶贫开发的效果，强化了扶贫资金管理和扶贫绩效评估。各区县在扶贫公共政策的制度和执行之后,都会按要求对一定时段内的扶贫工作落实情况进行调研总结,通过通报形式对各个阶段扶贫工作的成绩和问题进行总结分析,以此保证扶贫工作的持续有效,并能为下阶段的扶贫开发工作提供借鉴。武陵山重庆片区各区县每年都按照重庆市扶贫办要求做好扶贫开发的半年、年度总结工作,对各项政策、重大项目、措施和亮点进行评价。同时,建立扶贫责任制考核制度、考核指标体系和财政扶贫资金使用绩效评估,以及专项扶贫工作的检查验收等。

三、武陵山重庆片区扶贫公共政策的执行策略

在长期的扶贫开发过程中,武陵山重庆片区逐渐形成了与全国扶贫开发模式相一致而又不失地方特色的扶贫政策的执行策略。基于实地和经济文化发展水平而创造出扶贫开发新思路、新理念和新做法。

(一)策略式扶贫

从扶贫开发总体战略和方式方法的角度设置扶贫措施,如整体推进、片区扶贫、易地扶贫等诸多策略组织的扶贫实践构成了策略式扶贫模式。武陵山重庆片区扶贫策略从点、线、面各个层次出发,兼顾经济发展、社会和谐、文化创新以及生态保持,从适合山区经济社会发展最佳方案中有选择地或侧重地执行扶贫政策。无论是整村脱贫、对口帮扶、组团扶贫和倾斜扶贫,这些政策都有明显的地区性特色。

1. 整村推进扶贫。

整村推进扶贫是以重点贫困村为对象,用"整合资源、科学规划、集中投入、规范运作、分批实施、逐村验收"的扶贫工作方式,以增加贫困人口收入为核心,以完善基础设施建设、发展社会公益事业为重点,促进乡村社会经济文化全面发展。整村推进是以重点乡村为整体扶贫对象,更强调乡村基础设施和社会环境建设,有利于集中资源、资金进村入户,扶持力度大,成效明显;精准瞄准贫困群体,有利于发挥贫困农户的积极性,提高贫困人口的综合素质和贫困村可持续发展能力。

以酉阳县为例,该县对照贫困村建设目标,首先抓好贫困村建设项目规划、资金筹措,落实好工作措施和帮扶责任。集中力量先期建设市、县级整村推进示范村,带动全县贫困村建设。累计投入援助资金360万元,在天山堡村、积谷坝村、石门村等贫困村实施特色产业扶贫示范片建设,引入当地农业龙头企业,以订单方式启动建成标准化高山蔬菜、青花椒基地等12个,共2000余亩,有效提

高了农民收入，直接受益人口达 2562 人，被帮扶贫困村基本形成了以绿色、特色为主导的扶贫产业格局。其次引入外援，如山东省东营市对口支援，围绕整村脱贫，持续加大对饮水、道路、水利等基础设施的投入力度，东营市累计投入援助资金 647 万元，捆绑整合酉阳县资金 3000 余万元，对酉阳县 13 个国家级贫困村实施整村脱贫工程，修建公路 109 公里，涵洞 5 个，蓄水池 1100 立方米，饮水管道 4 公里，堰渠 1.5 公里，便民桥 1 座，村级服务中心 180 平方米，并配备相关设备，直接受益人口达万人。立足于贫困村既有的自然资源和产业基础，着力培育壮大特色产业，带动农民脱贫致富[①]。

石柱县双阳乡以整村脱贫为主要抓手，坚持"四个到位"原则，切实解决了突出贫困问题，收效明显。按照"长短"结合的产业发展思路，全乡规划的产业扶贫项目有序推进，全力推进高山生态扶贫搬迁工作，完成贫困户搬迁 14 户 46 人；硬化村级道路 6 公里，整修双阳村山坪塘 1 口，新建七龙村防洪沟 1.72 公里；邀请县内知名农技专家，按照贫困户意愿，组织召开核桃种植、烤烟种植、土鸡养殖等技术培训 10 余场次，参训达 300 余人次，贫困户产业发展能力明显增强；发展核桃 10000 亩、烤烟 2218 亩、中药材 4500 余亩、魔芋 170 亩、种蜂 2000 余箱、土鸡 5000 余只，带动贫困户实现增收脱贫；完成 C、D 级危房改造 20 户，其中深度贫困户 11 户；为七龙村 6 户 7 人无自建能力的贫困户集中建设居住点，为 4 户有智力障碍的贫困户进行代建[②]。

彭水县结合 2016 年整村脱贫任务重、投入大、项目多的特点，集中整合各方资源，全力实施"扶贫攻坚百日冲刺行动"，加快推进贫困村整村脱贫项目建设。贫困村初步建立 1~2 个能带动贫困户稳定增收的主要产业。完成 45 个村级便民服务中心的建设，抓好规范化建设和管理，发挥脱贫攻坚"领头羊"作用。完成通畅公路 400 公里，小组通达公路 523.4 公里，整治维修农村公路 202.1 公里，新建贫困村人行便道 500 公里、非贫困村人行便道 1000 公里，实现行政村小组通达率达 100%，所有贫困村开通农客达 100%，聚居 20 户以上的自然村通人行便道。解决保家镇等 31 个乡镇（街道）55 个村的 29650 人饮水安全问题，其中，贫困人口 17153 人。新建供水工程 188 处，安装管道 764.93 公里。同步在非贫困村实施农村饮水安全巩固提升工程 50 处[③]。

2. 易地搬迁扶贫。

对于居住在生存条件恶劣地区的特困人口实行搬迁扶贫策略。针对因生存环

[①] 酉阳县扶贫开发办公室：《2016 年酉阳县扶贫工作总结》。
[②] 石柱县扶贫开发办公室：《2016 年石柱县扶贫工作总结》。
[③] 彭水县扶贫开发办公室：《2016 年彭水县扶贫工作总结》。

境致贫的贫困人口,通过政府引导,村民自愿的原则进行有计划的移民搬迁,改善其生存和发展条件,提高基本公共服务享有率,促进其可行能力的形成与提高,从而达到脱贫致富的目标。

武陵山重庆片区的搬迁扶贫,针对居住在高山地区、生存环境差的乡村人口进行有计划的搬迁,按照政府引导、农民自愿、自力更生和国家补贴的原则,推进迁居脱贫工作。从搬迁扶贫政策实施以来,重庆市高山生态扶贫搬迁的民生效应已经凸显,许多困难群众通过搬迁实现了人居环境改善和收入显著增加,返贫率不足1%。从2013年启动新一轮高山生态扶贫搬迁工程,至2015年底,重庆市已累计完成搬迁安置54.17万人,在易地搬迁扶贫政策的帮助下走出了大山,摘掉了"贫困帽"。①《重庆市"十三五"高山生态扶贫搬迁实施方案》计划在"十三五"期间,将再投入150亿元,规划实施25万人农村建卡贫困人口的搬迁。与此同时,将同步规划后续产业发展,支持搬迁农户自主创业,发展家庭农场、微型企业等,并积极组织外出务工,尽量使每个搬迁户都有一份"菜园地"和一个持续增收项目②。

酉阳县实施高山生态扶贫搬迁围绕"搬得出、稳得住、能致富"的目标,累计投入资金5.3亿元,建成集中安置点85个,完成搬迁安置39092人,其中,搬迁贫困人口为19319人。在资金使用方式上,按1万元人的标准安排补助资金到乡镇(街道),其中,80%的资金直接兑现,20%的资金用于搬迁点的基础设施建设。加大深度贫困户补助力度,切块渝北·酉阳"圈翼"帮扶资金的60%,按2000元人标准增加补助,切块市国资扶贫资金,按3万元/户标准补。同时,积极鼓励金融机构为搬迁贫困户提供贴息贷款,支持其发展后续产业,搬迁人员可自愿迁移户口。在优化搬迁服务方面,出台加快推进高山生态扶贫搬迁的工作意见、酉阳县"十三五"高山生态扶贫搬迁实施方案、高山生态扶贫搬迁财政补助资金使用办法、高山生态扶贫搬迁"五问、四靠、三配套"的工作法等文件,优化办事流程。加强帮扶指导,成立由发展改革委、农委、扶贫开发办、城乡建委、国土房管局组成的工作组,对口联系39个乡镇(街道),指导乡镇(街道)做好政策释义、规划选址、建设报建、验收归档工作。在后续扶持方面,围绕产业布局搬迁点,按照靠景区、靠园区、靠集镇、靠特色效益农业区"四靠"原则,建设旅游产业依托型搬迁点29个、园区经济支撑型搬迁点8个、商贸服务引领型搬迁点75个、特色农业带动型搬迁点45个。围绕搬迁点布局产业,在

---

① 重庆市人民政府:《关于重庆市国民经济和社会发展计划执行情况及2016年计划草案的报告》,载《重庆日报》2016年2月6日第7版。
② 重庆市扶贫开发办公室:《重庆市人民政府办公厅关于印发重庆市"十三五"高山生态扶贫搬迁实施方案的通知》,重庆市扶贫开发办公室网站,2016年3月30日。

101个搬迁点发展产业项目102个，建成特色效益基地4.1万亩，发展畜牧养殖9500头（只），扶持农业加工企业3家，带动4200人就近就业，人均增收8500元。在木叶、毛坝等搬迁乡镇发展乡村旅游，引导搬迁户发展农家乐81户，每年实现旅游收入420万元以上；在泔溪、麻旺等搬迁乡镇发展新型劳务经济，累计转移搬迁户富余劳动力1200余人，引导其就近就地创业和就业[①]。

彭水县以贫困户为中心、以贫困村为重点，把居住在深山峡谷和高寒边远地区、生产极为不便、生存环境十分恶劣、房屋破烂陈旧且有意愿搬迁的农村贫困人口作为主要搬迁对象，真正实现了搬迁一批脱贫一批的目标。该县充分尊重搬迁对象的意愿，根据其实际情况选择最佳安置方式，做到"三个引导"。一是引导家庭经济条件相对较好、生存技能相对较强，尤其已有家庭成员在外务工的搬迁对象，到县外、县城（含新城）安置。二是引导经济条件稍差或要求留在乡镇（街道）范围内的搬迁对象，到乡镇（街道）集镇所在地、新建集中安置点和25户以上基础设施较为完备的居民聚居区安置。三是引导贫困程度较深、生存技能较差、没有意愿远距离搬迁的搬迁对象，梯度搬迁到就近的基础条件较好的区域安置。目前，通过高山生态扶贫政策已实现33271人搬迁，其中，搬迁贫困人口为14389人[②]。

石柱县鱼池镇实施高山生态移民搬迁，组织召开村组干部会议2次，认真解读高山生态扶贫搬迁相关工作细则；召开小组会议8次，院坝会议15次，向当地村民发送相关资料800余份，宣传扶贫搬迁政策到户，深入民心。组织城建办和综合执法大队联合走访核实，各村上报搬迁申请名单，删掉不符条件的24户96人，对符合条件的71户300人搬迁户名单在各村委会予以张贴公示。启动山娇村胡家榜居民点建设，征地25亩，场平面积16000平方米；督促完成自主建房55户238人，居民总集中安置16户62人[③]。

（二）整合式扶贫

整合式扶贫强调了参与主体的多方协作，从协同、竞合、效益优化角度推进扶贫开发，涉及社会帮扶、资源集聚、资金互助等多系统手段的转换。

1. 社会扶贫。

2015年，重庆市出台了《进一步动员社会各方面力量参与扶贫开发的实施意见》，大力支持引导定点帮扶、东西协作、对口帮扶、对口支援等扶贫计划，

[①] 酉阳县扶贫开发办公室：《2016年酉阳县扶贫工作总结》。
[②] 彭水县扶贫开发办公室：《2016年彭水县扶贫工作总结》。
[③] 石柱县扶贫开发办公室：《2016年石柱县扶贫工作总结》。

完善互助资金、银行信贷、财政拨款制度，科学引导企业赞助、社会捐赠、国际扶贫等扶贫行动和项目实施。通过社会参与式扶贫，在武陵山重庆片区形成了"社会—政府"多元一体的扶贫共建局面。

重庆市总工会对贫困人口努力做到"困难有帮扶、进城有工作、技能有提高、子女有学上"。将困难农民工帮扶工作纳入职工服务体系中，对符合条件的建档困难农民工做到全覆盖，定期开展对困难农民工的帮扶工作，巩固深化"冬送温暖""金秋助学""农民工平安返乡"等活动。组织开展工会"就业援助月""春风行动""技能培训促就业行动""家政服务工程""助推微企办培训"等就业服务活动，为农民工就业创业提供有力支持和有效服务。推动实施农民工职业技能的提升计划，帮助农民工接受继续教育和技能培训，努力消除新成长劳动力无技能上岗的现象。组织动员农民工参加在岗培训等技能提升活动，推动农民工聚集的企业开办夜校，提高职业发展能力。利用"爱心学校"帮扶平台，开展困难农民工子女教育专项救助，保障农民工随迁子女以公办学校为主接受义务教育。2016 年，总工会慰问困难农民工家庭 37878 户，向困难农民工发放款物 9076 万元。开展"金秋助学"活动，共筹集资金 5486 万元，其中，资助困难农民工子女 7443 人，发放助学款 1827.64 万元。"送温暖"活动期间共帮助 52204 人次农民工平安返乡，为农民工购买车船票 2260 张，经与用人单位协商，为农民工返乡争取经济补贴 1.63 万元[①]。

重庆市妇联扎实抓好教育培训，着力提高贫困妇女脱贫致富的实际本领。一方面，利用电视、广播、报刊、网络等媒体，引导坚定脱贫志向。对贫困妇女进行"四自"教育，大力宣讲精准扶贫政策，积极鼓励贫困妇女克服"等、靠、要"思想，变"要我脱贫"为"我要脱贫"，实现从"他扶"到"自立"的转变。另一方面，强化技能培训，帮助提高脱贫能力。依托红岩网·妇女远程教育平台，举办手工编织技艺、家政服务、电商发展等知识讲座 4 期，6.8 万人次妇女受益。会同重庆市扶贫办联合举办贫困地区"新文明、新生活、新素质、新风采"女带头人培训班 8 期、承接重庆市科委项目举办重庆市巾帼科技特派员培训班 2 期、承接全国妇联新型职业女农民培训班 2 期，培训巾帼致富带头人 1100人。开展"山城大姐"巾帼家政服务员培训，推动留守妇女就业技能培训纳入市重点民生实事，为 10230 名妇女开展家庭服务技能培训，培训名额重点向贫困地区妇女倾斜。各区县妇联还整合农委、人社、扶贫、科委等部门资源，开展实用技术、经营管理等培训 2162 场次，帮助 9.8 万户贫困家庭提升创业就业技能；依托家教流动学校举办家庭教育知识讲座 2.4 万场次，培训留守儿童监护人 140

---

① 重庆市扶贫开发办公室综合处：《市总工会扶贫集团强化攻坚举措，倾情倾力推进扶贫工作》。

万人次，防止贫困代际传递①。

丰都县以脱贫攻坚统揽经济社会发展全局，并作为"第一民生工程"、破解"三农"问题、推动"三农"工作的历史机遇和战略举措。一是围绕"到 2016 年底完成 95 个贫困村、7.19 万贫困群众脱贫、整县摘帽"目标，细化明确 2015、2016 两年的阶段性减贫任务，丰都县委县政府与 30 个乡镇（街道）、132 个县级部门（单位）分别签订目标责任书，层层压实主体责任、行业责任、帮扶责任，确保责任"不悬空"，一级抓一级。二是围绕"以户为主兼顾村、长短结合保脱贫"，出台全县脱贫攻坚实施意见，制定驻村工作、结对帮扶、产业发展 3 个指导意见，以及项目建设的管理办法、资金整合管理使用办法、扶贫产业基金管理使用办法、驻村工作队管理办法、脱贫攻坚执纪问责办法等制度性文件，形成"1+3+N"文件体系，为全县脱贫攻坚提供工作遵循、制度保障和政策支撑。三是由全体市管领导带队不定期开展专项督查，组建 2 个暗访组开展常态化巡查，组建 10 个专项督导组每月按清单"拉网式"全面督查、"点对点"跟踪整改，并在媒体通报排名、曝光问题，对排名为"差"等次的开"小灶会"4 次，约谈 16 人次；把乡镇（街道）、县级行业扶贫部门、其他部门年度综合目标考核脱贫攻坚权重分别提高到 50%、30%、20%，并实行单项考核、捆绑考核；出台《脱贫攻坚工作十条规定》，明确问责情形，严格结果运用，确保责任落实。四是开展专项行动。组织 32 个专项调研督导组利用一周时间，对所有贫困户、贫困村逐一进行了解剖式调研督导。针对发现的问题，在全县开展脱贫攻坚"百日奋战"行动，重点围绕贫困户"户户过关"、贫困村"村村过关"的总体目标和实现"五个 100%、两个 95%"的单项目标，配套出台"1+5"行动方案②。

2. 旅游扶贫。

通过开发贫困地区丰富的旅游资源，兴办旅游经济实体，使旅游业形成区域支柱产业，实现贫困地区居民和地方财政双脱贫致富。旅游扶贫不仅能从经济产业方面促进贫困地区的经济增长，还能从基础设施、社会环境、文化交流等提升贫困地区的发展水平。《全国乡村旅游扶贫观测报告》数据表明，2015 年，贫困村旅游从业人员占从业总人数的 35.1%，旅游带来的农民人均收入占其均年收入的 39.4%。至 2015 年底，重庆市累计打造乡村旅游扶贫片区 53 个、建成乡村旅游扶贫村 201 个、建立"网上村庄"电商扶贫服务站 91 个③。

武隆县用旅游富民、特色产业发展、金融扶贫三大攻坚行动带动贫困户提升

---

① 重庆市扶贫开发办公室综合处：《重庆妇联：精准扶贫助推全市妇女脱贫致富》。
② 丰都县扶贫开发办公室：《2016 年丰都县扶贫开发工作总结》。
③ 肖子琦：《重庆建 201 个乡村旅游扶贫村 带动贫困群众 33 万人》，华龙网，2016 年 10 月 18 日。

发展能力，实现从"输血"向"造血"的转变。依托武隆旅游业引擎驱动，建成乡村旅游示范村（点）15 个，扶持发展乡村旅游接待户 2014 户，接待床位 30655 张，接待乡村游客 330 万人次，实现收入 3.5 亿元，带动 5000 余名贫困人口通过创业就业实现增收脱贫[1]。

彭水县以发展乡村旅游为重点，狠抓高山生态扶贫搬迁后续发展。一是围绕乡村旅游发展规划布局安置点。坚持把乡村旅游发展和实施高山生态扶贫搬迁有机结合，依托阿依河、摩围山、乌江画廊等大旅游景区，选址布局 18 个高山生态扶贫搬迁集中安置点在全县乡村旅游重点发展区域内，着力发展以"休闲纳凉、生态观光、民族风情"为主题，以"养生、养老、养心"为特色，突出"两线三点"（即：保家—长生—岩东一线、靛水—润溪—摩围山一线、鞍子罗家坨示范点、郁山玉泉新村示范点、善感周家寨示范点）的发展重点，为搬迁农户发展乡村旅游提供先决条件。二是引导搬迁对象到乡村旅游发展区域安置。通过"走出去、引进来"的方式，引导搬迁对象主动搬迁到规划的乡村旅游重点发展区域安置，全县共有 712 户 2761 人搬迁到乡村旅游发展区域安置。三是支持搬迁农户进入乡村旅游行业。鼓励搬迁农户积极发展乡村旅游，搬迁户发展乡村旅游业，除享受高山生态扶贫搬迁补助和乡村旅游相关补助外，县财政还给予每户 2000 元的资金扶持。对有意愿从事乡村旅游的搬迁农户进行乡村旅游基本知识、业务技能培训，2015 年，县农委会同县扶贫办开办 2 期培训班，受训人数 177 人[2]。

彭水县鞍子镇新式村是国家旅游扶贫试点村之一，现有保存最完好、规模最大的苗族特色村寨罗家坨苗寨，有建卡贫困户 67 户 263 人。该村立足资源优势，坚持把发展乡村旅游作为精准扶贫、精准脱贫的重要途径，着力培育经营主体，发展农家乐 43 户，其中，6 户为建卡贫困户，均取得较好的收益。如贫困户罗某，妻子患重病，2014 年仅做手术就花了 10 多万元，3 个孩子读书也需要用钱，通过开办农家乐，2015 年经营总收入已达到 2 万元。2015 年，新式村共接待游客 3 万人次，实现人均收入突破 3000 元，其中，有 64 户建卡贫困户、253 名贫困群众实现越线达标[3]。

石柱县石家乡 2012 年开始发展乡村旅游，打造了连绵十里的"梦里荷塘"乡村旅游景点，配套了"乡村旅游瓜果采摘园""乡村旅游农产品市场"等乡村旅游基础设施。从最开始的 2 户起步，经过 3 年的迅猛发展，已打造了以 2 家三

---

[1] 武隆县扶贫开发办公室：《2016 年武隆县扶贫开发工作总结》。
[2] 彭水县扶贫开发办公室：《2016 年彭水县扶贫开发工作总结》。
[3] 彭水县鞍子镇扶贫开发办公室：《鞍子镇扶贫开发工作总结》。

星级农家乐为引领，52家一般接待户为依托的乡村旅游接待区，其中，贫困户接待户16户，年接待收入突破2000万元，户均增收8万元以上，贫困户增收5万元以上。每年"吃旅游饭，挣旅游钱"的农户达到2000户以上，户均增收万元以上[1]。

3. 特色产业扶贫。

特色产业扶贫是依托当地主导产业与整村推进、连片开发、科技扶贫、金融扶贫等相结合，通过培育药材、林果、蔬菜、茶叶、畜牧业等主导产业，创新产业业态，扶持龙头企业，引导农民土地流转，开展互助资金、小额信贷等促进农民增收。在实践过程中创造了政府扶持、优势产业集聚、农民组织化、企业化、市场化、农民增收多元化等多种实践模式。[2]

(1) 石柱产业扶贫长效机制。石柱县积极探索股金分红带动、金融扶贫带动、土地入股带动、订单收购带动等产业扶贫长效机制，发挥农业、工业、商贸和旅游等行业帮扶的主体作用，带动全县贫困群众实现稳定脱贫。

石家乡石龙山庄股金分红模式：一是以36户贫困户名义申请财政专项扶贫资金108万元注入企业，企业按借款总额10%的比例统一对入股贫困户进行收益分红。二是企业与贫困户签订帮扶带动协议，并为贫困户提供务工岗位，每月按1800~2000元标准发放工资。三是鼓励贫困学生到企业做暑期工，每人可获得劳动报酬约4000元。四是与贫困户签订农产品产销协议，以略高于市场价格收购；2015年，该企业收购农副产品45万元，为42个贫困户创造直接收益户均1万元以上[3]。

三河镇金融扶贫模式：一是与中银富登村镇银行三河支行建立合作关系，注入贷款风险补偿金297.4374万元，银行按照贷款风险补偿金的10倍向全镇贫困户发放贷款。二是对贫困户采取无抵押、无担保方式，可以申请5万元以下、期限3年以内的贷款；对企业、专业大户和专业合作组织，申请贷款的额度按每带动1户贫困户可申请贷款5万元为基数进行计算，最高不超过340万元，年利率均执行5.85%的标准。三是对贫困户的同期贷款利息给予全贴；对企业、专业大户和完成扶贫义务（按贷款金额的10%作为扶贫义务）后按同期国家基准利率标准给予贴息。2016年，中银富登村镇银行三河支行为贫困户放贷25万元，为企业和专业大户放贷414万元，促使带动121户贫困户就业和发展产业，实现人

---

[1] 重庆市扶贫开发办公室：《石柱县石家乡："花园式"乡村旅游助农增收》。

[2] 向德平、张大维：《连片特困地区贫困特征与减贫需求分析——基于武陵山片区8县149个村的调查》，经济日报出版社2016年版，第129~130页。

[3] 重庆市扶贫开发办公室：《石柱县建立1亿元资产扶贫专项资金 探索资产收益扶贫新机制》。

均增收 3000 元以上①。

川主四季水果休闲采摘园土地入股模式：一是贫困户土地入股，所有土地占 60 股，企业前期投入费用占 40 股。贫困户土地入股取得股份为：入股土地面积/园区总面积×60 股，园区内流转农户土地面积 470 亩，涉及农户 118 户 452 人，贫困户土地入股 165 亩，涉及贫困户 25 户 105 人。二是优先聘用贫困户劳动力长期务工，每月按照不低于 1400 元的标准发放工资，带动贫困户 22 户 35 人。三是在企业前期未盈利期间，按土地流转标准支付，允许贫困户在不影响果树生长的前提下套种西瓜、辣椒等矮秆经济作物；果园后期盈利后按土地折资入股股权进行分红，保底分红金不低于土地流转费用②。

龙沙镇辣椒专业合作社订单收购模式：一是辣椒专业合作社与贫困户按需求、分片区签订协议，保证所种辣椒高于保底价收购，做到收完收尽。二是为贫困户垫费农资，待辣椒收购后折现归还，减轻贫困户资金压力。三是设置流动收购车，在相对集中的辣椒地旁直接收购，减少贫困户的劳动强度。四是开展辣椒技术培训，提高辣椒产量和质量，实现合作社农户双赢。龙沙镇辣椒种植覆盖 52% 贫困家庭，共计 280 户，2016 年实现户均增收 4000 元以上。

（2）黔江电商扶贫模式。为把贫困地区高品质特色农产品通过电商平台销售到城市居民手中，精准带动贫困户销售特色农产品，提升附加值，增加收入，黔江区创新电商扶贫方式，支持本土电商企业"宅天下公司"，开展"电商为媒，远山结亲"的农村电商扶贫活动。一是该电商公司与农户签订结亲协议，为签约农户的土鸡编号，佩戴一次性破坏性脚环；还在各个村镇设立农副产品收购点，按产蛋规律，设置收购上限，以高于市场 20%~30% 的价格收购农户土鸡、土鸡蛋。二是该电商公司开发微信销售平台，建立农户数据库，与腾讯旗下的"重庆农民伯伯公司"实现供销合作，由腾讯负责微信推广，该公司负责收购各类农产品、处理订单、包装产品、物流配送。三是城市消费者可通过微信销售平台浏览农户网页，可以查看农户家庭情况、土地情况、农产品生产情况等相关信息，并可直接购买任意一户农户生产的农产品。社会各界爱心企业、爱心人士可以在微信销售平台上与贫困农户结亲，把爱心扶贫款捐到微信销售平台上，由该电商公司购买鸡苗、猪仔等农资发放给贫困农户，同时，也可以通过订购农户一年生产的原生态农产品帮扶贫困农户。四是农户主要通过在家销售农产品、获得结亲户帮扶等方式增收，公司主要通过网络销售平台广告、农产品销售差价盈利。

"电商为媒，远山结亲"的电商扶贫活动，已在黔江区蓬东乡、太极乡、金溪镇等乡镇开展试点，2003 户建卡贫困户与宅天下电商公司签订了结亲协议，

---

①② 重庆市扶贫开发办公室：《石柱县积极探索产业扶贫长效机制》。

主要销售土鸡蛋和土鸡。1048 户贫困户与民建重庆市委,民建重庆市南岸、大足、大渡口、巴南、北碚、渝中、渝北、江北、九龙坡、涪陵区委,市民建会员,黔江区内爱心企业、爱心人士结亲成功。自 2015 年 4 月上线运营以来,平台累计销售土鸡 4000 余只、土鸡蛋 20 万余枚①。

(3) 酉阳优势产业集聚模式。酉阳县将扶贫与发展农业产业和区域发展相结合,在粮食生产的基础上,加强地道中药材、甘薯能源、烟叶、油菜、高山错季蔬菜、生态林业、特色牧业、天然香料等优势特色经济产业基地建设,形成以山羊、青花椒、中药材为重点的扶贫产业体系,覆盖贫困农户 1.3 余万户。绿色工业集群初步建成,基本形成珠宝贵金属、农产品加工、纺织服装、新型材料、绿色能源等重点工业产业,2015 年,实现工业总产值 131.3 亿元,是 2010 年的 3.2 倍。特色效益农业提质增效,引进和培育农业企业 317 家、农民专业合作社 1115 家、家庭农场 152 家,建成青花椒、油茶、苦荞、中药材等特色产业基地 100 余万亩,开发农特产品 200 余种,成功注册国家地理标志证明商标 6 个,获得国家级畜禽遗传资源品种认定 2 个,获批市级现代综合农业示范县,荣获"全国粮食生产先进县"称号,2015 年,实现农业总产值 38.6 亿元,是 2010 年的 1.7 倍②。

(4) 秀山高端市场链条模式。秀山县立足于本地特色农业产品,走"市场 + 龙头企业"的合作模式,在产供销产业链中的深加工及储存环节开发,积极开拓市场。如岑溪乡通过多方努力,引进了世界第二大水果营销公司——Univey DFM GmbH,主营"信祥"牌、"红阳"牌和"黄心"牌猕猴桃。秀山猕猴桃产业瞄准高端市场延伸产业链,从质量把关、品牌建设、国内外市场开拓、科研技术及营销网络均处于国内猕猴桃的产业前沿,极大地增长了农特产品的附加值。秀山猕猴桃产业发展红利,直接引起了当地农业的转型和生产方式的改变。通过招商引资,带动了全乡 11000 多亩的土地流转,种植高端猕猴桃的大户就有 21 户,种植 10~50 亩特经作物的农户达 300 多户。90% 以上的农户都将以自己的土地流转给公司、大户,以"公司 + 大户 + 专业合作社 + 农户"的种植模式遍及全乡,不断使农民的土地产生多重效益,形成了一个完整的产业链③。

4. 信息扶贫。

信息扶贫是针对贫困地区和贫困信息不灵致贫因素而采取的一种扶贫策略,是利用信息技术改变贫困地区长期信息闭塞的状态,引导贫困人群转变观念,经

---

① 重庆市扶贫开发办公室:《黔江区创新电商扶贫方式开展远山结亲活动》。
② 陈磊:《酉阳:有序推进改革 构建服务"三农"新格局》,载《重庆日报》2016 年 11 月 11 日。
③ 秀山县扶贫开发办公室:《重庆秀山:猕猴桃销欧美 果农乐开了怀》。

济发达地区有效地实行经济协作与交流，提高自身的造血功能脱贫致富。重庆市信息扶贫重点在贫困户和贫困人口的建档立卡信息的管理，按照在巩固建档立卡成果的基础上，进一步挖掘数据资源，拓展信息化服务空间的思路。组织全市有扶贫开发任务的33个区县进一步核实完善该系统的内容，进一步识别新增和返贫对象；采集2015年底贫困户脱贫和贫困村、贫困县的摘帽信息，更新完善扶贫对象2015年的生产情况、生活情况、受扶持情况等基础数据。

酉阳县建成15个乡镇扶贫综合信息服务站，30个村级扶贫信息服务点，建立完善县、乡、村三级扶贫信息服务平台，建立"酉阳扶贫信息服务中心"综合网络平台及数据库，旨在通过现代信息手段开展技能培训，宣传推广农村经济知识和农业科技知识，发布农村土特产品供求信息，开展网上营销等业务。着力传播农业政策信息、农村科技信息、农产品流通信息、农业保障信息、农村百事通信息的"空中课堂"，消除农村信息贫困，让广大农村通过农村信息化扶贫得到实惠，助推"农户万元增收"。免费向农户发放扶贫电视3500台，对暂不通宽带的每个行政村免费发放了1台信息机。在信息化扶贫建设中，狠抓农村信息化人才队伍建设，对全县278个行政村干部、部分乡镇干部职工信息员进行业务知识培训。

5. 金融扶贫。

2016年，重庆市金融办、市财政局、市扶贫办联合印发了《关于推进落实金融精准扶贫工作的通知》的创新财政支持方式，引导金融机构和信贷资源向贫困区县和建卡贫困户倾斜，帮助尽快实现精准脱贫。要求金融单位加快推动贫困地区的农村基础金融服务，支持金融机构在贫困农村设置ATM机、农村便民金融服务点、银行卡助农取卡服务点等，提升贫困地区农村基础金融服务，优先保障1919个贫困村2017年底农村基础金融服务100%全覆盖。支持贫困地区农业企业开展土地收益保证贷款试点。对土地收益保证贷款，担保机构按不高于1%收取担保费的，由市财政按新增担保发生额给予一定的担保费补助。支持贫困地区开展村级农村金融服务组织试点。优先在贫困地区开展村级农村金融服务组织试点，引导和鼓励其帮助建档立卡贫困户开展信用评级、建立信用档案，为贫困户申请农村产权抵押贷款、提供农村产权托管、处置及风险补偿等金融服务，提升贫困农户申贷获得率，适度降低贫困户融资成本。支持贫困地区开展新型农村合作金融组织试点。在完善监管体系的前提下，优先支持贫困地区带动力强的农民合作社、供销合作社或条件成熟的农村社区，坚持社员制、封闭性原则，在不对外吸储放贷、不支付固定回报的前提下，试点培育发展新型农村合作金融组织。支持扶贫企业和专业合作组织积极吸纳贫困人口就业。对向吸纳贫困人口就业达到20%以上的农业企业、合作组织及自主创业的贫困户发放优惠利率贷款的信贷机构，由市财政按每年末该类贷款余额给予一定的贴息补助；融资担保机构提供该类贷款担保且按不高于2%收取担保费的，由市财政按每年该类新增担保发生额给予一定的补贴。

重庆农村商业银行围绕《重庆市金融业贯彻落实"精准扶贫、精准脱贫"行动方案》，建立金融扶贫责任落实保障机制，对各项工作定责任主体、定时间节点、定目标任务，确保精准扶贫重点支持"六类主体"等任务落到实处。创新产品：制定出台"贫困扶助贷"等专属产品。创设考核：每年划拨1000万元专项资金，激发贫困区县支行扶贫积极性。创建示范：通过"专业合作社+农户"和"农户自主"两种产业模式，打造精准扶贫示范村。信贷扶持：加强银政合作，推广运用扶贫小额贷款，引入保险或政府担保基金，支持建卡贫困户脱贫致富。产业扶持：以特色产业发展为杠杆，计划3年发放200亿元推动贫困区县的特色产业发展。助学扶持：持续开展"帮助一个娃，带富一个家"的主题活动，计划两年支持贫困区县36所学校的"互联网+教育"智力助学。就业扶持：实施"双百"工程，每年招聘100名贫困大学生，推荐100名贫困农户就业。电商扶持：利用"江渝惠""微社区"，将贫困区县的特色农产品"网上电销"，打造成"互联网+"服务平台。

重庆银行加强对贫困地区的金融支持力度，向重庆彭水、石柱、黔江等18个贫困县累计投入信贷资金174亿元，占重庆区域内总信贷投放的17%，并建立了一系列的工作保障机制，包括将精准扶贫纳入重庆银行发展规划、在总行层面成立牵头部门、将专项用于精准扶贫的信贷资源在授信指引中进行明确、优化有扶贫任务的支行绩效考核方式等，多管齐下，有力地推动重庆市金融精准扶贫[1]。

四、武陵山重庆片区现阶段扶贫公共政策特点

武陵山重庆片区作为集中连片特困地区，其反贫困公共政策在中国总体扶贫框架之下有其全国共性，也有地区性特征。主要表现在以下四个方面。

第一，产业化扶贫是扶贫公共政策的重点。立足于地区自然环境和自然资源，大力发展特色农业、现代旅游业、电商产业、物流产业等重要产业，在积极发展经济建设的同时，注重贫困地区农民的现代产业技能培训与培养。在尊重农民生产自主权利上，注重引导示范，积极流转和盘活资源成本，建立起多模式的产业发展路径，让农民在产业发展中获利，并脱贫致富。

第二，扶贫政策有机嵌入基本公共服务政策之中。随着贫困问题核心理念的

---

[1] 重庆市扶贫开发办公室：《重庆银行金融扶贫成效明显》。

转换，相对贫困要求更大范围地满足于贫困人口的经济收入、能力培养和社会保障需求。在开发式扶贫策略之下，坚持"输血式"扶贫与农村最低生活保障、农村合作医疗、农村公共文化服务、农村基础教育等多项基本公共服务有机结合，实现"1+1>2"的共赢局面。

第三，集中连片特困地区的扶贫开发是当前扶贫公共政策的重心。做好国家、市扶贫工作重点县和重点村的扶贫开发工作，通过整村推进、生态移民、以工代赈、产业扶贫、促进就业、老区建设、扶贫试点等专项扶贫项目实施，达到"帮扶一批，脱贫一批"的目的。

第四，努力构建武陵山重庆片区全方位立体式扶贫体系。根据《中国农村扶贫开发纲要（2011～2020年）》文件精神，武陵山重庆片区结合本地实际，积极探索专项扶贫、行业扶贫和社会扶贫"三位一体"的大扶贫格局。积极动员全社会力量参与扶贫，安排国家机关、事业单位、国有企业与贫困村、贫困户进行结对帮扶、定点帮扶；鼓励民间组织、社会团体、民营企业和个人到贫困地区投资兴业，帮助贫困地区开发资源，培育增收产业；引导支持志愿者组建农村扶贫开发服务网络，参与扶贫开发。同时，加强与国际反贫困的经验交流与合作，根据贫困地区特点，有针对性地引进外援项目和资金；多渠道、多方式争取国际非政府组织对武陵山重庆片区扶贫开发的帮助和支持。

第二节 "三位一体"扶贫格局的构建

从1986年中央成立了国务院贫困地区经济开发领导小组以来，在全国省（市）、州（地区）、县、乡镇各级都相应地建立了扶贫开发办公室，负责组织、领导、协调、监督和检查扶贫开发工作，由此，在全国范围形成了负责扶贫开发工作的行政体系。随着贫困问题的发展，单一的行政扶贫工作系统已不足以满足扶贫工作的现实需要，扶贫人事配置与扶贫工作管理也面临着新的挑战。2015年6月12日，重庆市人民政府办公厅下发《重庆市人民政府办公厅关于进一步动员社会各方面力量参与扶贫开发的意见》，要求社会各方面力量参与扶贫开发，围绕实现贫困村结对挂钩帮扶、贫困户社会爱心帮扶全覆盖的总体目标，坚持"政府引导、多元主体、群众参与、精准扶贫"的基本原则，创新和完善"人人皆愿为、人人皆可为、人人皆能为"的社会扶贫参与机制，形成政府、市场、社会协同推进的大扶贫格局。武陵山重庆片区专项扶贫、行业扶贫和社会扶贫"三位一体"的扶贫体系正逐步建立。

一、行政主导体系

行政主导体系是指各级政府及其下属的扶贫办开设办公室系统，负责对本区域内的扶贫开发工作，在区域经济社会发展战略和总体框架下，规划、主持专项扶贫工作。针对区域内重点贫困村和贫困人口实施包括扶贫搬迁、整村推进、以工代赈、产业扶贫、就业促进、扶贫试点、革命老区建设等在内的专项扶贫。武陵山重庆片区扶贫开发工作的行政主导体系，主要包括重庆市扶贫开发办公室和区县扶贫开发办公室。

重庆市扶贫开发办公室是重庆市政策下属专门负责市域内扶贫开发工作的政府职能部门，主要负责贯彻执行扶贫开发法律、法规、规章和方针政策，负责全市扶贫开发工作的统筹协调、资金筹集、服务指导和监督管理工作。拟定全市扶贫开发发展战略、政策措施、扶贫标准、发展规划、目标任务和年度计划；参与拟定涉及贫困地区经济社会发展的政策和规划。负责扶贫行政执法；负责分配和管理扶贫资金的物资；负责监督扶贫资金的使用管理，牵头组织扶贫资金使用的绩效考评；负责管理扶贫开发项目，指导扶贫开发项目的实施。负责扶贫开发情况的统计和动态监测；负责全市扶贫系统统计信息工作；负责扶贫开发宣传工作。组织贫困地区开展产业扶贫、科技扶贫、人力资源开发工作，指导片区扶贫开发，开展贫困地区干部有关扶贫政策和扶贫开发的培训工作。组织、协调和指导社会扶贫工作，联系中央国家机关定点扶贫工作和东部发达地区对本市的扶贫协作工作，组织、协调本市以党政机关为主体的集团扶贫工作，组织民间力量扶贫工作；组织、协调和指导全市革命老区的建设工作。负责有关扶贫的国际交流与合作，负责外资和外援扶贫项目的引进和实施。

重庆市扶贫开发办公室设主任 1 名，副主任 3 名，领导班子成员共计 7 人，其下设综合处、政策法规处（老区建设处）、资金计划处、社会扶贫处、监督管理处、产业发展处、人力资源开发处、信息管理处、国际合作处、机关党委和市纪委派驻纪检组、市监察局派驻监察室 11 个内设机构。

区县政府扶贫开发办公室为县政府组成部门，主要职能是贯彻执行扶贫开发法律、法规、规章和方针政策，负责区县域内扶贫开发工作的统筹协调、资金筹集、服务指导和监督管理工作。拟定区县扶贫开发发展战略、政策措施、扶贫标准、发展规划、目标任务和年度计划；参与拟定涉及贫困地区经济社会发展的政策和规划。负责扶贫行政执法；负责分配和管理扶贫资金的物资；负责监督扶贫资金的使用管理，牵头组织扶贫资金使用的绩效考评；负责管理扶贫开发项目，指导扶贫开发项目的实施。负责扶贫开发情况的统计和动态监测；负责全县扶贫系统统计信息工作；负责扶贫开发的宣传工作。组织贫困地区开展产业扶贫、科技扶贫、人力资源开发工作，指导片区扶贫开发，开展贫困地区干部有关扶贫政策和扶贫开发的培训工作。组织、协调和指导社会扶贫工作，联系帮扶集团定点扶贫工作，组织民间力量扶贫及招商引资工作。负责有关扶贫的交流与合作，负责外资和外援扶贫项目的引进和实施。

二、行业协作体系

行业协作是指各行业部门利用自身专业和优势条件助力于区域贫困开发工作，在行业部门职能范围内改善地区发展环境和条件。在国家战略体系下，行业扶贫主体包括农林牧渔、科技、基础设施建设、教育文化、公共卫生和人口服务、社会保障以及生态能源等部门。行业扶贫着力于发展特色产业、开展科技扶贫、完善基础设施、发展教育文化事业、改善公共卫生和人口服务管理、完善社会保障制度、重视能源和生态环境建设等。

当前，贫困问题已由绝对贫困转变了相对贫困，扶贫开发工作重心转移到解贫困户"八难"问题上。在"稳定增收、便捷出行、安全饮水、住房搬迁、素质提升、看病就医、子女上学、公共服务"等扶贫目标上，落实"八有"，即每个贫困村有一个特色主导产业、一条硬（油）化村社公路、一个便民服务中心、一套落实社保政策到户的具体措施、一个整洁的村容村貌、一个坚强有力的村级班子、一支稳定的驻村工作队、一个有效的结对帮扶机制。需要进一步发挥好集团扶贫、区县对口帮扶、东西部扶贫协作政策和机制优势，大力倡导民营企业、社会组织和个人扶贫，引导更多社会资源向贫困地区汇聚。行业部门的职能与扶贫工作在内容上有着极大的重叠，这是行业扶贫协作的先决条件。《重庆市人民政府办公厅关于进一步动员社会各方面力量参与扶贫开发的意见》要求，全市各级政府各有关部门、各扶贫集团及成员单位、各扶贫公益组织和民营企业要充分发挥各自优势，积极参与和助推驻村帮扶、职业教育培训、扶贫小额信贷、易地扶贫搬迁、电商扶贫、旅游扶贫、光伏扶贫、构树扶贫、致富带头人培训、龙头企业带动 10 项精准扶贫工程。

重庆市人大办公厅扶贫集团自 2014 年对口帮扶丰都县以来，注重聚焦精准扶贫，优化帮扶思路，调整帮扶模式，有力地助推了丰都县脱贫攻坚和经济社会发展，取得了明显成效。市人大办公厅扶贫集团划分为南岸区、市水利局、市质监局三个帮扶小组，集中力量打造脱贫致富样板村。投入帮扶资金 4600 余万元，助力横梁村新建文艺创作基地建设，方斗山村解决交通出行、人畜饮水等难题，金竹林村人居环境改造工程，助推了特色产业发展、公益设施建设，提高了广大群众的生活质量。扶贫集团各成员单位充分发挥优势，助力丰都县一批打基础、利长远的重大项目。重庆邮轮母港丰都辅港、龙河国家级水利风景区、龙兴坝中型水库前期工作加快推进；成功争取到水利部扶贫专项资金9.1亿元，千塘万亩特色产业支撑等"八大工程"加快实施，水利基础条件明显改善；为丰都县非贫困村贫困户到户产业基金注资1200万元，惠及面上贫困农户1.2万户、4.4万人[1]；重庆兴亚控股集团、重庆汇丰国际旅行社等企业，支持丰都县乡村旅游、中药材种植等扶贫产业初见成效。同时，扶贫集团十分注重智力支持，积极搭建干部学习交流平台，各成员单位与该县互派党政干部、专技人员挂职锻炼，组织专家学者培训实用技术，让该县干部群众更新了观念、开阔了思路、提高了水平。

三、社会参与体系

《中国农村扶贫开发纲要（2011～2020年）》明确了包括加强定点扶贫、推进东西部扶贫协作、发挥军队和武警部门的作用、动员企业和社会各界参与扶贫等。定点扶贫要求国有单位、国家重点科研院校、军队和武警部队、民主党派、非公有制企业、社会组织等进行定点扶贫，采用筹措资金、优秀人才挂职等方式方法支持贫困地区的扶贫工作。促进东西部扶贫对口帮扶，在资金、产业、人才、培训以及劳动力转移等方面，在东西部地区之间、发达地区和贫困地区之间配置自然资源和劳动力资源。

社会扶贫将动员社会资源促进反贫困事业，全国工商联发起"万企帮万村"精准扶贫行动在武陵山重庆片区得到推广，民间非公有制企业积极响应，投身产业扶贫，诚心实意结对帮扶，在社会营造良好的互帮互助环境。为提高民营企业参与"万企帮万村"精准扶贫行动的积极性，各区县党委政府高度重视，迅速拟订相关行动方案，建立对接机制，开展"扶贫攻坚·走进贫困村""精准扶贫·产业对接""精准扶贫·民企进村招工"等系列活动。如酉阳县板溪商会有6家实体企业和40多家会员企业积极参与"万企帮万村"的扶贫行动，以"四抓"为抓手，大胆践行，扶贫效果明显。商会对所在地的6个村，派驻6个扶贫攻坚工作组，建立扶贫攻坚责任制。用能人带动、产业扶持的办法，发动350多户烟农，其中，贫困户60户，种植烤烟16025亩，零利润供送烤烟煤4600多吨，间接返还贫困户和烟农资金130多万元，实现增收4122万元，其中，贫困户共增收680多万元，户均增收达10万元。商会还聘请专业人士和老师为农民开展就

---

[1] 重庆市扶贫开发办公室：《市人大办公厅扶贫集团对口帮扶丰都县工作取得"开门红"》。

业培训，2015年开班12班次，培训农村学员2500多人，其中，贫困户学员占比20%以上，就业率达80%。商会旗下的6家实体企业，2015年招收安置建卡贫困户21人就业。投入资金共50余万元，建成面积250平方米的多媒体培训教室，搭建智能扶贫平台。培训扶持建卡贫困户和困难户共426人，有170名贫困户学员开起了网店，网上销售农产品23700多单，交易额达370多万元。投入60多万元，修建农村电商服务中心和相配套的电商培训实习体验基地，在实习基地专门设立10个工位为建卡贫困户实习、体验及开办网店用。贫困户开了103个网店，其中，淘宝店82个，微商21个，在其他网站开网店67个，网上销售农副产品26664单，交易额达487.7万元[1]。

我国扶贫开发已经从以解决温饱为主要任务的阶段转入巩固温饱成果、提高发展能力、加快脱贫致富、缩小发展差距、改善生态环境的新阶段。在这样的背景下，专项扶贫、行业扶贫和社会扶贫构建了国家扶贫战略的完整体系，互为支撑，相互呼应，将共同促进贫困地区的快速发展，促进贫困人口脱贫致富。但是，专项扶贫、行业扶贫和社会扶贫"三位一体"的扶贫格局在具体实施过程中也存在着诸多现实问题。国家行政扶贫系统负责专项扶贫，但他们所掌握的资源相对少，人力配置也有难度，难以统筹协调各部门单位。行业扶贫根据各自的职能形成了相对独立的扶贫方案，重点投向联系片区和联系点，但缺乏扶贫整体统筹，造成扶贫资源不均衡分配，不利于贫困地区的综合发展。社会扶贫缺乏相应的规范机制，相对松散，难以形成贫困地区扶贫开发的社会合力[2]。

第三节 公共财政投入与经济持续增长

反贫困是一项系统性民生工程，属于公共经济范畴。反贫困的公共投入是针对受自然、历史和地理条件以及贫困地区现实经济发展水平限制，政府主导下的资金和物质的投入。专项扶贫资金的公共投入，一般针对贫困地区的实际情况，由财政转移支付完成，实行专户管理。武陵山重庆片区各级政府投入的财政扶贫资金按照扶贫开发规划，倡导以工代赈，资金重点落实贫困村、乡的基本生产生活条件和基础设施建设。杨颖基于2002～2008年贫困县公共支出数据的分析，证明公共投入与贫困地区经济增长基本上呈正比关系，"不论是支农支出还是教

---

[1] 酉阳县扶贫开发办公室：《酉阳县板溪镇商会"四抓" 积极参与"万企帮万村"扶贫行动》。
[2] 王介勇、陈玉福、严茂超：《我国精准扶贫政策及其创新路径研究》，载《中国科学院院刊》2016年第3期。

育和科技支出都促进了农民人均纯收入提高,且都显著正相关"[1]。稳定的公共财政支持是扶贫及其相关公共政策效果的有力保障。《中国农村扶贫开发纲要(2011~2020年)》一如既往地要求中央和地方财政要"逐步增加扶贫开发投入",并明确要求加大"中央和省级政府对贫困地区的一般性转移支付力度",用彩票公益金支持扶贫开发事业。自1986年来,在大规模的开发式扶贫战略之下,公共财政投入在中国反贫困事业中做出十分卓越的贡献。

一、公共财政投入总量持续增长

武陵山重庆片区自重庆市直辖以来,其经济增长一直保持了强劲的发展势头。经济总量增加、社会和谐稳定、民族团结和文化繁荣。随着经济社会的不断发展,各县区不断增加包括扶贫专项资金在内的基本公共投入,总体呈增长趋势。武陵山重庆片区7个区县国民生产总值合计数从2011年的642.648亿元增长至2016年的1089.2175亿元,增长了69.48%;财政公共支出由2011年的244.8931亿元增至2016年的360.2981亿元,增长了47.12%;两项指标呈正增长趋势,具体见表3-3。

表3-3　　　2011~2016年武陵山重庆片区各县区生产总值与财政公共支出一览表

年度	项目	黔江	丰都	武隆	石柱	秀山	酉阳	彭水	片区数据
2011年	生产总值（亿元）	129.1943	99.772	86.5824	80.152	93.4894	76.9639	76.494	642.648
	财政公共支出（亿元）	47.3863	33.3064	31.1217	29.0734	34.2969	38.1601	31.5483	244.8931
	所占比例（%）	36.68	33.39	35.94	36.27	36.69	49.58	41.24	38.11
2012年	生产总值（亿元）	147.949	111.0773	98.4028	93.1033	106.0816	89.2879	85.7804	731.6823
	财政公共支出（亿元）	41.8455	35.3919	30.2496	31.3356	35.8149	40.3953	32.3204	247.3532
	所占比例（%）	28.28	31.86	30.74	33.66	33.76	45.21	37.68	33.81

---

[1] 杨颖:《公共支出、经济增长与贫困——基于2002~2008年中国贫困县相关数据的实证研究》,载《贵州财经学院学报》2011年第1期。

续表

年度	项目	黔江	丰都	武隆	石柱	秀山	酉阳	彭水	片区数据
2013年	生产总值（亿元）	167.814	119.6884	107.9088	107.4299	114.6207	100.2468	97.4598	815.1684
	财政公共支出（亿元）	46.1565	39.3796	31.3423	33.8073	37.1892	40.2352	34.5693	262.6794
	所占比例（%）	27.51	32.9	29.05	31.47	32.45	40.14	35.47	32.22
2014年	生产总值（亿元）	186.3052	135.3717	119.9849	119.9517	126.5021	110.4184	108.7992	907.3332
	财政公共支出（亿元）	48.9208	44.4659	34.6469	37.3074	41.7486	44.7626	40.989	292.8412
	所占比例（%）	26.26	32.85	28.88	31.1	33.01	40.54	37.67	32.24
2015年	生产总值（亿元）	202.5455	150.1886	131.3995	129.2437	138.1933	116.9671	115.9666	984.5043
	财政公共支出（亿元）	54.3154	51.8896	36.9656	42.9687	40.7447	51.1916	45.5028	323.5784
	所占比例（%）	26.82	34.55	28.13	33.25	29.48	43.77	39.24	32.87
2016年	生产总值（亿元）	218.8411	170.5626	145.6130	145.4176	150.6166	129.4808	128.6858	1089.2175
	财政公共支出（亿元）	58.6167	44.7342	54.4068	45.4936	46.9052	58.1435	51.9981	360.2981
	所占比例（%）	26.78	26.22	37.36	31.28	31.14	44.9	40.4	33.07

资料来源：2012~2017年《重庆统计年鉴》。

数据显示，武陵山重庆片区每年公共投入值占国民经济总产值的1/3，2011~2016年间财政公共支出占国民生产总值比重在33.07%~38.11%的波动，见图3-2。

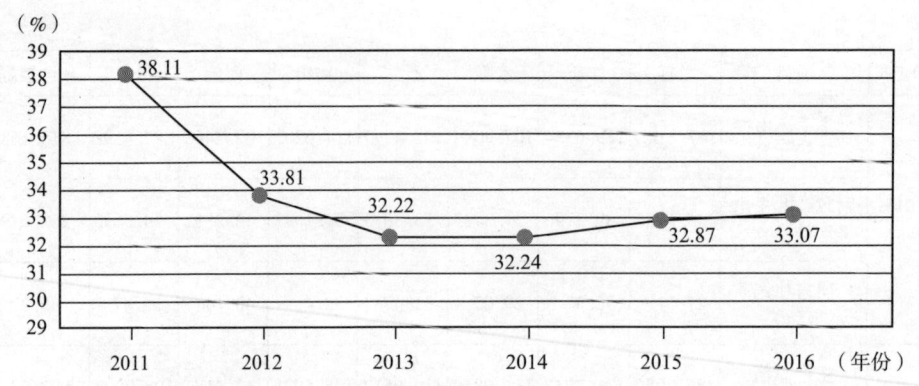

图 3-2　2011~2016 年武陵山重庆片区财政公共支出占国民生产总值比重的变化趋势

资料来源：2012~2017 年《重庆统计年鉴》。

二、教育和培育特色产业是公共投入重心

发展特色农业、民族旅游，壮大县域经济；优先发展教育，提高劳动者素质是武陵山重庆片区各区县公共财政投入的重点。因地制宜，从区县自然经济条件出发，发展特色种养业、旅游业，集中区县财力加强特色产业基础设施建设。同时，鼓励支持农村贫困地区发展集体经济、农民专业合作社、农民专业户规模经济和农民行业协会。加强基础教育，改善农村教学环境，培养农村教师队伍，大力开发贫困地区的智力资源，把培养新时期现代新型农民摆到突出位置，才能使武陵山重庆片区实现经济腾飞和社会进步。以 2016 年为例，各区县一般公共预算支出总额为 3602981 万元，见表 3-4。

表 3-4　　2016 年度武陵山重庆片区财政一般公共预算收支情况　　单位：万元

地区	一般公共预算收入	一般公共预算支出	其中：				
			农林水支出	教育支出	医疗卫生和计划生育支出	社会保障和就业支出	文化体育与传媒支出
黔江	214601	586167	88211	110195	56815	56161	7323
丰都	147799	447342	94199	70021	40411	46559	5426
武隆	170006	544068	83088	103787	83813	61989	6045
石柱	135380	454936	67783	103089	49086	43616	3942
秀山	120269	469052	84568	91244	55061	47731	7040
酉阳	136055	581435	133372	125985	66213	59526	12301

续表

地区	一般公共预算收入	一般公共预算支出	其中:				
^	^	^	农林水支出	教育支出	医疗卫生和计划生育支出	社会保障和就业支出	文化体育与传媒支出
彭水	139358	519981	107412	118039	52463	53725	5724
片区	1063468	3602981	658633	722360	403862	369307	47801

资料来源：2017 年《重庆统计年鉴》。

其中，农林水、教育、医疗卫生和计划生育、社会保障和就业支出是财政公共支出的重点领域。从数据看，教育支出和农林水支出分别占年度财政公共支出的 20.04% 和 18.28%，见图 3-3。

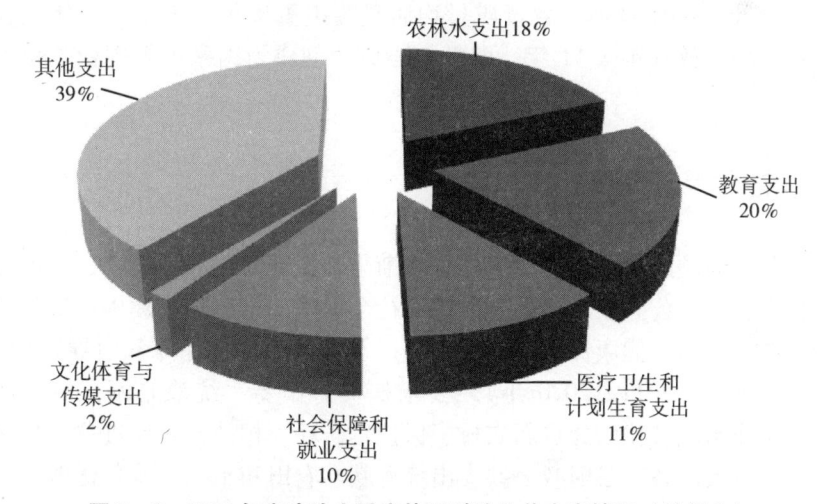

图 3-3　2016 年度武陵山重庆片区财政公共支出情况（按投向）

资料来源：2017 年《重庆统计年鉴》。

黔江区 2015 年累计完成固定资产投资 1020 亿元，用于建设武陵山机场、高速公路、水利设施、通信设施，重点保障特色产业。武陵山机场 7 条航线形成"米"字形网络，被评为"中国最佳支线旅游机场"；黔恩高速公路通车打通了黔江东向出口大通道；黔石高速公路、黔张常铁路、渝怀复线铁路开工建设，初步形成区域性综合交通枢纽。完成通乡干道升级改造 400 公里，新改建乡村公路1660 公里，在渝东南率先实现"村通畅"和农村客运"双百"目标。提挡升级通信基础设施，实现乡镇 4G 网络、行政村宽带网络全覆盖。农牧产业迅猛发展，连续8年成为全国生猪调出大县,蚕茧产量连续5年居重庆市第一;优质水果、蔬菜、中药材等特色效益产业初具规模,建成仰头山、武陵仙山2个市级现代农业综合示范园区。旅游业逐渐成为战略性支柱产业;新增濯水古镇、蒲花暗河2个国家4A级旅游景区,城市峡谷景区初步面世,黔江被评为全国休闲农业与乡村旅游示范区县。工业方面,引进浙江大洋公司带动形成桐乡丝绸工业园集群式产业链条;黔龙集团年产20万吨铝加工一体化等项目投产,规模以上工业企业达到96家、实现总产值228.8亿元;培育高新技术企业3家,开发高新技术产品32个,初步形成轻纺服装、新材料、生物医药等新的支柱产业。正阳工业园区建成区面积拓展到13.3平方公里,集中了全区70%规模以上的工业企业,成为渝东南首个百亿级特色工业园区。教育的投入保障了黔江区全区195所各级各类学校,在校学生10.85万人教学正常运行。全区学前3年毛入园率达80.2%,普惠幼儿园占比77.9%;小学入学率100%;初中入学率98%;高中阶段毛入学率在93%以上,办学规模、教育质量均居武陵山重庆片区第一。全年主要劳动年龄人口人均受教育年限11年。职教中心成功创建为国家中等职业教育改革发展示范校[1]。

三、社会服务性投入逐年增加

随着贫困问题的变化,扶贫工作正逐渐与基本公共服务相结合,在区域全面发展过程中,财政公共投入逐渐加大了对社会保障支出,对武陵山重庆片区农村进行可行能力培养、健康保障、社会福利以及就业力进行保障和引导。《中国农村扶贫开发纲要(2011~2020年)》要求扶贫工作要"统筹兼顾,科学发展",坚持扶贫工作与城镇化、建设新农村、保护生态环境相结合,促进贫困地区社会经济的全面发展。各区县财政公共支出统筹基本农田和水利、特色优势产业、能源、交通、住房、教育、医疗卫生、计划生育、公共文化、生态环境、社会保障等社会基本公共服务支出,基础服务性投入逐年增大,见表3-5。

表3-5 2011~2016年武陵山重庆片区财政社会保障性公共支出情况 单位:万元

地区	2011年	2012年	2013年	2014年	2015年	2016年
黔江	34633	36189	38753	41118	46014	56161
丰都	38115	42260	45899	50503	63325	46559

---

[1] 黔江区人民政府:《2016年黔江区人民政府工作报告》。

续表

地区	2011年	2012年	2013年	2014年	2015年	2016年
石柱	28898	30312	33872	37915	43003	61989
秀山	19768	21489	26129	31246	39029	43616
酉阳	39427	34885	36825	39927	43086	47731
彭水	35830	37297	41971	48067	54670	59526
武隆	29858	30680	33170	37687	50059	53725
片区	226529	233112	256619	286463	339186	369307

资料来源：2012~2017年《重庆统计年鉴》。

财政公共预算对于社会保障投入逐年增加，由2011年的226529万元增至2016年的369307万元，增加了63.02%，年均增速为12.6%，见图3-4。

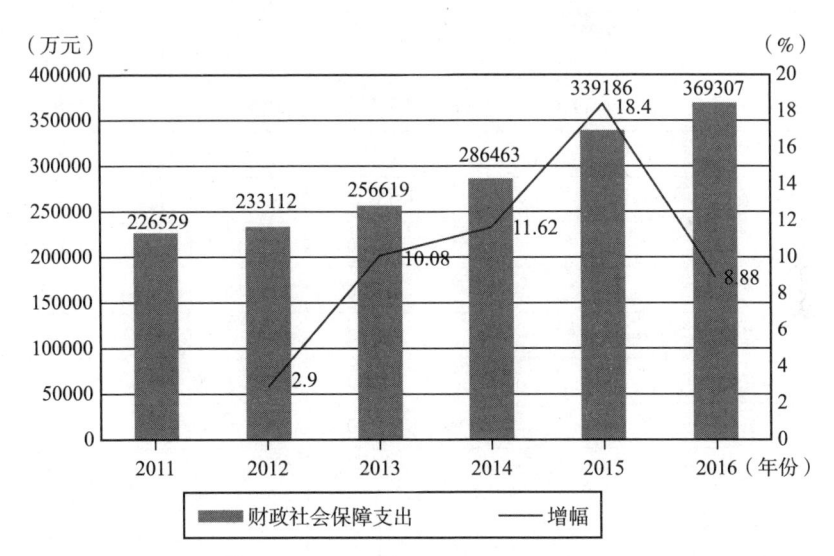

图3-4　2011~2016年武陵山重庆片区社会保障性财政公共支出增长趋势

资料来源：2012~2017年《重庆统计年鉴》。

四、扶贫资金投入趋于专业化、规范化

在精准扶贫政策指引下，武陵山重庆片区按照"扶真贫、真扶贫"的原则，改变过去粗放的扶贫方式，通过对贫困家庭和贫困人口的精准帮扶，实事求是地针对贫困地区的致贫原因实施专业性强的扶贫政策和措施，实现精准识别、精准

帮扶、精准管理和精准考核。扶贫专项资金也由过去"大水漫灌"式的面上推开，转变成以精准对象为核心的专业化扶贫。对于生态、生存环境恶劣的贫困地区实施生态扶贫搬迁、集中供水等项目，随之建立专债专贷资金。针对投资能力不足，启动小额扶贫贷款解决资金紧张问题等。

同时，扶贫资金来源趋于多元化，除了公共财政一般性支出外，还包括专债专贷资金、对口帮扶资金、民间自筹资金等。这些资金的使用一般遵循了专款专用原则。如 2015 年黔江区使用扶贫资金 316923 万元，其中，整合行业扶贫资金为 65285 万元，高山生态扶贫搬迁、贫困村集中供水资金 244000 万元，各类小额扶贫贷款 5012 万元，获山东省日照市卫生帮扶集团等对口帮扶资金 2326 万元，民营企业筹集资金 300 万元[①]。

各区县乡镇扶贫办对于扶贫专项资金的使用都有预算规划。除了日常工作经费支出外，同样也遵循了专业化原则，做到专款专用。如在 2016 年武隆县扶贫资金预算案中，项目管理费、培训资金、对口衔接、小额扶贫贷款等都作了详细的规划预算，确保了资金落实到位，见表 3-6。

表 3-6　　2016 年度武隆县扶贫项目支出预算　　　　　　单位：万元

扶贫支出项目	合计	本级财政拨款	上级财政补助
合计	1013.80	569.80	444.00
经常性项目	744.80	569.80	175.00
2016 年扶贫项目管理费	75.00		75.00
2016 年区县扶贫培训资金	100.00		100.00
扶贫成果宣传工作经费	6.00	6.00	
扶贫对口帮扶衔接经费	15.00	15.00	
扶贫攻坚工作经费	100.00	100.00	
扶贫基金会运行经费	8.00	8.00	
扶贫培训中心经费	10.00	10.00	
扶贫小额保险	60.00	60.00	
互助合作扶贫会运行经费	5.00	5.00	
临时人员支出	1.80	1.80	
贫困村互助专项经费	350.00	350.00	

---

① 黔江区扶贫开发办公室：《黔江：宁苦干，不苦熬——黔江扶贫开发工作纪实》。

续表

扶贫支出项目	合计	本级财政拨款	上级财政补助
乡村旅游推介宣传工作经费	6.00	6.00	
渝洽会活动经费	8.00	8.00	
一次性项目	269.00		269.00
2015年村级互助奖励资金	120.00		120.00
2016年农村贫困户节日慰问金	123.00		123.00
扶贫攻坚管理及检查验收资金	26.00		26.00

资料来源：武隆县扶贫开发办公室。

第四节 扶贫公共政策与反贫困联动关系分析

扶贫公共政策是一项对社会资源和利益进行分配的政策，是调整社会成员之间利益关系、实现政府扶贫目标的行政策略。扶贫公共政策直接目标就是消除现阶段特定地区的贫困问题，针对贫困问题的特点，采取相应的措施，在战略方面、人员配备、资金保障和利益分配方面作出强有力的政策支持，从而达到反贫困的目的。

一、扶贫公共政策对扶贫工作的导向

扶贫公共政策是针对贫困地区因自然条件、经济发展现状、人的自身发展能力等因素而导致的贫困问题而提出的。为了解决贫困地区的贫困问题，特别是集中连片特困地区，政府依据国家发展实际，针对区域性的贫困问题，通过政策的执行对人们的行为和贫困问题的发展变化而进行策略性行动。这样的行动策略，由于具备了政府行政行为特殊性和强制性，使得贫困地区因社会发展、文化习俗、生计习惯不同而构成了社会生活的复杂、多变、相互冲突和漫无目的的行为，纳入统一而明确的目标上，使之按照扶贫规划的既定方向有序前进。这就构成了扶贫公共政策对反贫困工作的导向。

扶贫公共政策的导向既是经济行为的导向，同时也是观念和思想上的导向。扶贫公共政策规范了人们发展产业经济、培育个人能力、实现社会保障等行为，在很多时候使人们知道什么时候该做什么事，在潜移默化中，对人的思想观念产生极为深刻的影响。这也表现为直接引导和间接引导两种方式。直接引导直接作

用于人们的经济产业行为、学习习惯和行为选择；间接引导则作用于人的思想观念的改变。在发展经济、培育特色产业、强化就业培训、实现义务教育、完善农村医保社保，直接引导和规范了农民的行为，同时，也对人们的工作和生活产生影响，引导或制约着他们的行为。

扶贫公共政策的导向存在着两面性。从政策作用结果来看，扶贫公共政策的导向包括正向导向和负向导向两种。正向导向是按照扶贫公共政策所规定的既定目标发展而产生的积极效益，如贫困地区的经济发展、收入增加、社会和谐，人的能力得以发展，人们的权益得以保障。而负向导向则表现为在政策执行过程中出现一些个别的、具有消极影响的行为和思想。如在结对帮扶中，单一的扶贫模式、指标的确定、扶贫效果不尽人意等政策实施效果不佳的情况下，一些贫困户养成了"等靠要"思想。另外，部分地区因某些特殊因素造成了干群关系的紧张，贫困户不愿按照政府安排的扶贫措施办事，甚至存在拿着"扶贫目标责任制"来要挟贫困责任人的情况。

二、扶贫公共政策对扶贫工作的调控

扶贫公共政策的调控是对扶贫工作的调节和控制作用，即政府运用扶贫政策，对贫困地区扶贫工作进程中出现的各种矛盾进行调节和控制。政策的控制作用，主要是对消除贫困过程中各种社会利益关系的调控制。贫困问题是一个复杂的社会问题，扶贫工作也有多元化主体，虽然这些主体都以消除贫困地区的贫困问题为主要目标，但各自行为主体出于自身职能责任，所达到的目标程度及所采取的手段也各不一致，在社会共同行为中存在着不同的利益诉求，因此，利益的差别、摩擦导致发生冲突是不可避免的。为了平衡扶贫工作进程中不同主体的利益矛盾，实现扶贫工作的终极目标，维护社会稳定和经济快速发展。作为一项专门的公共政策，扶贫公共政策需要承担调控社会既得利益关系的责任。

扶贫公共政策首先体现了国家和社会的根本利益，饱含着政策决策者的认识能力和主观偏好，因而，它必须维护好国家的利益，即达到政策既定的扶贫目标和效果；与此相一致，扶贫公共政策也必须维护好政策受众，即贫困地区和贫困人口的根本利益，而发挥政策巨大的影响力和导向力。这是扶贫公共政策发挥调控作用的出发点。如果不能保证国家和直接受众的根本利益，则会导致扶贫公共政策失灵。

扶贫公共政策的控制也有直接和间接两种形式。对于以产业政策为核心的特色产业扶贫、计划生育、教育、医疗卫生、公共文化、社会保障、生态环境等政策，对于地区的经济发展、社会稳定、人口质素、环境保护都起了直接的调控作用；同时，扶贫公共政策对于优化产业结构、引导企业生产方式和资源优化配置，以及贫困地区贫困人口的思想观念转变也起了一定的间接调控作用。

对于以扶贫为核心的扶贫公共政策在调控功能上还明显地表现出特有的倾斜性。政策围绕着扶贫中心工作，鲜明地倾向于贫困地区和贫困人口，在具体的扶贫项目的实施过程中，扶贫政策按照规划会优先于某一领域或某专项扶贫，以及对贫困地区贫困人口采用保护或促进性措施，使之得到充分发展。这些措施也往往侧重于扶贫工作重心。

三、扶贫公共政策对扶贫工作的利益分配

在扶贫工作中，参与扶贫的社会主体是多元化的。这些主体在社会经济地位、思想观念、知识水平和风俗习惯等方面存在着差别，因而造成了不同人群的不同利益需求。每一个利益群体都希望在扶贫公共政策中获得一些利益，并期望其最大化。这些利益诉求综合在一起的时候，也会产生冲突。扶贫公共政策指明了什么人在什么时候该做什么事，以此来调控社会人群的行为，同时，在利益分配方面作出规定，那些用于扶贫的资源（利益）该向谁分配？如何分配？怎样实现最佳分配？

为了减少多元主体之间的利益摩擦，扶贫公共政策需要站在公正的立场上，用政策来调整现实的利益关系。在通常情况下，扶贫公共政策能较大限度地满足三类利益群体和个体的利益。一是与政府主观偏好或政策直接目标相一致的主体。政府是政策制定的主体，也是利益分配的主体。实现贫困地区脱贫致富，推进贫困地区经济社会发展是扶贫公共政策的直接目标，而在此目标之下，贫困地区和区内的公民，特别是贫困地区贫困人口都是这一首要利益的获得者。二是最能代表扶贫工作成效的创业者。扶贫公共政策的利益取向规定了贫困地区和贫困人口是最直接的受益者。在扶贫过程中积极发展特色主导产业、基础教育、医疗卫生等各行业参与者也容易从政策中获得利益。三是公共政策所规定的受益者是社会多数或绝大多数成员。扶贫公共政策的实际效果取决于政策是否符合贫困地区的绝大多数人的利益。在政策的实施过程中，获得利益的各种利益群体和个体会自觉或不自觉地拥护和执行政策，促使扶贫公共政策的实际效果。

尽管扶贫公共政策一贯强调效率优先、兼顾公正的原则，但在利益分配的实际过程中也会与政策制定者的构想发生偏差，出现一些分配不公的情况。特别是在直接的物质利益分配方面尤为突出，如在精准扶贫过程中，从贫困户精准识别

到贫困户指标分配与获得，都存在着不同程度的不公平。如果这些不公平得不到及时纠正，必然会加大利益分配中的种种矛盾，甚至这些矛盾从物质利益冲突发展到非物质利益冲突。扶贫公共政策的利益分配问题既是一个重要的理论问题，也是一个严肃的实践问题。如果不能准确及时地把握"把利益分配给谁"这一核心问题，扶贫公共政策最终将会走向失灵的境地。

第四章

基础设施建设的反贫困效益

向德平等人的研究指出"基础设施落后已成为制约武陵山片区经济社会发展的主要障碍之一"[①]。基础设施作为保障社会生产和居民生活的一般物质条件，为国家或地区的社会经济活动提供公共服务，对于贫困地区经济社会赶超性发展至关重要。交通、供水、电力、邮政、信息、农田水利等基础设施建设的改善将直接改善贫困地区的经济发展和投资环境，促进生产要素流动和对外交流，增加有效劳动时间和就业机会，减少生产成本[②]，其反贫困效果十分明显。武陵山重庆片区远离中心城市，缺乏区位优势，而农村基础设施建设落后直接导致区域经济发展的滞后。虽然，近年来，铁路、公路、航空、邮政、电信等交通和信息网络体系基本建立，但与其他发达地区相比，仍然具有较大差距。

第一节 武陵山重庆片区基地设施建设现状

农村基础设施包括农业生产性基础设施、农村生活性基础设施、农村社会发展基础设施、生态环境建设四个大类。农业生产性基础设施建设直接服务于农村产业发展的基本物质设施，主要包括现代化农业基地建设、农田水利工程、土地质量改善工程等；农村生活性基础设施建设以服务农村人口生活为指向，致力于农村生存条件和人居环境优化，提升农村物质文化水平，主要包括饮水安全、农村沼气、农村道路、农村电力等；农村社会发展基础设施以基本公共服务体系为核心，以改善农村发展条件、社会保障，提升农村经济品质和综合实力为主要指

[①] 向德平、张大维：《连片特困地区贫困特征与减贫需求分析——基于武陵山片区 8 县 149 村的调查》，经济日报出版社 2016 年版，第 85 页。
[②] 伍琴：《公共投资对集中连片特困地区的扶贫机制研究——以赣南原中央苏区为例》，载《江西社会科学》2014 年第 9 期。

向，主要包括农村交通、信息化建设、电力电网建设和农产品质量安全检测体系建设等。根据对武陵山重庆片区各区县的实际获得的基础数据，结合 2012～2017 年《重庆统计年鉴》，我们选择各区县固定资产投资额、交通建设情况、农作物播种、农村能源等统计数据，进行趋势分析。

一、固定资产投资逐年增加

固定资产投资是通过建造和购置固定资产的活动，调整经济结构和生产力的地区分布，增强经济实力的社会固定资产再生产的主要手段。固定资产投资是一个地区经济社会发展重要的资金保障，武陵山重庆片区各区县总的固定资产投资额一直处于上升趋势。数据表明，武陵山重庆片区固定投资总量由 2011 年的 753 亿元增长到 2016 年的 1473.4 亿元，增长了 95.67%；用于建设与改造的生产性投资由 2011 年的 667.7 亿元上升至 2016 年的 1325.9 亿元，增长了 98.57%，见表 4-1。2011～2016 年，建设与改造的生产性投资占全社会投资比重在 88.67%～90.3% 之间波动。

表 4-1　　2011～2016 年武陵山重庆片区各区县固定资产投资　　单位：亿元

地区	2011年 全社会投资	2011年 建设改造投资	2012年 全社会投资	2012年 建设改造投资	2013年 全社会投资	2013年 建设改造投资	2014年 全社会投资	2014年 建设改造投资	2015年 全社会投资	2015年 建设改造投资	2016年 全社会投资	2016年 建设改造投资
黔江	129.0	115.6	175.7	159.8	211.9	197.8	236.1	217.8	267.0	243.5	307.3	280.5
丰都	163.2	153.4	224.2	212.3	186.1	174.5	209.2	188.9	250.4	226.5	284.5	258.0
武隆	105.8	85.3	125.9	104.0	141.6	119.3	145.4	117.1	150.8	122.6	172.5	149.9
石柱	108.3	97.9	132.2	112.1	140.4	113.4	144.4	113.2	133.1	105.7	156.3	122.4
秀山	69.0	60.9	94.7	87.7	121.6	106.6	146.1	131.9	167.7	157.1	201.5	183.1
酉阳	95.5	79.1	104.6	95.1	114.9	104.3	131.6	122.9	151.3	141.1	171.5	158.4
彭水	82.2	75.5	101.3	94.7	115.5	109.2	128.8	121.4	151.9	144.5	179.8	173.6
片区	753	667.7	958.6	865.7	1031.9	925.1	1141.6	1013.2	1272.2	1141.2	1473.4	1325.9

资料来源：2012～2017 年《重庆统计年鉴》。

从投向看，侧重于工业、交通、城建、农林水利、商贸旅游和社会民生六大板块。以 2015 年武隆县固定资产投资数据为例，全年固定资产投资 267.08 亿元，其中，国有投资 194.73 万元、占比 97.91%，民间投资 72.55 亿元、占比

22.01%。投向工业 58.50 亿元、占比 22%，交通 31.50 亿元、占比 12%，城建 95.68 亿元、占比 36%，农林水利 38.00 亿元、占比 14%，商贸旅游 31.40 亿元、占比 12%，社会民生 12.00 亿元、占比 4%，见图 4-1。

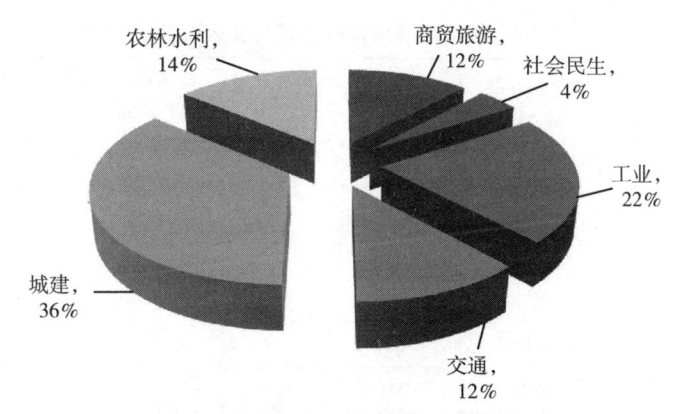

图 4-1 2015 年武隆县固定资产投资分布

资料来源：2015 年武隆县《国民经济和社会发展统计公报》。

二、交通便捷性逐步实现

近年来，武陵山重庆片区致力于域内交通环境的改善。交通体系及投资政策、农村交通基础设施建设滞后等原因，至 2013 年"行政村公路通畅率仅 64%，通客车率也只有 81%"，村级道路"仅仅通到了村委会所在地，许多村民的出行还要靠走，运输也要靠肩挑背驮"[1]。"十二五"期末，随着渝怀铁路、渝湘高速路、武陵山机场的建成并投入使用，武陵山重庆片区形成了一个集铁路、高速公路、航空为一体的"一空五高六铁"的重要交通枢纽，基本上实现了域内域外、县与县之间的通达，成为助推渝东南民族地区旅游产业发展的重要动力。

(一) 公路

公路是武陵山重庆片区最主要的交通方式，总的来看，一是武陵山重庆片区公路里程逐年增加，至 2016 年底总里程达到了 31534 公里；二是等级公路和高速公路对于公路交通便捷率有较大助力；三是乡村公路通畅率提高了，到 2016 年 5 月，全境完成乡村公路通畅率 100%。见表 4-2。区域内干线公路网络初步

---

[1] 重庆日报评论员：《渝东南生态旅游还需过三关：交通 特色 服务》，载《重庆日报》2013 年 9 月 25 日。

形成，基本实现公路通村，但村民小组通畅率较低，多数乡村公路缺乏管理，水毁情况严重，行车条件较差；国省县乡公路等级普遍较低，出境公路和区县连接公路的运行状况差。

表4-2　　　　　　2016年武陵山重庆片区公路交通运输统计

地区	公路里程（公里）	等级公路（公里）	高速公路（公里）	汽车站（个）	乡镇通畅率（％）	行政村通畅率（％）
黔江	3827	2658	87	4	100	100
丰都	5645	3932	64	2	100	100
武隆	4593	3657	88	2	100	100
石柱	4754	4576	108	3	100	100
秀山	3301	3088	79	1	100	100
酉阳	3944	3342	100	3	100	100
彭水	5470	4126	67	3	100	100
合计	31534	25379	593	18	100	100

资料来源：2017年《重庆统计年鉴》。

（二）铁路

铁路是武陵山重庆片区重要的交通方式，现存两条铁路，即渝怀铁路和渝利铁路。渝怀铁路总投资198亿元，跨重庆、贵州、湖南三省，起于重庆枢纽襄渝铁路K808线路段（团结村站），经重庆北站，止于沪昆铁路怀化枢纽。与成渝、川黔、襄渝、遂渝铁路相通，沿途跨越嘉陵江、长江并三跨乌江，经重庆市涪陵、武隆、彭水、黔江、酉阳、秀山和贵州铜仁市、湖南麻阳县，线路全长625公里。铁路穿过的区县多为贫困地区，因此，渝怀铁路又被称作一条扶贫铁路。渝怀铁路在重庆境内投资约150亿元，占总投资70％以上，全线十大重点控制工程全在重庆境内，是新中国成立以来重庆市投资额最大的基本建设项目。2000年12月16日动工，2005年建成竣工，2006年初开行了货车，2007年4月18日客运全线通车。

渝利铁路是中国中长期铁路网规划中"四纵四横"快速客运通道中沪汉蓉快速客运通道的组成部分，是中国一条连接重庆市与湖北省利川市的高速铁路，一条以客运为主、兼顾货运的国铁Ⅰ级电气化铁路干线，全长264.4公里，设计运行动车时速200公里/小时，双层集装箱货车时速160公里/小时。2008年12月29日开工，2013年6月30日全线贯通。全线共设重庆北站、双溪站、复盛站、长寿北站、涪陵北站、丰都站、石柱县站、沙子站、凉雾站9个车站。重庆主城到涪陵只要40分钟左右,到石柱1.5小时左右,到湖北利川也只要2个小时。

2017年武陵山重庆片区火车站点及列车运行情况见表4-3。

表4-3　　　　2017年武陵山重庆片区火车站点及列车运行情况

地区	火车站(个)	开通动车组	列车运行数(趟)
黔江	1	否	35
丰都	1	是	25
石柱	1	是	27
秀山	1	否	35
酉阳	1	否	17
彭水	1	否	12
武隆	1	是	28
合计	7		179

资料来源:根据中国铁路客户服务中心网站(www.12306.cn)查询统计。

(三) 机场

武陵山重庆片区现有民用机场一个,即武陵山机场(原重庆黔江舟白机场),定位为4C级民用支线机场。机场位于重庆市黔江区舟白街道,距黔江城区3公里,按满足年旅客吞吐量12万人次,高峰小时旅客吞吐量300人次设计;飞行区按满足多尼尔328、CRJ200、ERJ145、波音737、空中客车A320等客机使用要求设计,最远可飞北京。[①] 机场服务武陵山黔江、酉阳、彭水、秀山及沿河、咸丰、来凤、龙山等地。现已开通至重庆、北京、上海、广州、昆明、成都等城市航线16条,是重庆和西南地区重要的空中综合交通枢纽之一。

三、农作物播种面积稳定

武陵山重庆片区多处偏远和高寒地带,可用于农业耕作的土地普遍缺乏。区域内山地、丘陵占面积的95%以上,分散的15°以上坡耕地、梯田多,且土层较浅,导致抗自然灾害能力弱,生产力低。近年来,由于加大了生态保护力度,实

---

① 黔江武陵山机场有限公司:《武陵山机场简介》。

施退耕还林，农民可用耕地保持了相对稳定，人均耕地面积不足 5 亩，但总体上保持低水平增长。数据显示，武陵山重庆片区农作物播种情况相对稳定，长年稳定在 71.9 万~76.2 万公顷之间，人均农作物耕种面积稳定在 4.7~4.99 亩/人之间，见表 4-4。得益于生态保护政策下的退耕还林等影响，总的耕地使用面积呈低水平下降，但人均农作物播种面积则呈缓慢增长趋势。

表 4-4　　　2011~2016 年武陵山重庆片区各区县农作物播种情况

地区	2011 年 农作物播种面积（万公顷）	2011 年 人均农作物播种面积（亩）	2012 年 农作物播种面积（万公顷）	2012 年 人均农作物播种面积（亩）	2013 年 农作物播种面积（万公顷）	2013 年 人均农作物播种面积（亩）	2014 年 农作物播种面积（万公顷）	2014 年 人均农作物播种面积（亩）	2015 年 农作物播种面积（万公顷）	2015 年 人均农作物播种面积（亩）	2016 年 农作物播种面积（万公顷）	2016 年 人均农作物播种面积（亩）
黔江	8.8	4.66	8.9	4.75	8.9	4.77	8.6	4.55	8.5	4.34	8.5	4.31
丰都	10.9	4.49	11.2	4.51	11.2	4.59	11.3	4.82	11.2	4.83	11.2	4.8
武隆	8.3	5.38	8.5	5.53	8.6	5.59	8.7	5.72	8.8	5.79	9	5.85
石柱	8.8	4.83	9.1	5.05	9.1	5.19	9.3	5.25	9.1	5.14	9.6	5.52
秀山	10.2	4.49	10.3	4.52	10.5	4.59	10.8	4.75	11.1	4.75	11.3	4.87
酉阳	13.1	4.33	13.4	4.46	13.5	4.49	13.8	4.63	14.1	4.68	14.2	4.69
彭水	11.8	4.76	12.1	5.21	12.2	5.19	12.2	5.23	12.3	5.26	12.4	5.31
合计	71.9	4.7	73.5	4.86	74	4.9	74.7	4.9	75.1	4.9	76.2	4.99

资料来源：2012~2017 年《重庆统计年鉴》。

四、农村能源结构得到改善

武陵山重庆片区农村能源结构单一，传统的乡村多用木柴、煤炭等燃料做饭、取暖以及部分生产。传统燃料的局限性限制了农村生产与生活，也给当地生态环境造成恶劣影响。2000 年以后，国家、市、区县各级一直致力于建设家用沼气池、开发天然气、大规模改造农村电网等工作，有效地改善了农村能源结构。

农村沼气建设是立足于"畜+沼+种"循环农业发展模式的农村能源改造项目，目的在于改变单纯畜牧业、过度依赖化肥农药种植业造成的环境污染，推动着农业生产生活方式的变革。2003 年，由中央国债项目推进的集成能源生态技术将沼气与农村"改厨、改厕、改圈"结合，武陵山重庆片区农村沼气建设得到了快速发展，从城乡发展一体化发展着手，统筹农村水、电、路、环境综合规划，使农村沼气向自然村落集中、向人口集聚区域集中、向规模养殖场集中、向优势农产品基地集中，实施整村推进、成片发展。到 2011 年底，渝东南生态脆弱地区适宜农户沼气入户率达到 80% 以上，沼气正常使用率达 86.4%，小型沼气工程正常使用率达 92.5%，大中型沼气工程正常使用率达 81.1%，村级服务网点正常运行率达 83.7%。①

2012 年 12 月 25 日，重庆市政府办公厅出台《重庆市天然气"县县通"管网建设实施规划》，加快天然气管网设施建设，逐步形成一级主干管道 + 二级管道 + 工业园区配套管道 + 储气调峰与应急储备设施的安全、高效天然气供应体系，到 2015 年底实现重庆市所有区县可实现天然气气源管输化与城区管网全覆盖。武陵山重庆片区武隆、秀山、彭水、酉阳等县到 2012 年之前未实现管道天然气供气，只能借助成本较高的 CNG 方式解决，居民用气价格高于主城区 1 元/立方米以上。2013 年 9 月，重庆市将渝东南列为生态保护发展区，在生态保护和经济发展之间求取平衡，最现实的举措之一是改善能源结构。2016 年 5 月，从黔江到酉阳再到秀山的渝东南输气管道项目正式竣工，总投资逾 3 亿元，长约 190 公里的输气管道起于黔江联合镇，向南经过酉阳，止于秀山洪安，其中，黔江至酉阳段为 80 公里，酉阳至秀山段为 110.9 公里，渝东南多区县将一举告别燃气难题。②

武陵山重庆片区农村电网改造结合推进新型城镇化、农业现代化和扶贫搬迁等，以集中连片特困地区、革命老区等为重点，着力解决电压不达标、不通动力电等问题，有力地改善了农村生产生活条件，带动相关产业发展、拉动有效投资和消费。2011～2016 年，武陵山重庆片区农村用电量呈快速增长趋势，由 2011 年的 70994 万千瓦时增长至 2016 年的 96610 万千瓦时，增长了 36.08%，见表 4-5。

表 4-5　　2011～2016 年武陵山重庆片区各区县农村用电量统计表　　单位：万千瓦时

地区	2011 年	2012 年	2013 年	2014 年	2015 年	2016 年
黔江	2792	3015	3020	3297	3401	3810
丰都	14037	14090	15290	16286	16630	16979
武隆	11753	13368	13913	13325	13976	14675
石柱	8861	8980	8988	9019	9037	8816
秀山	18984	19364	19042	19513	19664	19448

---

① 黄朝武、刘艳涛：《沼气梦　连着小康梦——重庆市农村沼气发展纪实》，载《农民日报》2012 年 12 月 19 日。

② 吴纪：《民生能源集团渝东南项目"三箭　齐发"》，载《重庆日报》2016 年 5 月 19 日。

续表

地区	2011年	2012年	2013年	2014年	2015年	2016年
酉阳	8693	10987	12810	13598	13919	15982
彭水	5874	8655	14823	15217	16000	16900
合计	70994	78459	87886	90255	92627	96610

资料来源：2012~2017年《重庆统计年鉴》。

2016年，武陵山重庆片区农村用电总量为96610万千瓦时，其中，丰都、秀山、武隆农村用电量较高，黔江农村用电量相对较少，见图4-2。各区县农村用电量不均衡，主要是传统农业大县农村人口多，涉及特色产业迅速发展，而黔江区因农村面积相对较小，特色产业集中于工业园区，农村用电量相对少。

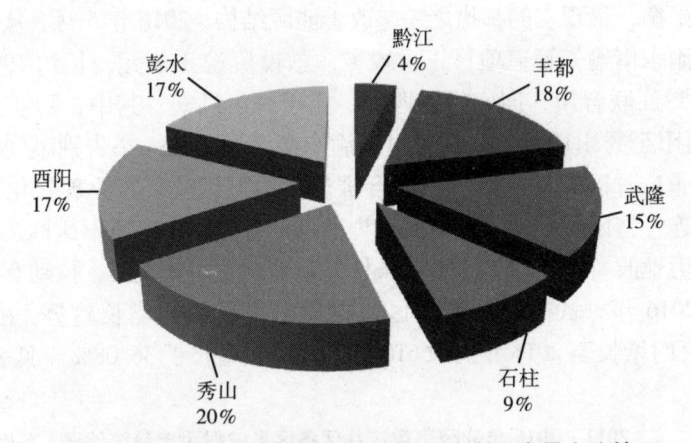

图4-2 2016年武陵山重庆片区各区县农村用电量占比情况

资料来源：2017年《重庆统计年鉴》。

综合来看，武陵山重庆片区基础设施建设呈现出多元化进步的趋势，生产性基础设施、生活性基础设施和服务性基础设施加大了建设力度，有策略、有步骤地针对区域急需的基础设施进行建设，为片区经济社会和文化的发展做出了贡献。

第二节 武陵山重庆片区基础设施建设与反贫困的相关性分析

尽管从统计数据和各项指标的绝对数值上看，基础设施建设与反贫困的相关性不明显，如公路里程数、农作物种植面积等，都表现出弱相关，但从武陵山重庆片区历年来基础设施建设的实践过程，以及逐年增加的区域经济产业发展、人均纯收入等情况看，基础设施的改善对于反贫困事业做出了极大的贡献。

一、基础设施建设程度是衡量区域贫困的主要表现指标

作为农村生产发展和农民生活保证的公共服务设施，基础设施提供的丰富度和有效性对于反贫困是一个较为重要的因素。基础设施建设的好与坏直接影响到村民从中获利的有效性，间接影响到村民的身体健康、受教育状况，在一定程度上决定了村民的贫困程度。从贫困地区基础设施建设衡量地区贫困，一是从基础设施的建设存量现状考虑，多数贫困地区因地处偏远，自然环境等原因，公共基础服务设施奇缺，道路、桥梁、饮水、能源、卫生、教育等各类设施很难满足农村居民的日常生产生活需求。二是大部分贫困区基础设施绩效偏低，虽然有一定存量的公共服务设施，但这些设施未能较好地发挥公共服务功能，一些基础设施由于设计规划标准滞后、毁坏严重，无论是对地区的经济产业，还是社会效益都不明显。

（一）交通通达影响区域生产效率

就乡村而言，交通的通达性取决于乡村公路的通村率和通村民小组率。交通对于村民的经济和生产活动发挥作用在于利用公路和现代机械化交通工具，缩短农民与经济中心的距离，从而减少经济和生产活动过程中所花费的无效时间。

武陵山重庆片区乡村的地理位置一直是在"县—乡镇—村"三级网络的末端。农民距离乡镇集市的距离平均值为9.6千米左右，有约75%的村民距离乡镇集镇13千米以内，但仍有5%的村民距离乡镇集市超过了25公里。在当前总的公路通村率100%和通村民小组率98%左右的现状之下，大部分村民从家到集市的过程中，仍然需要花不少的时间步行。一些偏远的村民小组，从到达集市的单程时间看，一般为一个半小时，最长的需要4个小时。

通村公路不仅缩短了村民从家到乡镇集市的时间，而且由于机械化工具的使用，村民的运输物资的数量也有极大的增长。传统靠劳力背挑，每人每次运输量约为60千克，而农用摩托车的运输量在1000~2000千克，农用拖拉机车可载重5000千克。通村公路使农村拖拉机、摩托车快速安全地穿行于各村之间，增加了村民活动半径和运输量，极大地减少了村民的劳动量，扩大了村民家庭经济规模。

(二) 卫生、安全饮水基础和影响村民身体健康

作为公共卫生服务的基础设施村卫生所（室）较为欠缺，乡村卫生室没有实现全覆盖，乡村医生较少。村民看病买药难。武陵山重庆片区各乡村虽然经过历年来的努力建设，基本上实现了每村都有卫生室，但从乡村村民分散居住现状来看，村卫生室90%以上建设率仍然无法满足大多数村民小组的看病难问题。

偏远地方贫困区在生活用水的通达程度以及饮水安全方面仍然存在缺项。生态脆弱地区和高寒地区存在着大量生活饮用水缺乏的村民小组，也存在着十分明显的饮用水安全隐患，从而多发缺碘、甲亢、结石等地方病。据向德平研究小组的调查分析，武陵山片区平均每个村有127户440人饮水困难，饮用水安全达标率仅为23.8%。[①]

(三) 基础教育设施影响村民文化素质

乡村学校是基础教育的主要设施，但实际情况是，武陵山重庆片区乡村学校不能保证每个村庄有1所学校。对于面积较大的村来说，1所小学并不能满足村民子女上学读书的需求。不仅如此，乡村学校严重缺乏教师，师生比例高达1∶20，这个数据随着乡村教师的流失而逐年加大。基础教育设施和教师队伍的欠缺，使教育福利惠及村民偏少。大部分乡村村民都反映学生上学不方便，而涉及乡村学生优惠政策的知晓率和享受度也偏低，甚至占乡村一半以上的村民并不知晓学生上学有"两免一补政策"。

二、基础设施改善提高农业生产和流通效率

贫困地区发展的首要任务是发展当地经济，而提升农业生产效率则是基础设施建设预设的重要目标之一。基础设施建设的本质是提高农村的生产力水平，改善生活环境。进而促进城乡经济协调发展，提高城市与农村人民的生活水准，逐步走向"城乡一体化"。现代农村基础设施建设通过工业化带动农业规模化、机械化、现代化，建立城乡流通和经济网络体系。产业效益通过效率体现，而效率则是由产业生产技术和现代化基础设施决定的。贫困地区农业发展和农产品流通长期以来受落后的基础设施制约，传统的人力和畜力劳动不可能与机械化农具生产效率持平。通过农田水利改造、通村公路和电力通信设施的建设，利用现代基

[①] 向德平、张大维：《连片特困地区贫困特征与减贫需求分析——基于武陵山片区8县149村的调查》，经济日报出版社2016年版，第67页。

础设施特性降低产品流通成本，增加有效劳动时间，提升农民劳动效率，获得贫困地区农业产业效益。

农村农业生产的基础设施以"三通"（通路、通电、通电视）为核心。通路直接缩短了农民到田间和集市的花费时间，减少无用功。在乡村公路改造的过程中，也为农民使用现代机械农具提供方便。虽然现代农具在田间的生产效率高，但在乡村公路没有到达的地方，是无法使用的。一般而言，农机具作为机械化设备，自重量较大，如果没有较好和适宜的公路直通田间，也将极大地限制了现代家具的使用。通电在较大程度上解决了农业生产动力和乡村能源问题，有利于涉农服务性和相关产业的发展，也有利于现代农业技术的推广与运用，如电动粉碎机、脱谷机、切割机等提升了个人的生产效率，传统需要 8~10 人的劳动量，如果用电动机械，1 个人就能轻松完成。电视通村在表现上是满足村民日常文娱活动，是文化需要。在通信入村建设中，武陵山重庆片区乡村多是通过固定电话、移动电话和卫星电视作为信息接收设备，电视也是较为普遍的设备，但总体仍然没有达到 100% 的覆盖率。现代一些关于电视与乡村文化变迁的研究成果表明，乡村电视的通户率极大地促进了新型农业信息的传播，良种技术、现代种植技术、新农具信息通过电视节目能直接传递给农民。

三、基础设施改善增加非农就业机会

一定规模的农村基础设施建设需要大量的劳动力资源，基础设施建设项目的实施将创造大量的非农业就业机会，具有各类技术的农村劳动者将从中获益。另外，基础设施建设改善了农村能源、交通通达和信息传播格局，使农村富余劳动力有足够的信息、更多的技术学习的机会、更多的选择和便利的现实条件，促进了劳动者能力的提升和人才的流动，从而增加农村劳动者的非农业就业机会。

包括武陵山重庆片区各乡村在内的广大农村，在经历了数十年的外出务工的劳动力流动过程中，大量的富余劳动力形成了异地就业、回乡安家或创业的生活模式。他们在大中城市的现代生活和在现代工业的氛围中学习了许多信息、有用的知识和技能，也积累了进行非农创业的原始资本。只要农村基础设施条件满足创业需要，大量的新型产业将在农村开花结果。

四、基础设施优化改善乡村投资环境

通村公路、农田水利、电力能源、文化信息等基础设施的公共投资是贫困地区基本公共服务体系建设的重要内容，也是农村经济发展的基础和必要条件。从目前来看，贫困地区的基础设施建设仍然是薄弱环节。有专家认为，农村基础设施落后是制约我国农业发展的重要原因，因而，需要"加强农村基础设施建设，改善农业发展环境"。

农村基础设施建设的不仅仅是农村小型基础设施，如农村"六小工程"的工程质量，还需要巩固人畜饮水解困成果，重视农村饮水安全，解决好高氟水、苦咸水、血吸虫病等地区的饮水安全问题；统筹考虑农村公路建设的技术标准、质量管理和养护等问题，调整公路建设投资结构；推进农村沼气、太阳能、风能等新型洁净能源和可再生能源的推广与建设，加快农村能源建设步伐；加强农村电网改造工程后续建设和经营管理，强化引导农民治水改土修路，实施整村推进扶贫规划。如秀山县农村基础设施建设就围绕着农村产业发展和生存条件改善做文章，通过对路、水、电、通信和燃气畅通工程的推进，优化投资环境，引入外来资金取得成效。至 2016 年底，秀山通过"畅通路、改造水、升级电、联通网和接通气"工程，新建通村通畅公路 556 千米（其中，贫困村 235 千米）、通组通畅公路 210.1 千米、人行便道 309.2 千米；安装公路防撞栏 217 千米，全县行政村通畅率达 100%、撤并村通达率达 100%。启动实施农村饮水安全工程 241 处、完工 226 处，新建农村饮水安全蓄水池 254 口，铺设输供水管道 2420 千米，解决饮水不安全人口 9 万人（其中，贫困人口 2.4 万人）。完成 47 个贫困村电网升级改造，改造输电线路 193 千米，安全电、同价电实现全覆盖。新建光缆 736 千米，提前 1 年实现行政村宽带"村村通"，乡镇 4G 通信网络实现全覆盖。渝东南输气管道竣工并投入试运行，部分乡镇天然气管道建设快速推进。同时，加强农村农业发展的综合配套体系建设，搞好农业科技创新与应用体系、农产品市场信息体系、农业资源与生态保护体系、种养业良种体系、动植物保护体系、农产品质量安全体系、农业社会化服务与管理体系"七大体系"建设[1]。

从基础性的公共设施建设和相关的服务体系和制度等方面，大力建设农村投资环境，从而促进各种生产要素的流动和配置，增加对外经济活动，有利于引入外来资本，在农村基础设施建设、产业发展利用私人资本，为贫困地区经济社会发展注入新力量。

第三节　武陵山重庆片区基础设施建设的制约因素与对策建议

经过多年的努力建设，武陵山重庆片区各级政府多方筹集资金、稳步推进、

---

[1] 秀山县人民政府：《2016 年政府工作报告》。

协调发展，逐步改善了农村基础设施建设，缓解了贫困地区出行难、上学难、就医难、饮水难等现实性贫困问题，但从总的情况看，区域内因自然条件差、贫困面大、贫困程度深以及后发展欠发达的基本区情，决定了区域内基础设施建设仍有较多制约性因素和问题。

一、制约贫困地区基础设施建设的主要因素和问题

（一）基础设施建设与维护难度大

武陵山重庆片区处于武陵山脉西北角，境内有乌江、唐崖河等水系分布，山地、丘陵以及特殊的喀斯特地质造就了不利于大规模基础设施建设的自然环境。在武陵山重庆片区如武隆、彭水、石柱等各区县在地理生态条件上体现为多山、缺水，部分地区还出现了石漠化现象，生态环境脆弱。在这样自然条件恶劣的地方进行工程浩大的基础设施建设，要么成本极高，地方财政无力承担；要么受制于技术条件无法建设。

此外，由于自然条件和投资成本过于巨大，至今仍有一部分乡村不通电、不通客运班车、不通电视信号和网络、不通气；较多村民小组不通自来水，人畜饮水较为困难。

（二）资金投入仍然不足

武陵山重庆片区作为国家连片特困区，其经济发展水平远远落后于其他地区，地方财政收入有限，多数区县的财政收入仅够维持政府工作的正常运转，少部分区县连政府正常运转也需要依赖上级财政补贴或转移支付。在这种资金十分紧张的地方财政支撑之下，农村基础设施建设所需的巨大的资金投入很难得到满足，因此，中央和上级政府的转移支付成为农村基础设施建设的重要支柱。

然而，贫困地区本来就因十分薄弱的基础设施的拖累，以及现代不断发展的基础设施建设的高标准和高规格，更加大了对资金的需求，与武陵山重庆片区农村基础设施建设的实际需要相比，各级财政的资金投入仍然满足不了当地的需求。如彭水县 2015 年县级财政决算总财力 481292 万元，其中，本级收入 124697 万元，上级补助收入 246938 万元，债务转贷收入 102100 万元，调入资金 1582 万元，上年结转收入 5975 万元；安排预算稳定调节基金 697 万元，结转下年支出 1490 万元，全部为市下达专款结转。[①] 上级财政补助占区县财政财力的

---

① 彭水县财政局：《彭水县 2015 年财政决算的报告》，重庆市彭水县人民政府公众信息网。

51.31%。

"十三五"期间,重庆市计划完成 25 万贫困人口搬迁任务,搬迁总投资 150 亿元。预设筹资渠道为财政补助、市场融资、"地票"置换和区县农户自筹。其中,中央和市财政补贴 25 亿元,标准是中央补助每人 8000 元,市财政补助每人 2000 元;市场融资 36.9 亿元,包括承接国家专项建设基金 12.5 亿元和市财政发行地方政府债券 24.4 亿元;其他缺口资金 88.1 亿元须由银行贷款、"地票"置换和区县农户自筹解决[①]。

另外,经济发展滞后的贫困地区,民间资金也是无力筹措,而外来投资者因基础设施落后和投资环境不利而不愿意投资。贫困地区基础设施建设资金不足,使地方经济社会发展陷入恶循环。

(三) 基础设施建设均等化水平较低

基础设施建设受着自然环境、资金成本和技术条件所制约,在长期建设过程中有选择地先建先通,从而在现存布局格局上出现不均衡现象。一些地理条件好、建设成本低以及资源丰富和有区位优势的乡村基础设施建设相对密集,而地理条件差、资源相对缺乏的乡村基础建设相对薄弱。从表面上看,多数乡村基础设施集中于距离县城、乡镇集镇较近的周围地区,资金投入相对集中。这些地方一般属于当地的经济中心,资源相对集中和丰富,发展水平也相对较高。相比之下,距离县镇、乡镇集市较远的广大乡村基础建设投入则明显不足,有限的资金被分流,倾向于重点项目规划建设,更造成了乡村基础设施建设的不均衡,影响基础设施建设的均等化程度,也引起了贫困地区群众的不满。

(四) 基础设施绩效偏低

经过多年的建设,武陵山重庆片区基础设施建设有了一定程度的改善,但从基础设施运行情况看,部分基础设施并没有发挥规划所预想的效果。不少乡村基础设施在建设完成后,经一段时间使用,导致设施老化、破坏,使用效率下降,严重影响了基础设施的绩效。有的地方经过努力筹集资金完成了部分基础设施建设,但因维护成本高,基础设施毁坏严重,发挥不了应有的作用。

武陵山重庆片区乡村公路通达率很高,但是,也存在公路等级低,县乡、乡村之间的公路路面窄,路况差等现象。村组公路多数为等外级公路,抗灾能力低,缺桥少涵的问题比较普遍,晴通雨阻的现象非常突出。

---

① 重庆市扶贫开发办:《搬出来,生活大变样 重庆高山生态扶贫搬迁安置十万余人》,载《重庆日报》2016 年 12 月 13 日。

农田水利设施工程大部分是 20 世纪五六十年代修建的，设计标准低，病险水库较多，且现有的大部分设施都已超过规定的使用年限，抗灾减灾能力低。农田有效灌溉面积低，特别是山区因蓄水能力弱和排灌设施建设不完善，极大地影响了农业综合生产能力的提高。

能源建设工作，如农电改造由于投资限制，规划设计不完善，电力骨架网布局不均衡，影响电力的通达性，仍存在村组不通电和少部分"无电人口"现象，同时，农村用电保障性较差，因自然灾害和人为因素经常断电。同时，新能源开发利用推广上难度也比较大，水电、风电建设因地理环境、技术、资金等多方面因素制约，工作进度缓慢。

（五）贫困群众自我发展存在思想偏差

长期以来，武陵山重庆片区都是国家级贫困地区，长年的扶贫和优惠政策的供给使个别村民产生了消极思想，"等靠要"思想存在，个别村民不愿发挥自身力量改善村级基础设施，认为党和政府的扶贫及对口帮扶是理所当然的，不愿意改变，从而产生不良的生活习惯和不健康的态度。在行动上，对于基础设施建设不热心，不积极参与其中，甚至在基础设施建设过程中想方设法地侵占公共资源，如在基础设施建设范围内突击建设猪圈、牛棚和简易房屋，以套取国家资金。对于用工方面，也是存在抬高劳动力价格的现象。

二、改善基础设施建设的对策建议

基础设施建设是一项宏大、建设周期长的公共服务工程，要想做好农村贫困地区基础设施建设，必须要有长远规划、资金、人工以及技术保障。从思想认识的源头彻底实现转变，坚持城乡统筹发展，毫不动摇地实行城市支持农村、工业反哺农业，扩大公共财政支持农村建设范围。加强武陵山重庆片区农村基础设施建设，改善当地生产生活条件和乡村面貌，关系到该地区经济的快速发展，促进乡村现代化，更关系到新时期农村的全面进步和农民的全面发展。总的来说，加强基础设施建设促进反贫困事业发展，必须有规划地进行基础设施建设，着重服务于贫困地区主导产业发展、教育医疗以及社会保障等方面的基础设施建设力度，强化道路交通、能源、信息、生态安全等建设，改善乡村生产、生活和人居环境建设力度，确保贫困地区农民在增加收入、医疗保障、出行畅通、教育培训等方面都能享受公共基础设施带来的良好"红利"。

（一）科学规划、稳步推进，以均等化服务统筹农村基础设施建设

要确保武陵山重庆片区农村基础设施服务的均等化，必须进行科学规划，根

据实际情况，因地制宜，有步骤地进行建设，针对贫困地区急需的基础设施可以进行先建先行，逐步推开，不能"一窝蜂"建设，或有选择地进行表面"政绩性工程"建设。一份科学的规划，可以使农村基础设施建设避免资源浪费和环境破坏。武陵山重庆片区基础设施建设可以进行分期规划建设，结合中央、市、区县各级建设和城乡国土资源的利用规划，确定某一时段工程建设的总体思路、基本原则、区域布局和建设目标，有计划、有步骤地分阶段加以推进。综合各级政府、结对单位和帮扶单位的力量与目标，形成统一规划，各方专项规划相互衔接，防止单打独斗，使建设规划统筹在统一目标下，结合当前基础设施建设的技术条件，有前瞻性地编制规划，以满足农村不断涌现的基础设施服务需要。同时，也要结合乡村实际，充分考量自然环境、经济现状、技术条件以及人财物的丰裕度，从实际出发，防止过分超前和脱离实际。

（二）因地制宜、实事求是，以多种方式弥补基础设施建设盲区

武陵山重庆片区作为生态涵养区，如果进行太多的基础设施建设，势必对自然生态环境造成破坏。而该地区传统乡村村民居住分散，在此种情况下，可采用变通的方式进行解决，如移民等。需要在村民自愿的前提下，尽量让那些居住在高寒、缺水、人口较少的地区的居民搬迁出来，避免因大量修建工程而破坏生态和浪费资源。生态移民搬迁不仅是一项村民居住地移动的过程，而且需要解决好移民搬迁之后的生活和工作问题，使之尽快地融入新的生产和生活环境之中，使移民搬得出、住得下，否则搬迁可能会产生不可忽视的社会问题。

（三）尊重民意、积极引导，以农民参与保证基础设施服务成效

农民是农村基础设施建设的受益主体，也是建设的主力军。武陵山重庆片区农村基础设施建设需要政府主导、社会运作和农民参与。在基础设施建设规划方面多征求农民意见，尽可能寻找到国家支持、社会帮扶和农民参与的最佳途径，综合政府、社会和市场的财力、技术条件及农民愿望，围绕基础设施服务功能、绩效，有针对性地对农民急需的公共服务增加基础设施建设。调动当地农民的积极性，组织和引导他们主动参与到基础设施建设工程中来，用自己的双手建设美丽家园。因而，政府和帮扶单位在推进贫困地区基础设施建设工程时，不能大包大揽，搞"一言堂"，只看"空中规划"，不考虑实际情况，要把握服务对象和设施建设的针对性，将有限的资金投在农民急需的项目上，才能发挥基础设施的服务功能，产生引导的正向作用。

（四）注重实效、物尽其用，以保证资金使用实效强化基础设施服务

在实际建设过程中，中央或上级政府对贫困地区的转移支付往往注重长远效

益和整体效果，但地方政府则在考核的巨大压力下不得不考虑"早出成绩，快出成效"的"短平快"项目，所以，在农村基础设施建设整体上出现偏重于短期能见成效的工程或"面子工程"。在资金使用上，地方政府由于财政紧张，专项资金往往会发生被挪用、拖欠等现象，由此使资金本来就不足的情况更加严峻，基础设施建设也难有实质性效果。因此，必须重视和加强资金投入的实效性。在基础设施建设资金的使用上，必须以资金使用的实际效果作为考核的主要内容，而不在于资金投入数量的大小、人均占有量多少或投入规模等方面的指标。农村基础设施建设是一项长期性的工作和艰巨性工作，在资金有限的情况下，资金使用必然要体现出一定的选择性和倾向性，对实际效果的要求更加迫切。为了保证资金的使用效率，必须进行一定程度的可行性研究，考量规划建设的难度以及维护等实际问题，从而避免盲目投资和过度投资，以及投资不均衡。

（五）多元激励、改革创新，以完善考核体系助推基础设施建设

在当前武陵山重庆片区的农村，基础设施建设不仅是一项单纯工程，还是集中了政府、市场、社会等多元主体的旨在改善乡村面貌的农村事业。由于农村基础设施建设对于农村的经济社会文化发展有着不可或缺的积极外部性特征，对于基础设施建设的投入，培育良好的农村市场，为社会主义新农村经济健康发展不断奠定基础，社会力量、市场主体都将充满热情地加入农村建设中，不仅依靠政府的资金扶持，更需要社会 NGO 组织、市场企业从不同方面和层次加强农村的资源、机会、信息、技术和知识的共享，为贫困地区自我发展能力积累做出贡献。多元主体的参与一方面需要激励，另一方面更需要统筹和规约。因而，农村基础设施建设也需要对各参与主体进行考核。利用第三方监督和评估，建立健全监督考核制度，不断完善评估指标体系，建立制度化、常规化的监督机制。还要根据实际情况建立合理的扶贫客体的参与机制，让贫困农民参与评估，发表意见，从而保证监督的有效性和可操作性，有利于科学合理、符合实际情况的评估指标体系的建立。

第五章

知识、技能与教育贫困

习近平总书记多次强调，扶贫必扶智，让贫困地区的孩子们接受良好教育，是扶贫开发的重要任务，也是阻断贫困代际传递的重要途径。教育是以知识为工具教会他人思考的过程，思考如何利用自身所拥有的智慧去创造更多的社会财富。联合国教科文组织认为，农村公共基础教育服务主要是农村的基础教育、职业和技术教育以及成人教育。其中，基础教育是主要内容，关注人们在成长过程中为了获得更多的知识而要掌握的基础知识。我国目前对于基础教育的界定，是指九年义务教育，即初中（含初中）以前所有的教育形式。本书将武陵山重庆片区小学、初中阶段的教育作为主要研究内容，同时，兼顾区域内的劳动技能教育和成人教育等。

第一节 教育贫困与教育扶贫研究理论分析

一、教育贫困解析

1990年《世界发展报告》指出："贫困不仅指物质的匮乏，而且还包括低水平的基础教育和健康。"1997年，联合国开发计划署用寿命、知识水平和体面生活程度来衡量人类贫困。教育贫困虽然还没有统一的概念界定，学者多是从基础教育本身出发，一是从教育发挥功能和内部运行状态进行分析，教育贫困是教育系统自身的失序，退学率、辍学率升高，因而，教育不能为每一个个体规划崭新的前景[1]。二是从物质和人力两方面来分析，以每个学生所拥有的教育资源来界

---

[1] 许小平、马和民：《"贫困的教育"和"教育的贫困"——兼论教育改革的方向》，载《杭州师范学院学报》1996年第5期。

定教育贫困。"国家和个人不能对教育提供足够的支持,具体表现在教育经费的短缺、教育设施的落后、教育内容的不切实际,以及大众对教育的冷漠"①。牛利华主张以知识占有为依据来界定教育贫困,认为教育贫困就是"低于最低限度的教育标准,以是否有能力接受九年义务教育作为衡量教育贫困的标尺"②。按照阿玛蒂亚·森对于贫困是可行能力失去的理解,胡鞍钢进一步提出了知识贫困的概念,即人们获取、吸收和交流知识的能力和途径被剥夺③。人们受教育程度与其素质和劳动技能有很大关系,教育贫困则意味着人们经济和可行能力的贫困。贫困地区的教育贫困应该是人们获取现代社会基本常识、必要的劳动技能以及学习机会的受限,从而导致人们接受新知识和当代生产力状态下创业能力的低下。

教育贫困比其他类型的贫困更加稳定和持久,教育贫困的缓解和减轻可能需要一代或几代人的努力。教育贫困受家庭经济条件和观念的限制,国家投入、社会救助可以有效缓解这一贫困现象。扶贫攻坚是我国经济社会发展的重要举措,"十三五"规划明确了确保贫困人口彻底稳定消除贫困的基本任务,而教育扶贫则需要营造起扶贫扶志扶智的环境,解决人的素质先脱贫,转变一些贫困人群的"等靠要"观念,引导贫困农民家庭主动发展致富。胡鞍钢和童旭光等人的研究指出,如果政府能够及时提供教育、文化等基本公共服务和公共产品,人类贫困各方面就能得到迅速改善④。

二、教育扶贫理论与实践

(一)教育扶贫进展与理论演进

从古至今,教育在人类和社会发展中发挥了至关重要的作用,人类可借其增加财富,传承文化,减少贫困、压迫、战争等。早在20世纪20年代,贫困落后的中国就开始探索教育治贫方案并付诸实践。1926年,晏阳初在河北定县开展乡村"六大建设",以教育开启民知,培植民力,实现乡村的根本改造。1927年,陶行知在南京城外创办试验乡村师范学校,以"生活教育"改造乡村社会,建设适合乡村实际生活的教育,希望用教育改革来改造落后的旧中国。

---

① 田禾:《东亚发展中国家的教育贫困问题》,载《当代亚太》1995年第1期。
② 牛利华:《教育贫困与反教育贫困》,载《学术研究》2006年第5期。
③ 胡鞍钢、李春波:《新世纪的新贫困:知识贫困》,载《中国社会科学》2001年第5期。
④ 胡鞍钢、童旭光、诸丹丹:《四类贫困的测量:以青海省减贫为例(1978~2007)》,载《湖南社会科学》2009年第9期。

新时期，教育扶贫是"针对贫困地区的贫困人口进行教育投入和教育资助服务，使贫困人口掌握脱贫致富的知识和技能，通过提高当地人口的科学文化素质以促进当地的经济和文化发展，并最终摆脱贫困的一种扶贫方式"①。自改革开放以来，我国出台和实施了一系列教育扶贫政策和工程，如1988年开始部署"燎原计划"以推进农村教育、经济发展和社会进步；1989年"希望工程"直接接救助贫困地区失学少年儿童；从1995年起，国务院增拨专款启动"贫困地区义务教育工程"。在我国扶贫战略布局中，教育扶贫一直针对导致贫穷落后的根源。1996年，《中共中央、国务院关于尽快解决农村贫困人口温饱问题的决定》明确了"依靠科技进步，提高农民素质"的教育扶贫内涵。《中国农村扶贫开发纲要（2001~2010）》继续将教育扶贫作为重要目标，同时明确提出要加大科技扶贫，提高群众的科技文化素养。《中国农村扶贫开发纲要（2010~2020）》更是将教育作为专章进行论述，"教育作为扶贫开发的目标与手段的双重属性均得以正名与凸显"②。2013年7月，教育部、国家发改委、财政部和国务院扶贫办联合下发了《关于实施教育扶贫工程的意见》，明确将教育扶贫作为扶贫事业的优先任务，通过教育发展和人力资源开发促进人民群众脱贫致富、区域经济发展和生态文明建设。2015年12月，《中共中央、国务院关于打赢脱贫攻坚战的决定》强调加快教育扶贫工程，发挥教育作用阻断贫困代际传递。

自从阿玛蒂亚·森基于人的可行能力认定贫困的理论广泛传播后，学者们对于贫困的研究逐渐从经济维度向多元维度拓展，教育贫困逐渐被人们所认识。我国从20世纪80年代开始将教育扶贫作为扶贫开发的重要目标之一，学界也着手从理论上进行了努力探索，涌现出大量关于贫困地区教育投入、提升教育质量的理论研究成果。学者们都同意教育扶贫有两层含义，在提升贫困人口素质，斩断贫困代际遗传的总目标下，一方面，促进人的现代性，提升其在经济社会中的自我发展能力；另一方面，贫困地区贫困的教育也需要实现现代化，教育扶贫更为基础性的工作就是通过各种途径扶持贫困地区的教育，使贫困地区教育的自我发展能力增强。因而，教育扶贫包括"扶教育之贫"和"依靠教育扶贫"的两层意义。

在我国扶贫开发的政策文本中，"扶教育之贫"是扶贫工作的重点，其策略是提高教育入学率和教学质量等。党的十八大以来，在精准扶贫理念下，教育扶贫更是精准聚焦贫困地区的每一所学校、每一名教师和每一个贫困生，先后组织

---

① 谢君君：《教育扶贫研究述评》，载《复旦教育论坛》2012年第3期。
② 刘军豪、许锋华：《教育扶贫：从"扶教育之贫"到"依靠教育扶贫"》，载《中国人民大学教育学刊》2016年第2期。

三、武陵山片区教育贫困现状

获得受教育机会和教育平等被认为是教育反贫困的有效途径，而农村教育[①]、民族教育[②]是针对农村和民族地区脱贫致富的治本之策。学者们通过各种实证方法证明了一定的教育程度与增加贫困人口家庭收入有着正相关关系，如陈全功研究发现，子女学历越高，其家庭摆脱贫困的机率就越大；15年教育年限是家庭贫困代际变动的断裂点[③]。倪清燃发现，个人受教育年限越长，收入水平就越高[④]。

教育扶贫是一项持久的反贫困工程，长时段的教育投入在一定程度缓解了贫困地区的教育贫困现状，一部分地区教育扶贫成果已经开始显现。但数据显示，作为连片特困地区的武陵山片区因其贫困程度高、历史欠账多，基础性教育和技能教育等扶贫工程对于反贫困事业贡献尚不十分明显。连片特困蓝皮书《中国连片特困地区发展报告（2013）：武陵山片区多维减贫与自我发展能力构建》[⑤]指出，武陵山片区教育贫困在教育资源、教育水平等方面严重低于全国平均水平。到2011年，武陵山片区人均教育经费无一区县达到全国2005年的平均水平。中小学师生比虽然在逐年下降，但片区内差异十分明显。普通高等学校整体偏少，至2015年，片区共有12所普通高校，且办学水平低，本科院校只有吉首大学、湖北民族学院、怀化学院和铜仁学院，其中，只有吉首大学和湖北民族学院拥有硕士学位授权点。直到2010年10月，武陵山重庆片区才成立第一所公办高等学校——重庆旅游职业学院。

陈琦等人对武陵山片区的研究发现，农村贫困家庭的受教育程度与家庭收入有一定的相关性，但总体上教育对家庭收入的贡献相对较低，说明武陵山片区教育在反贫困事业中的效应尚未充分发挥[⑥]。武陵山片区作为国家级连片区特困地

[①] 赵跟喜、杨建成、阎汝乾：《如何解决甘肃省新农村建设中的教育贫困问题》，载《甘肃社会科学》2008年第5期。

[②] 周毅：《民族教育扶贫与可持续发展研究》，载《民族教育研究》2011年第2期。

[③] 陈全功、程蹊：《子女教育、代际支持与家庭贫困的变动——基于14省农村住房调查数据的分析》，载《华中科技大学学报》（社会科学版）2007年第4期。

[④] 倪清燃：《居民受教育水平对个人收入影响的实证分析》，载《宁波工程学院学报》2010年第1期。

[⑤] 游俊、冷志明、丁建军主编：《中国连片特困地区发展报告（2013）：武陵山片区多维减贫与自我发展能力构建》，社会科学出版社2013年版。

[⑥] 陈琦：《连片特困地区农村家庭人力资本与收入贫困——基于武陵山片区的实证考察》，载《江西社会科学》2014年第7期。

区，长期以来就是国家重点帮扶的贫困地区，在教育持续投入下，教育事业取得了一定的成效。但是，在社会转型新时期，其教育贫困和教育扶贫出现了新的特点：一是儿童失学原因呈现多元化特征；二是教育扶贫不能满足劳动力市场需求；三是农村基层教师队伍人才流失严重①。武陵山片区的教育投入与全国有着明显差距，"教育经费严重匮乏、优质教育资源严重匮乏、高等教育长期滞后，严重影响了人口文化素养水平，加剧了区域的扶贫难度"②。

第二节 武陵山重庆片区教育供给现状

在重庆市大力实施科教兴渝、人才强市的战略中，教育随之得以大发展，特别是直辖以来，推进三大创新，实现三大突破，做出三大贡献：创新教育管理体制，形成"一委三院"的管理新格局；创新教育投入机制，组建了教育担保公司和教育发展基金会；在全国率先化解"普九"债务、解决农村代课教师问题、建立贫困学生资助体系、兑现教师绩效工资。城乡学生全部享受免费义务教育；高中阶段教育在校学生达到114万人，普通高中教育和中等职业教育协调发展；高等教育毛入学率达到27%，跨入大众化阶段。全市人均受教育年限达到8.8年；教育服务经济社会发展的能力不断增强，对经济增长总体贡献率不断提升③。作为贫困地区的武陵山重庆片区的各区县也在教育大发展进程中受益。

一、教育投入演变

贫困地区反教育贫困的基础性工作就是"扶教育之贫"，教育贫困是长时期以来对于教育投入的不足导致教育发展滞后。校舍、教材以及辅助器材等基础设施的薄弱，是武陵山重庆片区各区县教育发展的短板。近年来，重庆市在拓展教育扶贫资金渠道，加大教育财政投入，对于缓解区域教育扶贫中起到重要的基础性作用。

（一）公共财政的教育支出逐年上升

2010年以后，武陵山重庆片区各区县都加大了对教育的公共财政投入，绝

---

① 刘璐琳：《武陵山片区教育贫困新特点与对策研究》，载《民族教育研究》2015年第1期。
② 张琰飞、朱海英：《武陵山片区的人类贫困与基本公共服务均等化》，《武陵山片区多维扶贫与自我发展能力构建》，社会科学出版社2013年版，第126页。
③ 重庆市人民政府：《重庆市中长期城乡教育改革和发展规划纲要（2010~2020）》，2010年9月。

对数从 2011 年的 328417 万元增加至 2016 年的 722360 万元，见表 5-1。

表 5-1　　　　2011~2016 年武陵山重庆片区教育公共支出情况　　　单位：万元

地区	2011 年	2012 年	2013 年	2014 年	2015 年	2016 年
黔江	57512	96029	90039	93787	105166	110195
丰都	36607	77515	49388	74199	88634	70021
武隆	30822	53222	47414	61424	63488	103787
石柱	45651	81346	79273	81665	90078	103089
秀山	51997	88231	57073	76632	83278	91244
酉阳	58733	95148	95675	99370	116779	125985
彭水	47095	84635	72901	91925	105021	118039
片区	328417	576126	491763	579002	652444	722360

资料来源：2012~2017 年《重庆统计年鉴》。

从增长速度看，2011~2016 年，武陵山重庆片区公共教育投入增幅达 119.95%，年均增幅 23.99%。其中，2012 年有较大幅度上升，2013 年以后，各区县出现下降趋势，2014 年后又持续增长，年增长速度保持在 12% 以上，见图 5-1。

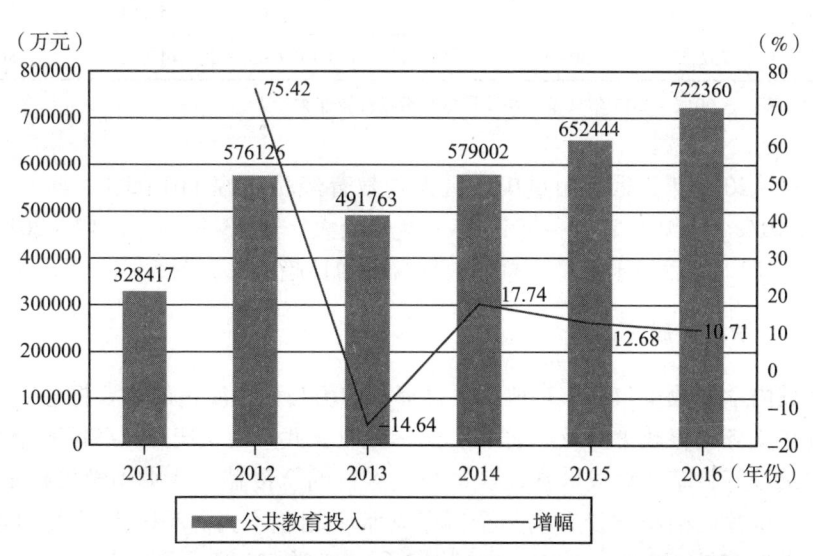

图 5-1　2011~2016 年武陵山重庆片区教育公共支出增长趋势

资料来源：2012~2017 年《重庆统计年鉴》。

2012~2013年，教育投入的波动是由于教育支出的绝对数增长低于财政经费增长，加上前期"普九"等教育基础设施的建设投入，导致区县财政紧张，上级教育经费配套筹资难，同时，因为武陵山重庆片区交通和区位等实际问题，教育投入成本比其他地区偏高，经费使用效应也比其他地区偏小。2014年后，区县教育投入开始稳定，且逐年增长。

人均教育经费是区域教育投入的基本保障，武陵山片区人均教育经费虽远落后于全国平均水平，但近年来各区县加大教育投入，这一状况正在逐步得到改善。武陵山重庆片区各区县人均教育均值由2011年的752.51元增长至2016年的1580.72元，见表5-2。

表5-2　　2011~2016年武陵山重庆片区人均教育经费投入情况　　单位：元

地区	2011年	2012年	2013年	2014年	2015年	2016年
黔江	1062.48	1761.68	1640.35	1695.05	1910.38	1988.72
丰都	434.71	926.99	591.26	890.10	1069.17	843.22
石柱	838.40	1487.40	1446.85	1484.28	1647.97	2504.51
秀山	799.22	1346.22	865.00	1153.05	1257.79	1882.56
酉阳	699.70	1126.28	1125.85	1154.93	1373.87	1368.18
彭水	687.12	1225.17	1048.93	1308.54	1504.38	1476.09
武隆	745.93	1288.36	1143.88	1478.67	1532.42	1679.31
片区	752.51	1308.87	1123.16	1309.23	1470.85	1580.72

资料来源：据2012~2017年《重庆统计年鉴》数据计算而来。

2011~2016年，武陵山重庆片区人均教育经费增幅110.05%，年均增长速度为22.01%，其中，2011~2012年，增幅最大，达73.93%；2012~2013年出现波动；2014年后趋于平稳，总体上呈缓慢增长趋势，见图5-2。

（二）学校布局与调整

区域内学校数量与分布是地区教育资源均衡与教育质量的重要标志。得益于国家九年义务教育政策以及"普九"达标验收，武陵山重庆片区各区县中小学校建设成绩较好，基本完成区县、乡镇与重点村的全覆盖。从中小学校存量来看，武陵山重庆片区中小学校布局与全国平均水平相差不大。2016年武陵山重庆片区中小学校存量693所，其中，中学182所、小学511所，见表5-3。

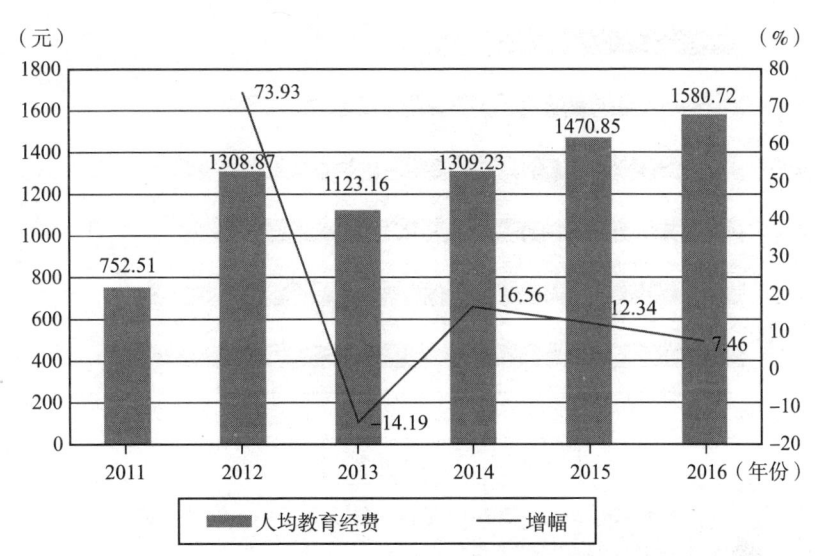

图 5-2　2011~2016 年武陵山重庆片区人均教育经费投入增长趋势

资料来源：2012~2017 年《重庆统计年鉴》。

表 5-3　　　　　　2011~2016 年武陵山重庆片区中小学校统计　　　　　单位：所

地区	2011 年	2012 年	2013 年	2014 年	2015 年	2016 年
黔江	175	144	138	127	126	121
丰都	271	181	177	172	169	105
武隆	134	92	92	90	90	68
石柱	261	189	197	198	198	92
秀山	375	217	170	162	162	71
酉阳	245	219	217	210	180	142
彭水	204	159	158	154	148	94
合计	1665	1201	1149	1113	1073	693

资料来源：2012~2017 年《重庆统计年鉴》。

2011~2016 年，武陵山重庆片区中小学校在总量上有所下降，由 2011 年的 1665 所下降为 2016 年的 693 所。2011 年，各区县共建有普通中学（含普通初中和普通高中）206 所。2016 年，共有中学 182 所，比 2011 年减少了 24 所，减幅 11.7%。2011 年，小学校总存量 1062 所，比 2011 年减少了 551 所，减幅 51.9%，见图 5-3。小学校存量变动较大，主要是村级小学合并与调整导致小学校总量数值波动。

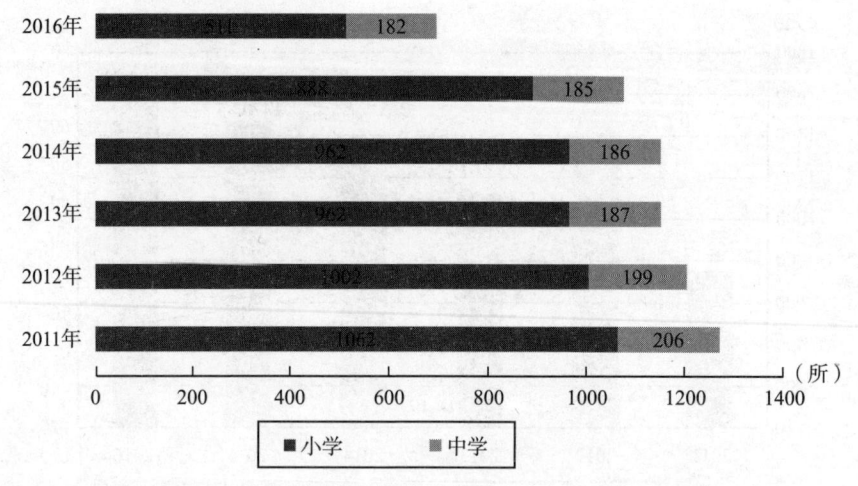

图 5-3　2011~2016 年武陵山重庆片区中小学校存量

资料来源：2012~2017 年《重庆统计年鉴》。

普通高等学校在武陵山重庆片区严重偏少。2010 年 10 月，重庆旅游职业学院成立，是武陵山重庆片区唯一一所公办高等学校。该学校设有导游、旅游管理、酒店管理、景区开发与管理、商务英语、空中乘务、旅行社经营管理、园林技术、音乐表演、舞蹈表演、旅游英语、工艺美术品设计、烹调工艺与营养等15 个专业，其中有教育部、财政部"支持高职学校提升专业服务能力"项目专项资金支持建设专业 2 个，教育部、文化部、国家民委"首批 100 个全国职业院校民族文化传承与创新示范专业点" 1 个。

二、教育供给水平变化

（一）在校教师队伍建设

总体上，武陵山重庆片区各区县教师队伍建设呈减少趋势，教师数量稳中有降。数据显示，2011 年底，武陵山重庆片区各区县在校教师总数为 39975 人，2016 年底，在校教师数为 37066 人，减少 2909 人，见表 5-4。

2011~2016 年，武陵山重庆片区在校教师数量总体呈减少趋势，减少最多的年份为 2012 年，在校教师减员 3420 人。教师队伍减少基于两类原因，一是学校合并调整，教师岗位相应随之减少；二是基层教师流失严重，主要表现为年轻教师考研、考公务员、深造等原因脱离教师岗位等。2013~2016 年片区在校教师又缓慢增长，增幅约为 0.5%，见图 5-4。

表5-4   2011~2016年武陵山重庆片区在校教师情况   单位：人

地区	2011年	2012年	2013年	2014年	2015年	2016年
黔江	5828	5174	5247	5244	5223	5243
丰都	6218	5798	5916	5894	5855	5907
石柱	5079	4596	4629	4623	4649	3187
秀山	6141	5351	5374	5276	5337	4786
酉阳	6960	6605	6790	6719	6770	5070
彭水	6292	5954	5993	5955	5910	7016
武隆	3457	3077	3010	3018	3046	5857
合计	39975	36555	36959	36729	36790	37066

资料来源：2012~2017年《重庆统计年鉴》。

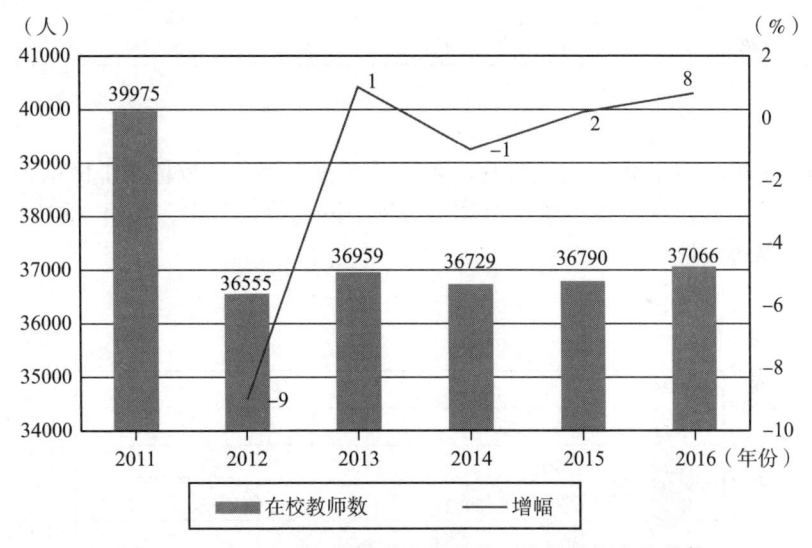

图5-4　2011~2016年武陵山重庆片区在校教师变化趋势

资料来源：2012~2017年《重庆统计年鉴》。

教师队伍减少基于两类原因，一是学校合并调整，教师岗位相应随之减少；二是基层教师流失严重，主要表现为年轻教师考研、考公务员、深造等原因脱离教师岗位等。

（二）在校学生数量变化

近年来，武陵山重庆片区巩固"两基"和"普九"成果，强抓中小学校学生入学率，减免相关费用，保证了每年在校学生规模。常年在校学生总数约

600000 人，其中，最高年份为 2011 年的 628492 人，最低年份为 2015 年的 581094 人，见表 5-5。

表 5-5　　　2011~2016 年武陵山重庆片区在校中小学生情况　　　单位：人

地区	2011 年	2012 年	2013 年	2014 年	2015 年	2016 年
黔江	87724	86038	85210	83718	83227	81942
丰都	108866	108601	107548	105231	102288	98649
石柱	76027	73101	71014	69253	67453	45704
秀山	81484	76669	75211	74419	74950	65685
酉阳	121234	114820	114243	113744	113784	75717
彭水	104854	101824	98074	95294	93583	115672
武隆	48303	46648	46090	45577	45809	91860
合计	628492	607701	597390	587236	581094	575229

资料来源：2012~2017 年《重庆统计年鉴》。

2011~2016 年，武陵山重庆片区各区县在校中小学生数量呈平衡状态，受适龄人口总量制约，在校中小学生总体呈缓慢下降趋势。其中，2013~2016 年在校学生减少趋势放缓，见图 5-5。

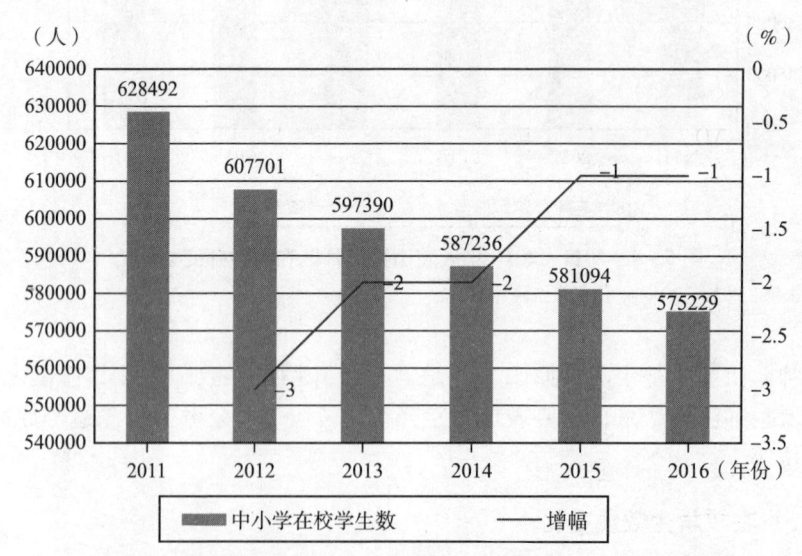

图 5-5　2011~2016 年武陵山重庆片区在校中小学生变化趋势

资料来源：2012~2017 年《重庆统计年鉴》。

(三) 中小学师生比变化

中小学师生比是区域师资力量最直接的测量指标，也是中小学教育质量的重要保障。总体上，武陵山重庆片区各区县中小学师生比与全国平均水平相差不大。

表 5-6 数据显示，2011~2016 年武陵山重庆片区各区县中小学在校师生比在 13.27~18.18 之间，波动不明显。最低点是秀山县 2011 年的 13.27∶1；最高点是丰都县 2013 年的 18.18∶1。数据分析表明，五年间武陵山重庆片区基础教育质量得到较好保障，在校师生在保持稳定的状态下，有上升趋势。从发展速度看，区域内教师队伍建设进展较好，中小学校教育师资力量在逐渐增强。

表 5-6　　　2011~2016 年武陵山重庆片区中小学在校师生比

地区	2011 年	2012 年	2013 年	2014 年	2015 年	2016 年
黔江	15.05	16.63	16.24	15.96	15.93	15.63
丰都	17.51	17.73	18.18	17.85	17.47	16.7
武隆	13.98	15.16	15.31	15.10	15.04	14.34
石柱	14.97	15.91	15.34	14.98	14.51	13.72
秀山	13.27	14.33	13.99	14.11	14.04	14.93
酉阳	17.42	17.38	16.83	16.93	16.81	16.48
彭水	16.67	17.10	16.31	16.00	15.83	15.68
片区	15.72	16.62	16.16	15.98	15.79	15.52

资料来源：2012~2017 年《重庆统计年鉴》。

(四) 万人在校学生变化

万人在校学生数是教育规模与效果的重要体现，也是一定区域教育发展水平测量的重要尺度。

1. 万人在校中学生数。

从武陵山重庆片区各区县 2011~2016 年万人在校中学生数值的变化情况看，各区县万人在校中学生数在 553~635 人之间，低于全国平均水平，见表 5-7。从增长速度看，黔江区、石柱县、酉阳县、彭水县、武隆县下降较快。

表 5-7　　　　　2011~2016 年武陵山重庆片区万人在校中学生数　　　　单位：人

地区	2011 年	2012 年	2013 年	2014 年	2015 年	2016 年
黔江	798	765	746	718	720	702
丰都	546	546	537	540	544	559
石柱	646	599	571	556	555	433
秀山	590	537	511	483	479	562
酉阳	652	601	577	549	550	473
彭水	674	644	600	580	583	562
武隆	560	507	470	435	434	574
片区	635	599	574	553	554	556

资料来源：2012~2017 年《重庆统计年鉴》。

2. 万人在校小学生数。

武陵山重庆片区万人在校小学生数总体呈缓慢下降趋势，与全国平均水平相差不大。但各区县间存在较大差异。2013 年，秀山县万人在校小学生数值为 628 人，为最低值，最高值为 2011 年彭水县万人在校小学生数值为 854，见表 5-8。造成万人在校小学生数值下降的原因与区域人口结构变化相关，如早期计划生育政策、外出务工趋势以及区域人口老龄化等因素影响。

表 5-8　　　　　2011~2016 年武陵山重庆片区万人在校小学生数　　　　单位：人

地区	2011 年	2012 年	2013 年	2014 年	2015 年	2016 年
黔江	822	813	806	794	791	776
丰都	746	752	749	721	689	628
石柱	749	737	724	702	678	669
秀山	662	632	628	635	652	637
酉阳	791	757	766	772	788	662
彭水	854	829	806	776	757	793
武隆	608	621	641	661	670	732
片区	755	741	737	728	722	703

资料来源：2012~2017 年《重庆统计年鉴》。

三、教育优惠政策执行

重庆市在教育扶贫策略上坚持持续加大对教育基础设施的投入，巩固"两基"和"普九"成果，实施寄宿制学校建设和校舍安全等重点工作，改善教学条件，强化教师队伍建设。同时，加大对贫困人口、社会特殊群体实施教育优惠政策。从 2005 年起，重庆调整了学生资助政策体系，在基础教育阶段实施"两免一补"，支持高校毕业生就业，教师待遇、特殊群体职业技能教育等涉及教育扶贫政策 15 项，明确政策资助对象、标准和方式，有力地支持了武陵山重庆片区教育扶贫事业的发展，见表 5-9。

表 5-9 武陵山重庆片区教育优惠政策一览表

序号	政策内容	优惠对象	优惠标准	政策级别
1	免费师范生	2007 年及以后秋季入学的本科师范学生	在校学习期间免除学费、免缴住宿费，并补助生活费	国务院：《国务院办公厅转发教育部等部门关于教育部直属师范大学师范生免费教育实施办法（试行）的通知》
2	"两免一补"	农村义务教育阶段贫困家庭学生	免书本费、免杂费、补助寄宿生生活费	国务院：《国务院办公厅转发财政部教育部关于加快国家扶贫开发工作重点县"两免一补"实施步伐有关工作意见的通知》
3	学生资助体系	普通本科高校和高等职业院校家庭经济困难学生	国家奖学金：每人每年 8000 元，资助学生的学费、住宿费和生活费；国家励志奖学金：每人每年 5000 元，资助学生的学费、住宿费和生活费；国家助学金：资助标准分为三等，一等每生每年 3000 元，占享国家助学金学生的 20%；二等每生每年 2000 元，占享受国家助学金学生的 50%；三等每生每年 1000 元，占享受国家助学金学生的 30%，用于资助家庭经济困难学生在校期间生活费，按月发放	重庆市：《重庆市人民政府关于建立健全普通本科高校和高等职业院校家庭经济困难学生资助政策体系的意见》

续表

序号	政策内容	优惠对象	优惠标准	政策级别
4	资助贫困人口就读中职学校	满足一定条件的库区移民，农村贫困家庭子女，城镇低保人员子女；2006年秋季进入中等职业学校接受职业学历教育的新生，2006年9月1日前入校且仍在中等职业学校接受职业学历教育的在校生	学费实行全额资助：依据物价部门核定的各校学费标准，每人每学年低于2500元的按实际标准核算，由学校减免20%，其余由政府资助；每人每学年高于2500元的，由政府资助2000元，其余部分由学校全免；生活费、住宿费包干补助。无论其所在地区和学校，一律按贫困移民和农村贫困家庭子女每人每学年2000元、城镇低保人员子女每人每学年1000元的标准执行，普通移民子女不补助生活费、住宿费	重庆市：《重庆市人民政府关于资助三峡库区移民、城镇低保人员和农村贫困家庭子女就读中等职业学校的意见》
5	高校毕业生就业支持	高校毕业生	鼓励高校毕业生面向基层就业，享受公务员报考加分政策；鼓励高校毕业生自主创业和灵活就业，免交登记类、管理类和证照类的各项行政事业性收费，支持申请小额担保贷款；支持高校毕业生到中小企业和非公有制单位就业；建立待就业毕业生见习制度；实行市级党政机关从具有2年以上基层工作经历的高校毕业生中考录公务员的办法	重庆市：《关于引导和鼓励高校毕业生面向基层就业的意见》
6	一费制收费办法	义务教育阶段的所有学生	废止《重庆市人民政府办公厅关于印发重庆市义务教育阶段学校一费制收费办法实施方案的通知》中"市级示范性实验学校的杂费标准在相对应的杂费标准基础上上浮幅度不超过20%；区县（自治县）级示范性实验学校的杂费标准在相对应的杂费标准基础上上浮幅度不超过10%"的规定	重庆市：《重庆市人民政府办公厅关于规范我市义务教育阶段学校一费制收费办法的通知》
7	地方政府管理国有企业普通中小学退休教师	国有企业普通中小学退休教师	市级国有企业、原市级下放到区县国有企业和原中央在渝破产企业普通中小学校因移交、合并、撤销后留在企业的退休教师，按属地原则全部移交当地政府教育系统统一管理，与公办中小学退休教师享受同等待遇	重庆市：《重庆市人民政府办公厅关于国有企业普通中小学退休教师移交地方政府管理有关问题的通知》

续表

序号	政策内容	优惠对象	优惠标准	政策级别
8	大学生志愿服务西部（重庆）优惠政策	高校毕业生	户籍和档案管理：服务期满未落实接收单位的，可将人事档案和户口转至有关政府人事部门人才交流服务机构，由其免费提供人事代理2年； 表彰奖励，服务期满且考核优秀的推荐参加中国青年志愿服务金奖评选，特别优秀的推荐参加国际青少年消除贫困奖、全国和地方青年"五四"奖章、十大杰出青年、十大杰出青年志愿者等奖项评选； 鼓励扎根基层，服务期满且考核合格的志愿者自愿留在基层的，原服务单位有职位空缺需补充人员时，应优先考虑接收； 鼓励报考公务员，公共科目考试成绩总分加5分，同等条件下优先录用； 鼓励报考事业单位工作人员，享受笔试成绩加5分的优惠政策，同等条件下优先录用	重庆市：《重庆市人民政府办公厅关于印发重庆市大学生志愿服务西部（重庆）优惠政策的通知》
9	中等职业学校家庭经济困难学生资助	具有中等职业学校全日制正式学籍的重庆市户籍的在校学生；具有中等职业学校全日制正式学籍的来自重庆市外农村户籍、县镇非农户口、城市家庭经济困难的在校学生	"普惠制"学生的资助标准：对重庆市户籍学生（除重庆市"五类学生"外）和来自重庆市外农村户籍、县镇非农户口、城市家庭经济困难的学生，每人每学年资助生活费1500元； "五类学生"的资助标准：对重庆市户籍的"五类学生"实行学费全额资助，生活费、住宿费包干补助	重庆市：《重庆市人民政府办公厅关于进一步完善中等职业学校家庭经济困难学生资助政策的实施意见》
10	农村义务教育经费保障	全市农村地区和县所在地义务教育阶段学校就读学生	免除在全市农村地区和县城所在地义务教育阶段学校就读学生的杂费（含信息技术教育费）；对农村义务教育阶段经济困难家庭学生免费提供教科书和补助寄宿学生生活费；对城市义务教育阶段享受城市居民最低生活保障政策的家庭学生，参照当地农村义务教育阶段学校学生同步实施"两免一补"政策；进城务工农民子女在城市义务教育阶段学校就读的，与所在城市义务教育阶段学生享受同等政策；对农村地区义务教育阶段学校家庭经济困难女童，除享受"两免一补"政策外，免收作业本费和寄宿学生住宿费	重庆市：《重庆市人民政府办公厅关于印发重庆市农村义务教育经费保障机制改革暂行办法的通知》

续表

序号	政策内容	优惠对象	优惠标准	政策级别
11	特设岗位教师	特设岗位教师	特设岗位教师在聘任期间，享受当地同级别公办教师的相同工资、津贴及福利待遇，同时，计算参加工作时间、教龄、工龄	重庆市：《重庆市教委、重庆市财政局、重庆市人事局、重庆市编办关于印发重庆市农村义务教育阶段学校教师特设岗位计划实施方案的通知》
12	大龄孤儿就读中等职业学校	凡国办福利机构中年满16岁，有初中毕业学历，有劳动能力和基本学习能力，年龄最大不超过30周岁的大龄孤儿，从2007年春季开始，可免试进入中等职业学校学习	学费实行全额资助，凡每人每学年学费低于2500元的据实核算，由学校减免20%，其余部分由政府资助；凡每人每学年学费高于2500元的，由政府资助2000元，其余部分由学校全免；大龄孤儿在校期间的生活费、住宿费包干孤儿所在的福利机构按原财政部门核定的标准予以补助，不足部分由市和区县福利彩票公益金予以解决	重庆市：《关于做好资助国办福利机构大龄孤儿就读中等职业学校工作的通知》
13	退役士兵就读中等职业学校	凡城乡退役士兵（复员、转业士官），具备初中以上文化程度，身体健康，年龄不超过30周岁，从2007年春季开始，可免试进入中等职业学校学习	学费全额资助，凡每人每学年学费低于2500元的据实核算，由学校减免20%，其余部分由政府资助；凡每人每学年学费高于2500元的，由政府资助2000元，其余部分由学校全免；生活费、住宿费包干补助，农村退役士兵（一期、二期士官）在校期间的生活费、住宿费，无论其所在地区和学校，一律按每人每学年2000元的标准实行包干补助；城镇自谋职业退役士兵（复员、转业士官），在校期间的生活费、住宿费自理	重庆市：《关于做好资助退役士兵就读中等职业学校工作的通知》
14	资助三峡库区移民、城镇低保人员和农村贫困家庭子女就读中等职业学校	三峡库区移民、城镇低保人员和农村贫困家庭子女	学费每人每学年低于2500元的按实际标准由学校减免20%，其余由政府资助；每人每学年高于2500元的由政府资助2000元，其余部分由学校全免；生活费、住宿费实行包干补助，无论其所在地区和学校，一律按贫困移民和农村贫困家庭子女每人每学年2000元（其中，含住宿费400元）、城镇低保人员子女每人每学年1000元（其中，含住宿费400元）的标准执行，普通移民子女不补助生活费、住宿费	重庆市：《重庆市财政局关于印发〈关于资助三峡库区移民、城镇低保人员和农村贫困家庭子女就读中等职业学校资金管理办法〉（试行）的通知》

续表

序号	政策内容	优惠对象	优惠标准	政策级别
15	高校毕业生"三支一扶"计划优惠政策	"三支一扶"大学生	择优选拔1~2名大学生兼任乡镇团委副书记； 单位空缺岗位优先接收"三支一扶"大学生； "三支一扶"大学生服务期满后自主创业的，可享受行政事业性收费减免、小额贷款担保和贴息等有关政策； "三支一扶"大学生报考公务员、事业单位工作人员、硕士研究生、专升本加分政策，同等条件下优先录取； "三支一扶"大学生工资、工龄和职称评审支持	重庆市：《重庆市委组织部、重庆市人事局、重庆市教委、重庆市财政局、重庆市农业局、重庆市卫生局、重庆市扶贫办共青团、重庆市委关于贯彻落实高校毕业生"三支一扶"计划优惠政策的通知》

资料来源：根据重庆市人民政府公开信息整理。

第三节 武陵山重庆片区教育扶贫成效分析

近年来，随着重庆市经济社会的快速发展，对于武陵山重庆片区各区县基础教育投入不断加大，整合了教育资源，改善了各区县的基础办学条件，优化了学校布局和教师队伍结构，较好地支持"扶教育之贫，依靠教育扶贫"的反教育贫困战略。

一、基础教育质量逐步提升

武陵山片区在国家政策支持下，实行了一系列制度保障和经费支持的优惠政策，城乡教育资源配置逐渐趋于合理，办学条件得到了提升。一是教学条件得到有效改善。新建、改建了一大批薄弱学校，多所学校的办学条件得到改善；购置增添了一大批图书、体音美器材、实验器材和计算机等现代化教学设施设备；学校有多媒体教室，建立了校园局域网，学校教师备课实现网络化。二是教师队伍更加优化。教师队伍的年龄结构、知识结构得到进一步优化，教师的师德水平、职业素养和基本素质都有所提升。三是教育更加公平。各级各类学校结构相对合理，布局进一步优化，发展更加均衡。教育发展的红利惠及每个家庭，最大限度地保障了教育公平，基本实现了办好每一所学校、教好每一个孩子的办学目标。

通过武陵山重庆片区基础教育反贫困措施的实行，各学校更新了自己的办学理念，紧紧围绕教学质量的提高扎实有效地开展好教育教学工作。逐步革除体制管理的诸多弊端，将工作的重心真正回归到立足学生的成长上，以教学为中心，提高教育教学质量。

2013年，彭水县投资2.4亿元对破旧的保家中学进行整体迁建，建成彭水保家镇农村寄宿中学（彭水二中）。新建成的保家寄宿制中学占地面积154.2亩，修建教学楼2栋、宿舍楼4栋，以及科技楼、图书馆、行政楼和食堂等功能楼和学生活动场地2万平方米。彭水二中教育教学环境得到明显改善，吸引了优质的教师资源，2017年，共招录教师245名，其中，硕士研究生20人，重点大学本科毕业生32名[1]。

黔江区大力实施"教育强区"战略，积极建设渝东南教育中心，通过强化政府统筹，优化资源配置，义务教育呈现均衡、协调、可持续发展的良好态势。全区现有各级各类学校243所，市级重点中学3所、高职院校2所、国家中等职业教育改革发展示范校1所，成功创建全国首批农村职业教育和成人教育示范区（县）。2016年，成功引进重庆八中、南开中学、人和街小学、谢家湾小学等品牌学校合作办学，重庆外国语学校在黔江设立分校，让黔江的孩子在家门口享受全市优质的教育资源[2]。

酉阳县始终优先发展教育，将其作为脱贫攻坚的重要抓手，不断推进教育公平、均衡、优质发展。利用各类投入，大力加强学校办学条件标准化建设，实施土建类项目119个，建筑面积15余万平方米；为278所学校添置教学设备器材，让乡村孩子在家门口也能享受优质的教育。着力构建人才引进、培养和激励机制，2013~2015年，共补充师资760人，培训干部师资1.6万人次，选派94名优秀教师到偏远农村学校支教轮教，落实乡村教师岗位生活补助3193万元。全面落实课程计划，推进"减负提质"和"1+5"行动，加强"卓越课堂"建设，教育质量得到了明显提升，2011~2016年，高考累计上线2.05万人，被各类高校录取1.88万人，其中，重点本科5108人，清华北大22人[3]。

二、教育扶贫资助体系逐步完善

近年来，武陵山重庆片区的基础教育取得了显著成效，教育的发展促进了社

---

[1] 左黎韵：《彭水教育扶贫 让7万困难学生不失学》，载《重庆日报》2017年6月6日。
[2] 黔江区教委：《2016年黔江区教育工作总结》。
[3] 冉永洪：《重庆酉阳着力推进义务教育均衡发展促进教育公平》，重庆新闻网，2017年1月1日。

会经济和文化的发展。以义务教育均衡为重心的基础教育为缓解地区贫困起到了良好的基础支撑性作用。

彭水县发挥了教育在扶贫开发中的整体助推作用，建立健全"两个全覆盖"教育资助体系，对于农村建卡贫困户和低保户家庭学生，从学前教育到高等教育各个学段进行资助。坚持"小财政办大教育"，确保教育支出年均增幅高出财政经常性收入增幅4.2个百分点，共建成投用汉葭中学、彭水五小、思源实验学校等重点工程和36所寄宿制学校，校区互联网覆盖率达100%，建成1765间"班班通"教室、217间"六大功能室"。2016年，彭水县共发放各类教育资助资金11118万元，惠及困难学生77526人。免除城乡低保户、建卡贫困户、孤儿、残疾儿童2416人的学前教育保教费、补助生活费，资助资金239万元。落实义务教育贫困寄宿生生活费补助651万元，惠及学生10823人。推进实施农村义务教育学生营养改善计划，拨付膳食补助资金2006万元，惠及农村中小学生55628人。免除中小学生78843人作业本费，补助资金180万元。免除普通高中学费1069万元，惠及学生13831人；贫困户家庭子女住校费补助资金79万元，惠及学生2441人；落实贫困家庭子女国家助学金508万元，惠及学生6413人。中职学校免学费、住校费，补助生活费539万元，惠及学生2947人。彭水二中作为贫困地区的普通中学，在校2000余名学生中，约有一半的学生家庭贫困。为了不使贫困学生失学，学校不仅全部免除贫困生的学费、住宿费和学杂费，还为贫困生提供每月660元的生活补助。根据农村学校营养改善计划，彭水按每人每天4元的补助标准，让学生每天中午可以吃到一份免费的荤菜[①]。

酉阳县统筹规划城乡教育发展规模、结构、布局，实施中小学集团式联盟发展，87所学校组建成8个教育发展集团，实施农村中小学领雁工程，在办学理念、办学条件、师资培训、教学研讨等方面开展交流合作，共同发展，共同进步。通过实施贫困助学、营养改善、暖冬行动、留守关爱等工程，2013~2015年，累计投入教育扶贫资金3.67亿元，资助贫困生近20万人次，配发免费作业本5.02万件，慰问留守儿童4.68万人，解决了2.1万名孩子高寒山区学校温暖过冬问题[②]。

三、社会资本有效支持教育服务

在教育扶贫理念之下，一些社会机构、民间慈善团体大力支持武陵山重庆片

[①] 张波、窦向军：《彭水：让每个学生都享受到优质教育》，载《重庆日报》2016年12月16日。
[②] 酉阳县教委宣传科：《酉阳义务教育均衡发展工作成效显著》，2016年12月16日。

区各区县的基础教育。近年来，社会支持片区基础教育，调动各种资源，有效地支持和提高了武陵山重庆片区各区县的基础教育服务。

武陵山重庆片区各区县积极利用社会资本，通过捐赠、科技合作等多种形式促进教育资源的积累与优化配置，如香港明顾国际教育集团柏兆电子有限公司与黔江民族职业教育中心就建设特色专业，深化合作交流，培养企业所需的技能人才达成合作协议。该公司同时为职教中心捐赠了价值 120 万元的微电子工程技术云课堂硬软件设备，希望学生通过智慧云课堂学得更好、更快、更精。重庆市红樱桃"冬日针爱"志愿行动以社会慈善活动为载体向贫困地区留守孩子们送围巾衣帽等御寒物资，让他们困有所帮、爱有所依、心有所援、温暖过冬。丰都县江池镇教育奖励扶助资金接受社会各界和个人自愿捐款筹集资金近 80 万元，其资金全部用于资助江池镇家庭贫困学生完成学业和奖励优秀的教师、学生。重庆市科协发挥自身优势，重庆动物园、重庆南山植物园、重庆中药研究院、市民防宣教中心等 21 家单位，深入黔江、彭水、武隆等贫困区县的 98 所中小学，开展"科普大篷车渝州行"联合行动。举办"启迪童智·科普圆梦"公益系列活动，深入石柱等区县的 10 所偏远贫困山区小学，为贫困山区孩子送上 30 个课时的启蒙课程、趣味课堂以及 20 多套流动科技馆展品。动员社会各界爱心企业和爱心人士筹集社会资本开展公益性教育活动，有效地补充了学校教育服务的不足。

第四节 武陵山重庆片区教育扶贫发展困境与对策

武陵山重庆片区地处武陵山片区西北，自然生态脆弱且社区禀赋较差，部分地区交通不便，信息接收能力弱。该地区贫困人口教育水平偏低，一是文化素质普遍低；二是由于受少数民族传统文化习俗影响，思想观念整体落后。在调查中发现，贫困人口自身综合素质差，人力资本存量少，在生产中运用新技术能力低，教育贫困的衍生性导致了生产效率和收入低下。新时期，虽然在公共财政和社会力量的全力作用下区域内教育水平得以不断提高，但是，武陵山重庆片区教育服务发展陷入新的发展困境。

一、武陵山重庆片区教育服务发展困境分析

（一）义务教育服务发展不均衡

武陵山重庆片区各区县虽然受公共财政力的限制，各项基本公共服务较为落

后，但是，都能够保证按照国家要求落实教育政策，支持地区基础教育事业的发展。

从教育投入情况看，我国农村义务教育的投入实行中央和地方按比例、分项目分担教育经费，各区县由于地方财政能力的不同，在教育投入方面也有所差异。加之武陵山重庆片区教育基础设施底子薄，投入经费的效率并不明显。区县的社会、经济、文化的差异也导致教育服务发展不均衡。在调查发现中，部分乡镇中学数量不足且师资水平、教学设施有限，不能满足学生的学习需求，一些乡镇的初中生必须到区县中学读书，由此增加了学生入学障碍，给贫困家庭带来巨额的教育支出，一些贫困家庭的孩子失去读书的机会，过早地出门打工。贫困家庭子女的受教育年限较短，限制了他们的素质和能力的提高，从而为减贫增加负重。

教育资源配置不均是我国基础教育发展不均衡的主要表现形式。我国东部地区的基础教育的发展远超于中部地区和西部地区的发展，同时，同一个地区之间的经济发达地区和经济不发达地区的基础教育的发展也存在着较大差异。城乡之间的差异在于城区获得了更好的基础教育的发展机会，而更迫切需要发展基础教育的农村却没有获得更好的发展基础教育的机会，也就导致了城市居民子女和农村居民子女在获得教育机会、教育资源等方面上的不均衡。武陵山重庆片区教育服务发展不均衡主要表现为城乡差异，城镇教育资源集中且水平高，乡村教育资源零散且水平低。

基础教育供给服务不均衡引发广泛的择校问题。城市学生争着进"名牌"和"重点"学校，而乡村因学校资源欠缺而不得不放弃受教育的权利。贫困家庭子女因学校布局与设置失去了继续接受基础教育的机会，这些孩子在初中学业完成后，就选择外出务工，大多无一技之长，不能适应当代经济社会的发展。即使这些孩子回家务农，也难以适应当前农村农业产业化的发展进程，难以拓展增收途径。群体间受教育机会不均等是我国基础教育发展不均衡的主要表现形式。一是家庭经济的不同情况导致了受教育者之间受教育的机会的差异；二是受教育者所处的家庭社会地位和背景优劣不同导致了他们之间教育机会的不均等；三是性别歧视、重男轻女等思想观念的存在导致了男女不同性别之间受教育的差异；四是民族之间的差异导致了民族之间受教育机会的不均等。

（二）中小学校撤并增加教育成本和安全问题

为解决生源少、教学资源浪费问题，全国各地纷纷进行了中小学校重新布局的撤并，有个别地方甚至将"村不再办小学，乡不再办中学"作为新一轮中小学校融合布局的原则之一。为了迎合地方领导业绩，一些区县大力创办教育城，集中教育资源为一处，整合基础教育资源，盲目扩大办学规模。武陵山重庆片区各区县也在这一轮中小学撤并过程中，逐步减少区域内的中小学校的数量，将基础教育资源向人口密集地区倾斜。

中小学校的整合撤并，使一些地处偏远的中小学生被迫进入城镇和邻近乡镇寄宿制学校读书。由此，贫困家庭将承担更多的住宿、交通费用，使家庭教育支出逐年增加。小学阶段学生年龄较小，生活自理能力差，一些家庭为了照顾孩子，不得不安排一名家长在学校周边租房子照顾孩子的饮食起居。这样一来，租房、交通、生活费等急剧增加，大大提高了家庭为教育支付的成本。另外，由于家庭要抽专人照顾孩子，又离家较远，无法有效生产和工作，减少了家庭收入。因此，贫困家庭在生产减员、教育成本增加的双重压力之下，家庭收入不足以应付家庭开支需要，不能有效缓解家庭贫困。

在学校方面，部分保留下来的村级小学在产生教师向城镇集中的学校撤并过程中遭遇教师短缺问题，少量留下来的教师一般是能力较弱的教师，有些课程不能开设，主干课程因教师质量问题而导致教学效果弱化，无法满足学生的学习要求。另外，村级小学的撤并也增加了城镇中小学的教学负担，导致城镇内中小学对低年级寄宿学生管理困难、班级人数严重超编以及优秀生源择校等问题。

中小学撤并也带来了学生安全隐患。虽然得益于基础设施建设，村级交通与往年相比有较大改善，但农村的客运交通无法满足学校的校车供给。放学后，离校较远的学生只能搭乘摩托车、三轮车等简易交通工具，生命安全存在潜在威胁。

（三）就业压力对贫困家庭教育理念的负面影响

目前，我国已经进入经济增长与经济结构的加速转变时期，我国的就业模式转变不符合我国经济的增长，低技术劳动力供过于求的矛盾长期存在，总量压力巨大。在就业总量矛盾尖锐的情况下，就业的结构性矛盾也十分突出。其中，大学生的就业问题是近年来非常突出的社会问题，并且有越来越严重的趋势。随着中国高等教育的不断发展，高等教育进入大众化时代，高校毕业生快速增长，大学就业也从精英化走向大众化，每年都有大量的大学生从高校毕业等待就业，年复一年的累积，大学生就业压力有增无减。

近年来，家庭教育成本不断提高，大学生毕业就业难的问题逐渐成为我国现阶段重要的社会问题之一。由于就业形势的严峻，越来越多的人待业在家找不到工作，其中，还包括了很多高校毕业的大学生。一些贫困家长经过仔细算账后，发现一名普通大学生毕业5年后所挣的工资竟然不能弥补其家庭省吃俭用、用4年时间培养出一个大学生所花费的学费和生活费的空缺。在这样的社会情况下，越来越多的贫困家庭父母越来越认同"读书无用"的思想。而当前未能就业的大学生数量仍在逐年增长。贫困家庭则认为，如果自己培养的大学生从大学毕业以后找不到一个好的工作，那么，自己在孩子身上投资的钱和孩子挣的钱不能够成正比，得不偿失，还不如将投资教育的钱积累起来，让孩子有自己做生意的本钱来得实在。所以，许多贫困家庭就会主动放弃送子女去上大学的机会，有些孩子初中毕业后就到沿海地区的工厂里打工挣钱。

在中学教育阶段，大部分农村学生认为自己成绩不好，考不上大学，更何况读完了大学同样面临没工作的状况，他们大多选择辍学，然后外出打工。而社会事实也证明其选择是正确的。务工4年后的初高中生和刚毕业的大学生在报酬上相差不大，如果打工选择较好的产业和领域，比在高校没有学到技能的大学生更有发展潜力。而当前武陵山重庆片区中职、高职学校的职业技能教育严重滞后，无法适应社会的发展需要。农村学生完成初中或高中阶段学习后直接进入工厂，由于学历低、没有专业技能，只能在低收入水平的岗位上就业。一些学生虽然学习了职业技能培训，但陈旧和过时的技能无法让他们找到高报酬的岗位，从而对学校教育产生疑问，进一步影响到贫困家庭对教育的信心，贫困家庭教育观念逆向转变严重影响了教育扶贫的进一步发展。

二、提升武陵山重庆片区基础教育服务水平的建议

（一）合理配置现有基础教育资源

对待农村基础教育要充分考虑现实条件，通过加大投入、政策引导、合理流动等措施建立农村特色教育体系。首先，合理配置现有基础教育资源，将更多的基础教育资源向基础教育薄弱地区倾斜，在资金的投入上更体现"公平"的原则，将基础教育资源配置到更需要基础教育资源的地方，多做一些"雪中送炭"的教育工程。其次，统筹城乡平衡发展，推进城乡教育一体化发展，推进学校布局合理化、学校建设标准化、学校管理规范化、办学形式多样化。实施中小学集团式联盟发展，组建教育发展集团，在办学条件、办学理念、内部管理、师资培训、教学研讨等方面开展交流合作，共同发展，共同进步。实施农村中小学领雁工程，鼓励示范学校与项目学校结成帮扶对子开展结对共建。再次，改革招生考试制度，全面实施义务教育"免试就近"入学，有效缓解择校压力，化解大班额问题。最后，配合国家政策制定和调整教育扶贫相关优惠政策，推动现有基础教育资源的合理分配，一方面，是对武陵山片区本地发展基础教育的优惠；另一方面，是对外来人员等的优惠，吸引更多的优秀人才到武陵山片区学校中任教，鼓励教师从城镇

到武陵山片区乡村任教,让外来力量充分推动本地基础教育的发展。

(二) 完善义务教育均衡发展体系

1. 增加教育投入,改善办学条件。

教育投入是支撑国家长远发展的基础性、战略性投资,是发展教育事业的重要物质基础,是公共财政保障的重点。实施义务教育学校办学条件标准化建设,改善城乡学校办学条件,让乡村的孩子在家门口也能享受优质的教育。政府需要增加教育投入,确保教育优先发展。将教育放在优先发展的战略地位,在大幅度增加财政性教育投入的同时,建立以政府拨款为主的多渠道筹措教育经费的体制,有力促进各级各类教育的发展。

2. 重视教师工作,加强教师队伍建设。

教师是提高教育质量、促进教育均衡的关键。着力构建人才引进、培养和激励机制,补充师资,强化干部师资培训,选派优秀教师到偏远农村学校支教轮教。改善基层教师待遇,进一步改善教师的工作和生活的环境,公办学校教师的平均工资水平应当不低于或者高于当地公务员相应人员的平均工资。加强师德师风建设,引导广大教师爱岗敬业、终身从教。加强对教师的管理与考核,从是否爱护学生、平等对待学生,尊重学生的人格、是否爱岗敬业、认真地完成教育教学任务等方面建立系统的考核指标体系。

3. 创新教育教学方式,提升教育质量。

坚持以立德树人为根本任务,加强和改进德育工作,全面落实课程计划,推进"减负提质"和"1+5"行动,加强"卓越课堂"建设,全面深化素质教育,促进学生全面发展。进行严格的课程管理,不能只重视"语、数、外"教育,对于学生体育、艺术和综合实践能力方面的课程也要给予足够重视,不进行"填鸭式"学习、合理布置学生家庭作业,让学生完成作业外还有自己的空闲时间来学习喜欢的东西。对于学生成绩的考察方面,不能一味地追求高分和名次,要重视学生德、智、体、美全面发展的情况。

(三) 树立良好的"教育—就业"观念

教育扶贫不仅需要政府的主导和支持,更需要贫困人口转变教育观念,从思想上认同教育的扶贫意义,从行动上主动参与教育扶贫。政府应努力改变就业环境,加大和创新技能培训力度,提升职业技术教育类毕业生层次,营造良好的"教育能够致富"的社会舆论氛围。贫困大学生应该转变"上大学就一定能找到一份体面的高收入工作"的思想,和就业选择集中于党政机关、事业单位和发达的城市地区,而不愿意到基层乡镇民营企业,更不要存在"等、要、靠"的消极思想。引导低学历就业者要树立技能致富观念，积极学习和更新技能知识，提升技能水平，积极把握就业市场走向，理性选择，走最适合自己发展的道路，不能盲目跟风，一味地追求大城市的工作和生活。主动走向基层和农村，如果能结合农村的实际情况，利用所学专业，将会在当前紧张的就业形势下开创新的天地。

（四）建立现代化的职业教育体系

职业教育是"依靠教育扶贫"工程的重要一环，建立现代化的职业教育体系就是要求武陵山重庆片区各区县依据本地职业教育的布局、特色和贫困人口特征，推进院校教育为主、职业教育为辅、网络教育为补充的职业教育多元体系。

1. 要发展职业教育"院—校"体系。

支持高等技术学院的建设，打造具有民族特色、区域特色和职业特色的高职院校；支持有专业特色并能适应市场需求的中等职业教育学校建设，提高中等职业学校教育的资助力度，提升中等职业学校的办学能力和发展空间；加强高职和中职学校协调发展，打通中职学校学生进入高职学院学习的渠道，建立职院和职校的互助机制，实施"3+2"和"3+4"职业教育院校合作模式，引导职业教育"一贯式"或"一体化"发展。

2. 发展职业技能培训"县—乡—村"体系。

建设以区县职业教育学校为主体，各培训部门为辅助、乡镇农（夜）校为补充的三级职业技能培训体系。结合地区特色产业需求，建设县乡村三级农业技能推广网络，配齐乡镇技术人员，建立农技培训和推广中心（示范基地），促进职业教育的产教研有机结合，支撑区域内支柱产业的形成和产业现代化进程。

3. 发展"互联网+职业教育"体系。

推进职业教育院校智能化、数据化、信息化，完成农村职业教育、远程教育有机结合的互联网平台，让学生、农民进行自主式学习，不出家门也能便利地学习新型技能。整合区域内职业院校、科研院所和实用技术人才职教资源，建设职业教育大数据平台，启动网络职业教育，打通职业教育"最后一公里"，让职业教育与广大公众"零距离接触"。

第六章

医疗保障、医疗救助及人类健康

健康是人们生存、致富和发展的基础。因健康导致的贫困是居民健康风险得不到有效控制和规避而产生的不利情形。2009年,我国正式启动国家基本公共卫生服务项目,加强城乡基层医疗卫生服务,至2011年,人均基本公共卫生服务经费补助达25元。针对重大疾病和治疗周期长的慢性疾病,2012年12月,中国扶贫开发协会产业扶贫委员会启动了中国扶贫医疗救助项目。基本公共医疗服务和医疗救助在一定程度上缓解了老百姓看病贵、看病难以及因病致贫、因病返贫等问题。

第一节 医疗卫生服务对于反贫困的重要意义

公共卫生是服务于一个国家或一个地区民众健康的公共事业。在反贫困事业中,公共卫生服务包含两部分内容:一是对重大疾病(如结核、艾滋病、SARS等)的预防、监控和医治;对食品、药品、公共环境卫生的监督管制,以及相关的卫生宣传、健康教育、免疫接种等。二是对一定数量因病致贫、因病返贫的贫困人口实施医疗救助。总的来说,医疗保障与医疗救助都针对人类健康,保障人类有效劳动力,对于反贫困事业有着基础性支撑意义。

一、健康与人类贫困

随着人类对贫困问题理解的深入,以人文特征为评价指标的人类贫困概念开始出现。1997年,联合国开发计划署用人文贫困来说明和解释更广泛和多方面的人类贫困。基于人的个人发展机会和选择权,人类贫困的评价包括长久而健康的生命、体面的生活标准、正当的自由、尊严以及其他方面[1]。其中，人力贫困是指缺乏基本的人类能力，其中包括拥有足够的营养、疾病预防和健康长寿等。在人文贫困理论基础之上，人们才开始正确认识健康与贫困的关系，这也是人类反贫困理论较有影响力的成果之一。

健康对于人类社会是至关重要的。医学上，健康可以等同于无疾病，在"生物—心理—社会医学"理论中，健康是"完好的生理、心理并具有社会幸福感的状态，而不仅仅无虚弱和无病"（WHO）。反贫困理论对于健康的讨论集中于两个方面：一是认为健康是一种能力，即是人在身体、精神以及适应社会等方面的风险承担能力[2]。二是认为健康是一种人权，即人人都有权利拥有维持本人与家属健康所需的生活水平，在遭受伤病、残疾、衰老以及其他不可抗拒因素影响下丧失谋生能力时，有权受得保障[3]。我国的反贫困理论认为，健康贫困是因为经济收入低、支付能力不足而导致的医疗保障、卫生保障以及治疗机会丧失而导致的健康水平下降，进而失去参与经济活动的劳动能力的状态[4]。

尽管当代人类健康状况有了很大改善，但一些贫困地区仍然遭受结核病、肝病、腹泻以及艾滋病的威胁。我国贫困地区因环境污染、饮水安全以及医疗服务不足同样面临人类健康风险。数据表明，边远贫困地区人口疾病集中在传染病和寄生虫病上，贫困家庭儿童中约有一半有轻度营养不良（发育不良）的症状，90%的贫困儿童受慢性蠕虫感染[5]。我国学者研究发现，在贫困人口中，每年支付的医疗费用占家庭总支出的10%~12%，医疗费用来源除生产性收入外，变卖财产、借钱与医院欠款占支出的31%。因病反贫的贫困户占整个地区贫困户总数的60%以上[6]。

二、医疗与反贫困研究进展

（一）贫困人口医疗卫生服务的公平性研究

公平性（equity）是医疗卫生服务强调的重点，对于中国城乡、东西部以及

---

[1] 联合国计划开发署：《缓解中国贫困的一体化战略》，社会科学文献出版社2003年版，第134~149页。

[2] 哈斯—马丁·萨斯：《个人健康风险：道德关怀、生态伦理和生态政治》，第四军医大学出版社2007年版，第280页。

[3] 焦洪昌：《论作为基本权利的健康权》，载《中国政法大学学报》2010年第1期。

[4] 孟庆国、胡鞍钢：《消除健康贫困应成为农村卫生医疗改革与发展的优先战略》，载《中国卫生资源》2000年第6期。

[5] 陈文贤等：《健康贫困与反贫困策略选择》，载《中国卫生事业》2010年第11期。

[6] 奚成虎：《乡镇卫生院如何摆脱困境》，载《中国农村卫生事业管理》2002年第3期。

各类人群发展的差异性，提出如何为贫困人口提供更加公正、公平的基本卫生服务。公平性问题则集中于资金筹集的公平、卫生服务提供与利用等方面。卫生服务筹资公平原则体现在支付能力上，即不同支付能力的个人和家庭为其医疗负担不同的数额，贫困人口可以只支付少量与其经济状况相一致的医疗费用。这就需要建立起覆盖面广的医疗保障制度[①]。而在2010年以前，我国农村贫困人口几乎没有人从预付制或医疗保险中支付医疗费用，正是由于社会保障制度的缺失，不能有效建立起贫困人口有效筹资和风险分担机制，导致了多数贫困人口放弃了必要的卫生服务[②]。公平的医疗卫生提供在于医疗卫生资源的公正合理配置。在中国城乡二元结构影响之下，城市与农村的医疗卫生设施、设备差距很大。数据表明，约占总人口29%的城市人口享有80%的卫生资源，而农村的卫生医疗机构缺乏必要的医疗设备[③]。卫生服务利用的公正性体现在相同需求可以获得并利用相同的卫生服务。高额的医疗费用成为卫生服务利用公正的障碍，我国部分贫困县数据表明，1999年，约有33%的低收入家庭未利用卫生服务，41%的贫困患者放弃门诊就诊，51%的贫困患者放弃住院治疗[④]。

经济学家阿罗指出，健康服务有三个方面区别于一般商品：一是信息严重不对称；二是医疗健康服务存在太多的不确定性和未知性；三是政府参与和干涉程度高[⑤]。健康产品因其具有社会公益性的私人品，要求个体和政府都要承担责任[⑥]。作为一种公众需要，医疗卫生服务获得社会共同体的投资供给，如果失去健康服务供给，个体和社会将会同时遭受损失，而事实是，医疗服务走向市场，使得医疗服务和药品价格远远高于民众的收入水平。医疗卫生服务公平性低成为健康贫困产生的主要体制因素。彼彻姆等认为，集体社会保护和公平机会准则是健康权利的保证，将那些受贫穷影响而处于不利境地的人与组织置于最后考虑是最不能容忍的[⑦]。

(二) 贫困人口医疗卫生服务模式创新研究

国外对于贫困人口医疗服务通常采用全民卫生服务体制、专门的穷人医疗补

[①] 夏宗明、李筱蕾：《医疗保障制度全球化与中国》，载《医学与哲学》2000年第8期。
[②] 世界银行：《卫生保健筹资——中国的问题和选择》，中国财政经济出版社1998年版，第54页。
[③] 吴建等：《贫困人口医疗救助研究进展》，载《河南医学研究》2004年第4期。
[④] Wei Fu, Health Care for China's Rural Poor. *International Health Polity Program*, 1999, P. 233.
[⑤] 胡光宇、蔚东：《新健康革命》，清华大学出版社2006年版。
[⑥] 金碚：《医疗卫生服务：具有社会公益性的经济私人品》，载《江西社会科学》2009年第5期。
[⑦] Tom Beauchamp and James Childress, *Principles of Biomedical Ethics*. New York: Oxford University Press, 1989.

助、对穷人进行公共补贴、专门的穷人保险以及社会慈善组织捐助与援助①。国内早期开展医疗救助主要以医疗减免、临时救济、专项补助、医疗救济基金、团体医疗互助以及慈善救助等模式②。

建设公平的公共医疗服务体系是现代化社会的客观要求，也是国家综合实力和文明发展高度的体现。为解决医疗卫生服务领域的市场失灵，需要政府通过介入筹资形成风险分担机制，税收和强制性医疗保险是政府筹资的两种模式。政府以服务购买者、推动者和监管者参与到医疗服务市场，是市场催生的产物，是对市场的监管。医疗服务市场的监管目的则在于合理地在地域和医疗机构中分配卫生资源，保证医疗服务对民众的可及性③。有学者认为，健康贫困产生的根源在很大程度上来自医疗卫生资源分配的不公平，但在市场经济条件下，医疗资源很难通过市场规律实现平衡。而公共医疗服务则需要从"人人享有生命权和健康权"出发，不完全遵循"资源稀缺性"的一般商品原则，因而，需要建立起第三方支付，避免医疗诱导需求。针对中国城乡疾病模式差距，需要政府将有限的公共资源优先投入农村居民地方病、传染病和妇幼疾病的初级防治上④。

三、医疗卫生服务的反贫困机理

医疗卫生服务的反贫困机理可以分为两部分，一是医疗卫生服务直接有效治疗疾病，恢复人的劳动能力；二是通过医疗卫生服务的第三方支付方式，建立医疗费用风险分担机制，以缓解贫困家庭的经济压力，见图6-1。

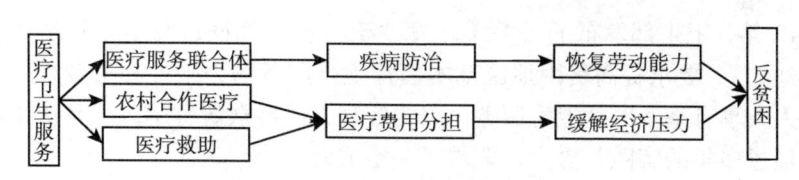

图6-1 医疗卫生服务反贫困作用机理

疾病与贫困具有一定的因果关系。疾病一直困扰着人类，由于自身体质、环

---

① 吴建等：《贫困人口医疗救助研究进展》，载《河南医学研究》2004年第4期。
② 应晓华、许可、胡善联等：《城镇贫困人口医疗救助的模式》，载《中国卫生资源》1999年第1期。
③ 葛延风：《中国医疗卫生体制改革：一个框架性设计》，载《改革》2005年第6期。
④ 胡琳琳、胡鞍钢：《从不公平到更加公平的卫生发展：中国城乡疾病模式差距分析与建议》，载《管理世界》2003年第1期。

境以及心理负担等多种因素影响，人是容易生病的。人一旦生病，将对身体产生影响，进而影响人的行动能力。重大疾病或需要长期治疗的慢性疾病很可能导致人的劳动能力的丧失，从而引发贫困。贫困人口因物质和群体的脆弱性，以文化心理和习惯因素形成一种贫困的恶性循环。发展经济学认为，人类健康丧失是导致贫困的重要原因，健康是人类社会一种关键性的能力与价值，健康既可以作为衡量其能否得到发展的标准，也可以作为手段获得更好的发展机会，得到健康服务就能基本保证人类的发展权利[1]。

在现实社会中，由于各种致病因素的增加出现多种疑难病症，随着高技术附加值的医学新技术、新设备、新药品的不断出现，医疗费用巨幅上涨。另外，贫困地区和贫困人口的医疗费用分担机制尚未健全，个人负担比例过高，看病难、看病贵已成为社会的现实问题。病痛不仅给人的身体造成损害，更为严重的是，一些病人花费了大量的医疗费后，仍没能痊愈，因病致贫、因病返贫的家庭很多。不少贫困家庭因高额医药费而选择不治疗。疾病和非健康状况不仅给病人带来身体的创伤，同时，也给病人家庭带来精神痛苦和沉重的经济负担。人力资本理论将健康视为一种可以投资的消费品，一个人将收入的一部分用于医疗保障，那么他就可以保持健康状态，从而获得更多的工作时间、工作效率以及工作机会。另外，这种投资也避免了疾病所带来的损失[2]。

第二节 武陵山重庆片区医疗卫生服务供给现状

2012年，卫生部发布了《关于印发"十二五"期间医疗卫生扶贫工作指导意见的通知》，要求提高贫困地区基本医疗卫生服务的公平性和可及性，实现扶贫对象人人享有基本医疗卫生服务，努力实现人民群众病有所医。重庆市医疗卫生扶贫经过多年的实践与探索，取得了一定成效。

一、基本医疗保障制度不断完善

近年来，武陵山重庆片区在重庆市统筹布置下，逐渐实现和完善基本医疗卫生保障制度，基本上实现区域全覆盖。建立了城乡一体的医疗保障制度，规范了

---

[1] 拉蒂·拉姆、西奥多·W·舒尔茨：《寿命、健康、储蓄和生产率》，载《经济发展与文化变迁》1979年第27期。

[2] Michael Grossman, On the Concept of Health Capital and the Demand for Health. *Journal of Political Economy*, March – April 1972, pp. 55–58.

城镇职工、城镇居民和农村医疗保障政策,使城乡居民"看病难、看病贵"问题得到了有效缓解。

(一) 完善城乡居民合作医疗保险市级统筹

为进一步完善重庆市城镇职工医疗保险管理体系,增强医疗保险基金抗风险能力,适应经济社会发展需要和满足群众医疗保障需求,方便群众就医结算,重庆市人力资源和社会保障局、市财政局于2012年出台了《关于印发重庆市城乡居民合作医疗保险市级统筹实施办法的通知》,对城乡居民医保参保、缴费标准、资助标准等作出具体规定。全市执行统一的参保项目、缴费办法、待遇标准、信息管理、就医管理、基金管理、经办模式、监管机制和市政府、区(县)政府、市级医疗保险经办机构和区县(自治县)医疗保险经办机构分级管理。城乡居民合作医疗保险实行总额预算。市人力社保局根据上年度基金实际收支情况,结合各区县(自治县)实际,统一汇总编制全市医疗保险基金收支预算草案,经市财政局审核后,联合报市政府批准同意后实施。医疗保险经办机构采取总额预付、按病种付费、按项目付费等多种形式相结合的结算方式,结合对定点医疗机构的考核办法和协议管理办法,与定点医疗机构结算医疗费用,见表6-1。

表6-1　　　　重庆市城乡居民合作医疗市级统筹标准

对象	参保方式	缴费标准	补助标准	住院支付标准
户籍在本市且未参加城镇职工医疗保险的城乡居民	以家庭为单位选择同一档次参保	一档110元/人(年);二档280元/人(年)	对参加居民医保的城乡居民,财政部门每年根据国家的相关规定予以参保补助	一级及以下定点医疗机构:一档80%、二档85%;二级定点医疗机构:一档60%、二档65%;三级定点医疗机构:一档40%、二档45%;全年报销封顶线:一档8万元、二档12万元
在渝高校大学生	由学校为单位负责组织	一档80元/人(年);二档200元/人(年)		
具有本市户籍的新生儿	新生儿可独立参保	一档110元/人(年);二档280元/人(年)		

资料来源:《重庆市人民政府办公厅关于印发重庆市城镇职工医疗保险市级统筹办法和重庆市城乡居民合作医疗保险市级统筹办法的通知》。

(二) 全面建立区县扶贫济困医疗基金

为缓解困难群众看病难,重庆市设立区县扶贫济困医疗基金,专门用于农村建档立卡贫困人口和纳入民政救助系统的低保、"三无"、五保、孤儿、重点优抚对象、重度残疾人等城乡困难群众救助。区县扶贫济困医疗基金首次注入所需资金由市和区县按1:2的比例筹集,由区县根据政策对象人数按人均100元左右设立。享受扶贫济困医疗基金的政策对象发生医保目录外的自付费用占总费用不超过30%的,对自付费用予以救助;超过30%的,对自付费用30%以内的费用予以救助。原则上对单次自付费用超过3000元以上的,实行分段救助,困难群众享受区县扶贫济困医疗基金每人每年最高救助额度不超过5万元。

二、持续提高基本公共医疗卫生供给水平

(一)医疗卫生资源总量进一步增加

1. 医疗卫生机构总数保持稳定。

2016年,重庆市医疗卫生机构总数为17660个,医院卫生院1407个;武陵山重庆片区卫生机构总数2282个,医院卫生院251个,占全市比重分别为12.92%、17.83%,见表6-2。

表6-2　　　　2011~2016年武陵山重庆片区卫生机构统计　　　　单位:个

地区	2011年 机构总数	2011年 医院、卫生院	2012年 机构总数	2012年 医院、卫生院	2013年 机构总数	2013年 医院、卫生院	2014年 机构总数	2014年 医院、卫生院	2015年 机构总数	2015年 医院、卫生院	2016年 机构总数	2016年 医院、卫生院
全市	19933	1606	19805	1568	18766	1510	18923	1502	17961	1405	17660	1407
武陵山片区	2384	272	2396	263	2336	1769	2553	1749	2348	242	2282	251
黔江	275	33	277	33	255	33	251	31	235	31	235	31
丰都	459	37	456	37	464	37	683	37	477	36	434	35
武隆	333	34	312	33	304	32	297	32	291	32	278	32
石柱	277	39	270	35	271	35	272	35	272	35	271	35
秀山	333	36	333	32	299	31	298	30	295	27	287	35
酉阳	321	48	326	50	320	49	324	40	342	40	341	40
彭水	386	45	422	43	423	42	428	42	436	41	436	43

资料来源:2012~2017年《重庆统计年鉴》。

2012~2016年,全市医疗卫生机构存量稳定,其中,公立医院年均减少0.48%,民营医院年均增长21.69%;基层医疗卫生机构数年均增长2.42%;专业公共卫生机构年均减少1.69%。武陵山片区医疗卫生机构总数起伏较大,表现

为稳中有升,增幅为4.47%;2013年,机构总数达2553个,为5年间最高,2011年,总数为2282个,为历年最低,见图6-2。

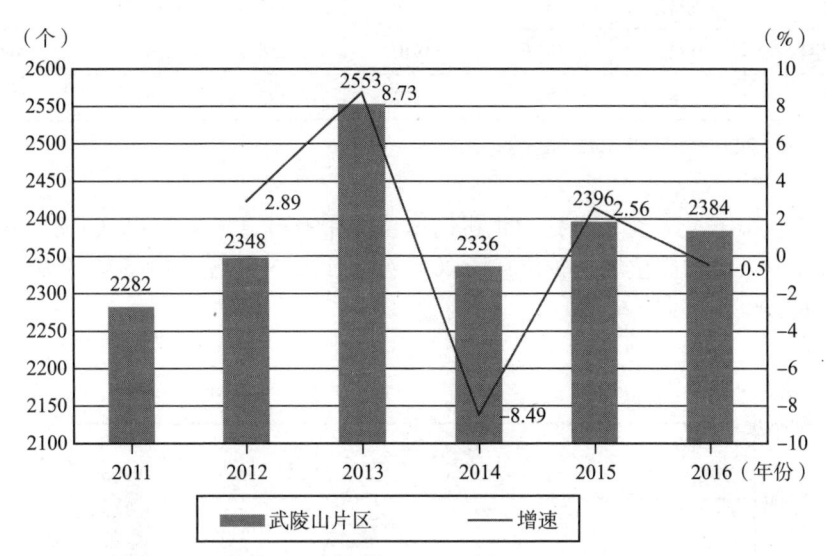

图6-2 2011~2016年武陵山重庆片区医疗卫生机构变化趋势

资料来源:2012~2017年《重庆统计年鉴》。

2. 医疗卫生床位数持续增长。

2016年,重庆市医疗卫生机构实有床位190850张,同比增长8.02%。武陵山片区卫生机构实有床位20706张,同比增长22.59%,占全市比重为10.84%,见表6-3。

表6-3　　2011~2016年武陵山重庆片区各区县实有床位统计　　单位:张

地区	2011年	2012年	2013年	2014年	2015年	2016年
全市	115637	130813	147436	176674	160446	190850
武陵山片区	12245	13736	14737	18884	16890	20706
黔江	2600	2890	2941	3511	3474	3772
丰都	2235	2779	2965	3546	3100	3606
武隆	1292	1282	1477	2051	1896	2248
石柱	1690	1874	1923	2392	2127	2876

续表

地区	2011年	2012年	2013年	2014年	2015年	2016年
秀山	1239	1520	1689	2135	1817	2594
酉阳	1823	1857	1910	2756	2413	3021
彭水	1366	1534	1832	2493	2063	2589

资料来源：2012~2017年《重庆统计年鉴》。

2012~2016年，全市医疗卫生机构床位稳中有升，增幅为65.04%。武陵山片区医疗卫生机构床位增长较快，由2011年的12245张增至2016年的20706张，增幅为69.09%，见图6-3。

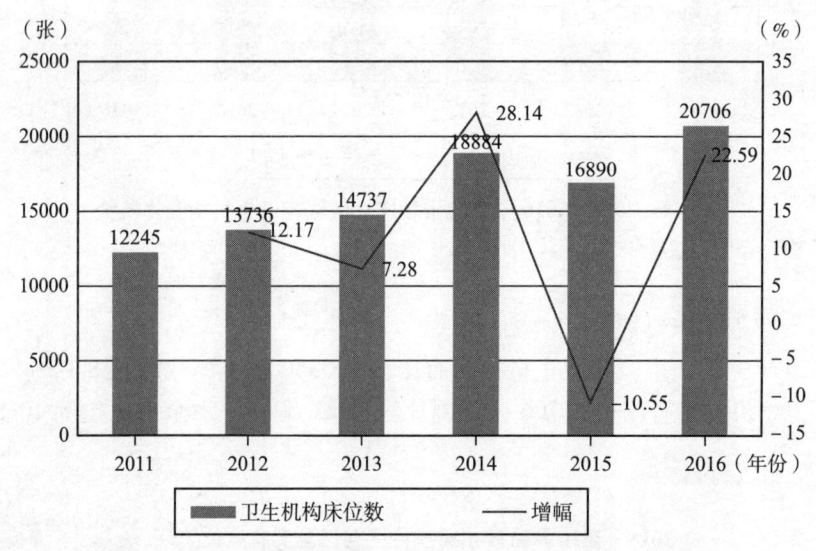

图6-3　2011~2016年武陵山重庆片区卫生机构床位增长趋势

资料来源：2012~2017年《重庆统计年鉴》。

2012~2016年，重庆市每千常住人口编制床位数年均增长7.81%，全市每千常住人口实有床位数年均增长8.97%。武陵山片区每千常住人口编制床位数由2011年的2.71张增至2016年的4.53张，年增长13.43%，高于重庆市的平均水平，见图6-4。

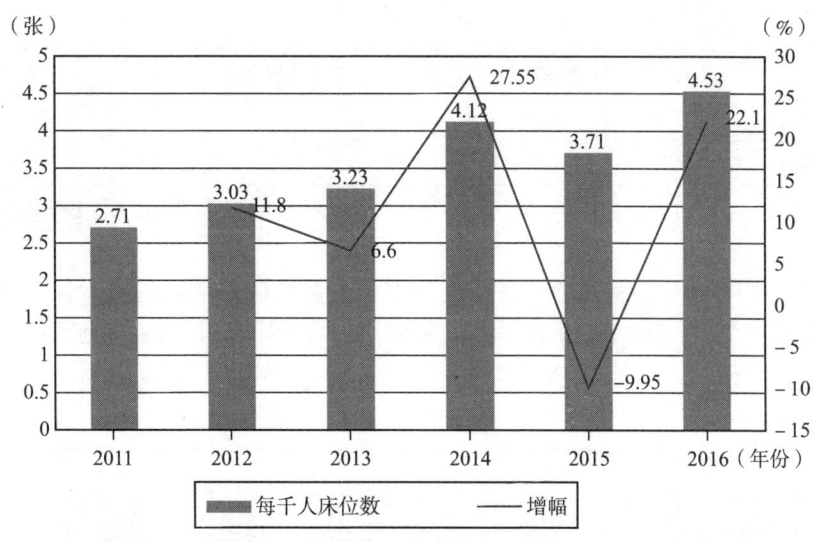

图 6-4　2012~2016 年武陵山重庆片区卫生机构每千人床位数增长情况

资料来源：2012~2017 年《重庆统计年鉴》。

3. 卫生人才队伍不断壮大。

2016 年，重庆市卫生人员总数为 179346 人，较上年增长 6.87%；卫生技术人员 179346 人，其中，执业（助理）医师 64700 人、注册护士 77463 人，较上年分别增长了 7.51%、6.04%、10.64%。武陵山片区卫生人员总数为 16154 人，其中，执业（助理）医师 5563 人、注册护士 7264 人，较上年分别增长了 7.95%、9.69%、17.63%。见表 6-4。

表 6-4　　2011~2016 年武陵山重庆片区卫生技术人员数据统计　　单位：人

地区	2011 年	2012 年	2013 年	2014 年	2015 年	2016 年
全市	120169	131658	142218	154091	166812	179346
武陵山片区	10288	11304	12344	13709	14964	16154
黔江	2159	2362	2601	2877	3010	3185
丰都	1828	1992	2178	2380	2581	2731
武隆	955	1008	1128	1204	1321	1427
石柱	1459	1604	1656	1812	1902	2140
秀山	1370	1413	1647	1915	2302	2479

续表

地区	2011年	2012年	2013年	2014年	2015年	2016年
酉阳	1321	1450	1497	1726	1935	2114
彭水	1196	1475	1637	1795	1913	2078

资料来源：重庆市卫生与计划生育委员会：《2016年重庆市人口与医疗资源及服务情况分析报告》。

2012~2016年，武陵山重庆片区医疗卫生人员数量呈增长趋势，由2011年的10288人增至2016年的16154人，增幅为57.01%，年增长11.4%，见图6-5。

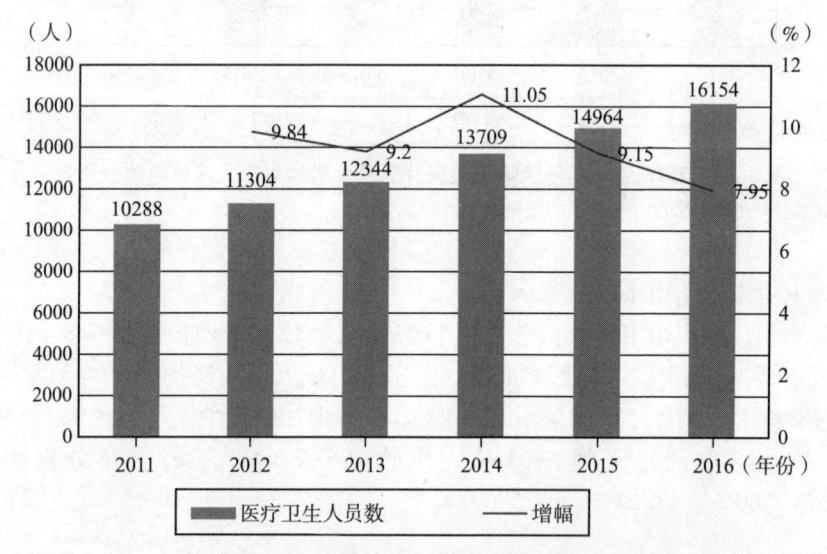

图6-5 2011~2016年武陵山重庆片区医疗卫生人员增长情况

资料来源：重庆市卫生与计划生育委员会：《2016年重庆市人口与医疗资源及服务情况分析报告》。

4. 医护比、床护比呈下降趋势。

2011~2016年，重庆市医护比由2012年的0.96提高到2016年的1.20；床护比按编制床位计由2012年的0.41提高到了2016年的0.46；按实有床位计由2012年的0.38提高到了2016年的0.41[①]。武陵山重庆片区医护比、床护比均呈下降趋势：医护比由2011年的1.2下降为2016年的0.77；床护比由2011年的3.61下降为2016年的2.85，见表6-5。

---

① 重庆市卫生与计划生育委员会：《2016年重庆市人口与医疗资源及服务情况分析报告》。

表6-5   2011~2016年武陵山重庆片区医护比、床护比变化情况

项目	2011年	2012年	2013年	2014年	2015年	2016年
医护比	1.2	1.06	0.99	0.92	0.83	0.77
床护比	3.61	3.41	3.17	3.5	2.73	2.85

资料来源：2012~2017年《重庆统计年鉴》。

2011~2016年，武陵山重庆片区每千常住人口执业（助理）医师数、每千常住人口注册护士数分别增加了0.33人、0.84人，与历年全国平均水平相比，每千人口执业（助理）医师数、每千人口注册护士数差距逐渐缩小，见表6-6。

表6-6   2011~2016年武陵山重庆片区医护比、床护比变化情况

项目	2011年	2012年	2013年	2014年	2015年	2016年
每千人执业医师数（人）	0.9	0.94	0.98	1.04	1.12	1.23
每千人注册护士数（人）	0.74	0.88	1.01	1.17	1.35	1.58

资料来源：2012~2017年《重庆统计年鉴》。

5. 医疗卫生设备数快速增长。

2016年，全市医疗卫生机构万元以上设备台数为147750台，同比增长27.48%。医院万元以上设备台数为114696台，同比增长32.71%，其中，民营医院万元以上设备台数为15809台，同比增长24.92%；基层医疗卫生机构万元以上设备台数为18935台，同比增长12.44%；专业公共卫生机构万元以上设备台数为12507台，同比增长10.79%。医院、基层医疗卫生机构和专业公共卫生机构万元以上设备台数年均分别增长22.20%、11.55%和11.45%；医疗卫生机构万元以上设备总价值年均增长18.52%，医院、基层医疗卫生机构和专业公共卫生机构万元以上设备总价值年均分别增长18.57%、16.23%和19.55%[1]。

（二）医疗服务运行总体平稳

1. 医疗服务量平稳增长。

总诊疗人次数持续增长，医院与基层医疗卫生机构总诊疗人次差距逐渐减小。2016年，全市医疗卫生机构总诊疗人次为14907.05万人次，其中，医院

---

[1] 重庆市卫生与计划生育委员会：《2016年重庆市人口与医疗资源及服务情况分析报告》。

6390.39万人次，民营医院918.77万人次。基层医疗卫生机构7868.51万人次。专业公共卫生机构645.13万人次。医院、基层医疗卫生机构、专业公共卫生机构占全市医疗卫生机构总诊疗人次的比例分别为42.89%、52.78%、4.33%[1]。

2012~2016年，全市医疗卫生机构总诊疗人次数年均增长2.88%。医院总诊疗人次数年均增长9.10%，其中，公立医院年均增长7.62%，民营医院年均增长20.85%；基层医疗卫生机构总诊疗人次数年均减少1.48%；专业公共卫生机构总诊疗人次数年均增长9.33%[2]。

2. 出院人数总量不断增加，基层医疗卫生机构出院人数保持稳定。

2016年，全市医疗卫生机构出院人数为628.62万人次，同比增长6.84%。医院出院422.71万人次，其中，民营医院出院113.06万人次。基层医疗卫生机构出院185.97万人次，同比增长2.42%，占全市出院人数的29.58%。专业公共卫生机构出院645.13万人次，同比增长9.19%，占全市出院人数的4.33%。2012~2016年，全市医疗卫生机构出院人数年均增长8.83%。医院出院人数年均增长13.37%，其中，公立医院年均增长9.05%，民营医院年均增长32.28%；基层医疗卫生机构出院人数年均增长1.29%；专业公共卫生机构出院人数年均增长6.90%。

2017年，武陵山重庆片区医院出院人数42.1万人，其中，黔江区8.37万人、丰都县7.06万人、武隆县4.06万人、石柱县6.62万人、秀山县5.02万人、酉阳县6.14万人、彭水县4.83万人[3]。

3. 医师工作负荷略有下降。

2016年，重庆市医师日均担负诊疗7.84人次，同比减少了0.25人次。医院医师日均担负诊疗7.37人次，同比减少了0.24人次，其中，公立医院医师日均担负诊疗8.33人次，同比减少了0.17人次；民营医院医师日均担负诊疗4.38人次，同比减少了0.21人次。基层医疗卫生机构医师日均担负诊疗8.12人次，同比减少了0.24人次。专业公共卫生机构医师日均担负诊疗12.54人次，同比减少了0.45人次。2012~2016年，全市医院医师日均担负诊疗人次为7.4~7.6人次；全市医师日均担负住院床日为3.1~3.2床日，高于全国2012~2015年医院医师日均担负住院床日，[4]见图6-6。

---

[1][2][4] 重庆市卫生与计划生育委员会：《2016年重庆市人口与医疗资源及服务情况分析报告》。
[3] 重庆市卫生与计划生育委员会：《2017年重庆市卫生与计划生育统计资料》。

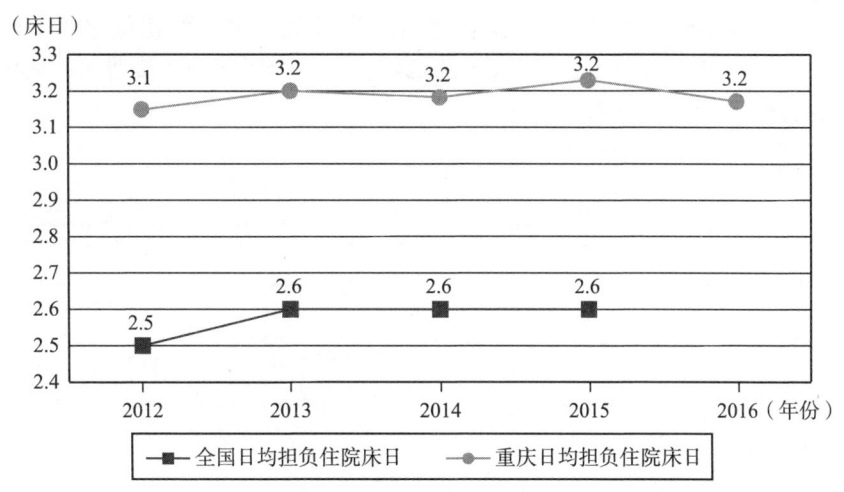

图 6-6 重庆市医院医师日均担负住院床日变化情况

资料来源：重庆市卫生与计划生育委员会：《2016 年重庆市人口与医疗资源及服务情况分析报告》。

（三）患者医药费用增幅减缓

1. 次均门诊费用增速放缓。

2016 年，重庆市医疗卫生机构次均门诊费用为 183.00 元，同比增长 7.48%。按可比价格计算，同比增长 5.58%，低于同期全市人均 GDP 的增速（2016 年，重庆市居民消费价格指数和 GDP 增速分别为 101.8% 和 10.7%）。医院次均门诊费用 279.34 元，同比增长 5.00%，其中，民营医院次均门诊费用为 278.55 元，同比增长 7.32%；基层医疗卫生机构次均门诊费用为 47.85 元，同比增长 6.17%；专业公共卫生机构次均门诊费用为 242.80 元，同比增长 7.64%，见表 6-7。

表 6-7　　　　2016 年重庆市医疗卫生机构次均门诊费用　　　　单位：元

机构类别	2016 年	2015 年	同比 ±%
全市	183.00	170.27	7.48
医院	279.34	266.05	5.00
公立	279.48	267.08	4.64
民营	278.55	259.55	7.32
基层医疗卫生机构	47.85	45.07	6.17
专业公共卫生机构	242.80	225.56	7.64

资料来源：重庆市卫生与计划生育委员会：《2016 年重庆市人口与医疗资源及服务情况分析报告》。

2013~2016年，全市次均门诊费用占居民可支配收入的比例逐年下降，由1.39%下降到1.27%。但历年重庆市的比例仍高于全国次均门诊费用占居民可支配收入的比例，见图6-7。

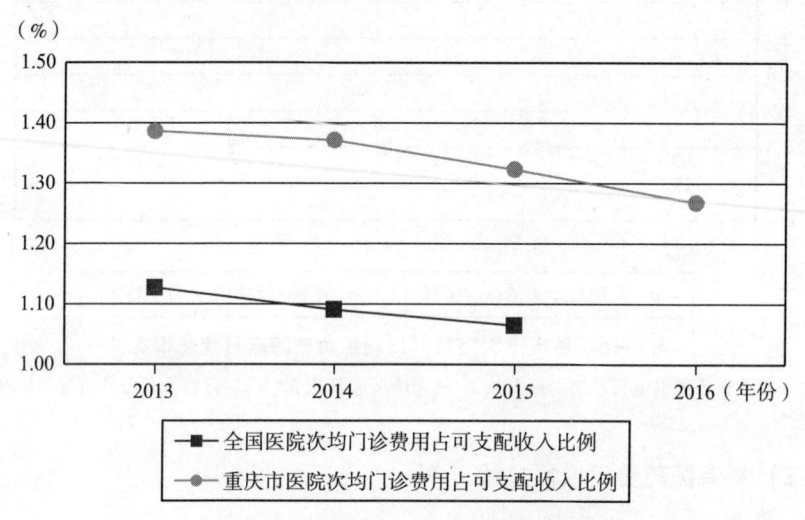

图6-7 医院次均门诊费用增长情况

资料来源：重庆市卫生与计划生育委员会：《2016年重庆市人口与医疗资源及服务情况分析报告》。

2017年，武陵山重庆片区医疗卫生机构次均门诊费为159.46元，比全市平均水平235.42元低75.96元，见表6-8。

表6-8　　　　2017年武陵山重庆片区次均医疗费用情况　　　　单位：元

项目	黔江	丰都	武隆	石柱	秀山	酉阳	彭水	全市	片区平均
次均门诊费	144.99	200.4	162.85	158.16	173.04	150.18	126.65	235.42	159.46

资料来源：2017年重庆市卫生与计划生育统计资料（2017年11月）。

2. 人均住院费用保持稳定，专业公共卫生机构增幅较高。

2016年，全市医疗卫生机构人均住院费用为5864.63元，同比增长4.69%，按可比价格上涨2.84%；医院人均住院费用为7609.56元，同比增长1.75%，按可比价格下降0.05%，低于同期全市人均GDP增速，其中，民营医院人均住院费用为4876.68元，同比增长3.37%；基层医疗卫生机构人均住院费用为1919.68元，同比增长5.57%；专业公共卫生机构人均住院费用为3619.94元，同比增长7.35%，见表6-9。

表 6-9　　　　2016 年重庆市医疗卫生机构人均住院费用　　　　单位：元

机构类别	2016 年	2015 年	同比 ±%
全市	5864.63	5601.90	4.69
医院	7609.56	7478.80	1.75
公立	8738.97	8457.93	3.32
民营	4876.68	4717.63	3.37
基层医疗卫生机构	1919.68	1818.31	5.57
专业公共卫生机构	3619.94	3372.02	7.35

资料来源：重庆市卫生与计划生育委员会：《2016 年重庆市人口与医疗资源及服务情况分析报告》。

2013~2016 年，全市住院次均费用占重庆市居民可支配收入的比例逐年下降，由 40.33% 下降到 33.94%。但历年重庆市的比例仍高于全国住院次均费用占居民可支配收入的比例，见图 6-8。

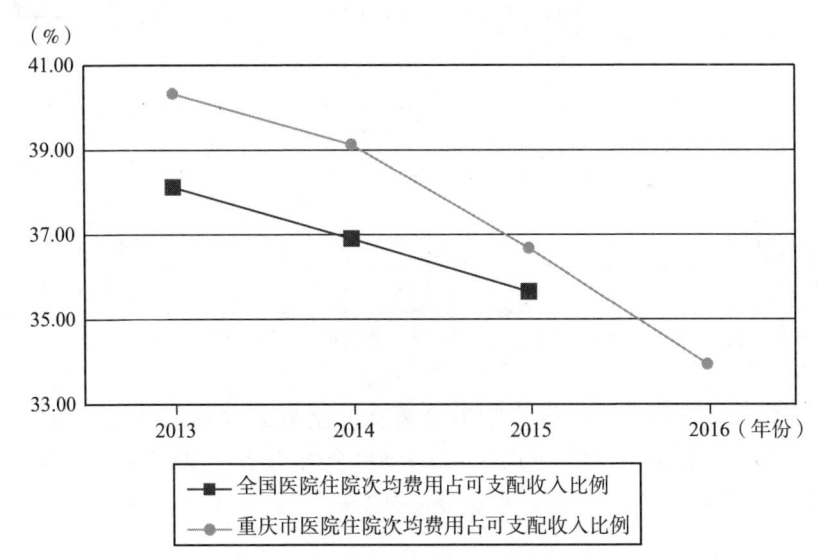

图 6-8　医院人均住院费用增长情况

资料来源：重庆市卫生与计划生育委员会：《2016 年重庆市人口与医疗资源及服务情况分析报告》。

2017 年，武陵山重庆片区人均住院费用为 3874.43 元，较全市平均水平 6066.37 元低 2191.94 元，见表 6-10。

表6-10　　　　　　2017年武陵山重庆片区次均医疗费用情况

项目	黔江	丰都	武隆	石柱	秀山	酉阳	彭水	全市	片区
次均住院费（元）	4819.47	4235.79	3867.95	3916.58	3860.54	3191.56	3231.22	6066.37	3874.43

资料来源：重庆市卫生与计划生育委员会：《2017年重庆市卫生与计划生育统计资料》（2017年11月）。

3. 患者医药费用药费占比持续下降。

2016年，重庆市医疗机构门诊患者药费占比为43.38%，同比下降0.98个百分点。其中，医院44.27%，下降1.07个百分点；基层医疗卫生机构为46.08%，上升0.8个百分点；专业公共卫生机构为29.17%，增加-1.86个百分点，见表6-11。

表6-11　　　　2016年重庆市门诊检查费、治疗费、药费占比　　　　单位：%

机构分类	检查费占比 2016年	检查费占比 2015年	增幅	治疗费占比 2016年	治疗费占比 2015年	增幅	药费占比 2016年	药费占比 2015年	增幅
全市	15.97	15.88	0.09	13.00	12.67	0.33	43.38	44.36	-0.98
医院	16.48	16.38	0.1	13.37	13.14	0.23	44.27	45.34	-1.07
公立	17.34	17.16	0.18	12.16	12.15	0.01	46.10	47.09	-0.99
民营	11.37	11.34	0.03	20.62	19.54	1.08	33.35	34.00	-0.65
基层医疗卫生机构	12.10	12.12	-0.02	7.33	7.16	0.17	46.08	45.28	0.8
专业公共卫生机构	17.63	17.83	-0.2	18.13	17.04	1.09	29.17	31.03	-1.86

资料来源：重庆市卫生与计划生育委员会：《2016年重庆市卫生与计划生育统计资料》。

2016年，重庆市医疗机构住院患者药费占比为35.45%，同比下降1.89个百分点。其中，医院为34.80%，下降1.88个百分点；基层医疗卫生机构为43.57%，下降1.92个百分点；专业公共卫生机构为24.12%，下降0.58个百分点，见表6-12。

表6-12　　　　2016年重庆市住院检查费、治疗费、药费占比　　　　单位：%

机构分类	检查费 2016年	检查费 2015年	增幅	治疗费 2016年	治疗费 2015年	增幅	药费 2016年	药费 2015年	增幅
全市	9.66	9.46	0.20	15.3	14.95	0.35	35.45	37.34	-1.89

续表

机构分类	检查费 2016年	检查费 2015年	增幅	治疗费 2016年	治疗费 2015年	增幅	药费 2016年	药费 2015年	增幅
医院	9.73	9.56	0.17	15.34	15.07	0.27	34.80	36.68	-1.88
公立	9.97	9.89	0.08	15.52	15.34	0.18	34.34	36.57	-2.23
民营	8.54	7.9	0.64	14.42	13.75	0.67	37.05	37.24	-0.19
基层医疗卫生机构	9.58	9.14	0.44	14.78	13.63	1.15	43.57	45.49	-1.92
专业公共卫生机构	6.82	6.44	0.38	16.39	16.13	0.26	24.12	24.7	-0.58

资料来源：重庆市卫生与计划生育委员会：《2016年重庆市卫生与计划生育统计资料》。

2017年，武陵山重庆片区医疗卫生机构药费占比为35.1%，比全市平均水平36.55%低1.45个百分点，见表6-13。

表6-13　　2017年武陵山重庆片区各区县医疗机构药费占比情况　　单位：%

项目	黔江	丰都	武隆	石柱	秀山	酉阳	彭水	片区平均
药费占比	34.13	35.33	32.07	35.26	33.5	41.11	34.33	35.1

资料来源：重庆市卫生与计划生育委员会：《2017年重庆市卫生与计划生育统计资料》（2017年11月）。

第三节　武陵山重庆片区基本公共医疗卫生服务反贫困困境与对策

贫困地区和贫困人口医疗卫生服务不公平是现阶段我国基本公共医疗卫生服务的现状，并逐渐成为危害贫困人口健康、延缓脱贫进程的一个严重制约因素。近年来，重庆市加强了财政对公共医疗的投入，改善了基层医疗卫生服务设施，优化了医疗人才队伍，但是，仍然没有达到以公共卫生服务促进贫困地区脱贫的预期效果。

一、武陵山重庆片区基本公共医疗卫生服务反贫困困境

（一）基本公共医疗卫生服务供给不均衡

近年来，武陵山重庆片区在重庆市公共医疗卫生服务体系建设总体布局下，

在生活条件、医疗卫生条件等方面与过去相比有了相当大的改善。但是从总体上看，重庆城乡之间仍存在着较大差距，基本公共医疗卫生资源配置不合理的情况仍然存在。渝东南和渝东北基本医疗卫生基础设施不足、医疗卫生专业人才队伍素质相对低下以及相关经费投入差距，严重影响了群众对公共医疗卫生机构供给能力的信任度。

2017年1~11月，全市医院门诊、急诊人次数为5899.20万人次，其中，主城区2888.36万人次，占比48.96%；近郊各区1495.48万人次，占比25.35%；武陵山片区447.83万人次，占比7.59%，分别比主城区、近郊区低41.37、17.76个百分点。出院人数为415.15万人次，其中，主城区159.68万人次，占比38.46%；近郊区129.40万人次，占比31.69%；武陵山片区42.09万人次，占比10.13%，分别比主城区、近郊区低28.33、21.56个百分点，见表6-14。数据表明：武陵山重庆片区就诊量和出院率均低于全市平均水平，反映了该区域医疗卫生水平相对低下，与其他地区差异较大。

表6-14　　　　　　　2017年1~11月重庆医疗服务量情况比统计

地区	门急诊人数（万人次）	占比（%）	出院人数（万人次）	占比（%）
全市	5899.20	100	415.15	100
主城区	2888.36	48.96	159.68	38.46
近郊区	1495.48	25.35	129.40	31.69
片区	447.83	7.59	42.09	10.13

资料来源：重庆市卫生与计划生育委员会：《2017年重庆市卫生与计划生育统计资料》（2017年11月）。

医疗服务量增长速度差异较大，说明近年来贫困地区或距离重庆主城较偏远的地区，医疗卫生条件得到改善。但长期存在的公共医疗卫生资源分配差异也导致了贫困地区人口就医择医的趋向性。一般情况下，普通疾病患者，特别是贫困人口，一般不选择去乡镇医院，如果病重一点，患者更愿意去较大的区县医院，从而增加医疗费用；病轻一点的患者，就凭个人经验去药店买一些非处方药。贫困地区的农村医保患者向上一级医院流动较快，同一种疾病在不同级别的医院所产生的医疗费用相差约3~5倍。病人向上一级医院流动，一方面，增加了患者的医疗费用；另一方面，使农村医保负担加重。这一趋势也间接反映了基层（乡镇）卫生院服务能力相对低下。

（二）农村医保参保率没有达到区域全覆盖

调研发现，武陵山重庆片区各区县仍有少部分农民没有参加农村医保。一部分没有参加农村医保的人群是流动人口，有些人长年在外地务工，办理医保和报销医药费用都必须回到户口所在地，从而产生更多的费用。还有一些农民认为自己年轻力壮，不会生很重的病，不想去花"冤枉钱"。

同时，农村医保的起付线、报销比例和转诊制度设置不尽合理，未能发挥行政干预和经济杠杆的各自作用。农村医保制度本身的特点和管理存在漏洞，部分定点医疗机构在财务核算、病案管理、补偿服务、报销政策执行等环节不规范，甚至有的经办机构出现违规操作、弄虚作假等腐败行为，严重影响了农村医保的公信力，进而影响农民参保的积极性。

（三）基本公共医疗卫生服务软硬件供给水平仍然较低

调研发现，武陵山重庆片区基本公共医疗卫生服务资源配置仍然存在较大差距。与区县城市的二三级医院相比，乡镇和社区基层医院相对冷清、医务人员人心不稳，发展困难。区域内优势医疗资源仍然集中于三级医院，而基层医疗卫生机构医疗资源贫乏，特别是乡镇和社区基层医疗机构，中高级医疗设备缺乏，人才匮乏，技术薄弱，服务能力较低。如某区县三级医院每天门诊量达2500余人，开放1346张病床仍不能满足患者的住院需求；而多数乡镇医疗机构病床空位率达80%以上。

基层医疗机构在设施投入不足、人才流失等多重因素的影响下，服务能力得不到提升，从而形成恶性循环。基层医院除了能开展X光、心电、B超和各项常规检查外，不能提供更多的医疗服务，一些卫生医疗机构尚不能针对老年人提供全面检查服务，更不用说专职的儿科医生、专科医生了。个别卫生医疗机构虽然得益于捐赠和医疗设施投入，但是，没有相应的专业技术人员，设备只能闲置，不能开展服务。

（四）健康教育宣传不力

武陵山重庆片区广大农村的健康教育缺失，许多就诊的患者医疗卫生常识匮乏。调研发现，多数乡村健康主题教育活动频次少，活动形式单一，讲座数量和质量偏低。农民参与人数少，健康常识知晓率偏低。一是一些农民长期养成的不良生活习惯得不到纠正。如乡村人口食盐和动物油脂使用量明显高于健康食用量，一些特色饮食也包含了较多不健康因素，如果没有长期的健康知识教育很难改善农民的饮食生活习惯。二是农民防病治病意识较为淡薄，平时不注意疾病的预防，到了有病情显现的时候才开始寻医找药。"小病扛、大病拖"是最常见的不良意识。三是健康教育宣传效果的反馈机制不健全，目前，乡村健康知识宣传仅限于不定期组织的"三下乡"活动，这些活动只注重一场或两场的义务诊疗活动，附带一些挂图展示，宣传效果不够理想。

二、武陵山重庆片区基本公共医疗卫生服务与反贫困联动的执行策略

（一）实现基本公共医疗卫生服务与扶贫开发的有效衔接

实践证明，基本公共医疗卫生服务与反贫困具有本质上的目标一致性和互动互促性。医疗卫生服务能力的提升能够改善贫困地区的基本生存和发展质量，增进贫困人口自我脱贫能力。因此，一是需要建立政府主导、部门协作、社会参与的医疗卫生服务反贫困的长效机制。以资金统筹为基础、以反贫困项目为手段，以人才为根本，推动医疗卫生扶贫工作的良性持续发展。通过规范化、制度化的形式指导和约束医疗卫生服务。二是要深刻认识到基本公共医疗反贫困工作的长期性和反复性。武陵山重庆片区的贫困是因文化因素、经济因素、社会因素等方面原因造成的。特别是经千百年文化传承遗留下来的生活习惯、饮食习惯以及看病治病习惯在人们的内心根深蒂固，要改变这些不良的医疗卫生习惯，不是一朝一夕就能够实现的，基本公共医疗卫生服务任重而道远。三是公共医疗卫生服务更应该关注贫困人口的医疗卫生需求，要建立和完善基本医疗卫生公共服务需求和利益表达机制。基层政府、公共医疗机构必须充分了解本地区公共医疗卫生服务的种类、顺序、偏好等，才能更好地对接辖区内的服务对象。

（二）完善符合需求的公共医疗卫生服务供给体系

贫困地区的群众受贫困条件限制，在疾病防控、妇幼保障、医疗卫生监督、医疗卫生服务项目等方面需要给予更多关注。因此，需要建设与贫困地区人口健康需求相适应的公共医疗服务体系。按照供需均衡原则，充分了解贫困地区人口就诊和就医的特殊要求，提供相对公平的公共医疗卫生服务，统筹城乡，实现公共医疗卫生服务的均等化。应根据本区域医疗资源现状和医疗需求，建立城乡统筹网络医院医联体运行模式，鼓励建立适宜的、有效的、低成本的，以价值为基础的，以人为本的纵向医疗资源整合模式探索，提高各部门的积极性和创新性动力，投入专项经费鼓励开展实践研究和探索。从顶层设计创新激励、引导、监督和考评机制，在医联体内各医院隶属关系、管理机制、人事分配、经济财务等关

系不变的情况下，细化双向权利和义务，建立考核激励机制和淘汰机制，鼓励引导技术人员多点执业，加大优势医疗资源输出，如把技术骨干驻点基层服务作为干部培养、职称评聘、评优评先、提拔任用等考核条件，并给予基层服务经济补贴，建立业务骨干下基层的保障机制和医师多点执业，促进技术人才下沉。

（三）建立适应地域特色的医疗卫生服务网络

针对基本公共医疗卫生资源分布不均的实际情况，以提高急诊急救能力和满足基本医疗卫生服务为主线，建立适应地方特色的区域性医疗机构联合体或网络。即以区县内外二级以下基层医疗机构、对口支援单位作为联合体建设遴选对象，形成以三级医院为中心站，一二级县级医院、社区及乡镇卫生院为会员单位的联合体医疗协作网，见图6-9。

图6-9 区域医疗机构联合体（网络）架构

区域医疗机构联合体（网络）是各医疗机构在自愿协商的基础上达成合作共识，明确双方责任和义务，签订合作协议，建立联合体框架。联合体内驻点服务、专家客座、人才培养、技术支持、学科帮扶、资源共享、双向转诊、远程医疗等方面联动协作，实现优势医疗资源共享。联合体内不改变医院原有人员组织关系、产权关系、经济和人事关系，但要建立起具有内在利益纽带的分工协作机制。逐步建立起以三级医院为支柱，区县各级综合性医院和专科医院为基础，其他医疗机构为补充的区域医疗服务体系。通过城乡统筹网络医院医联体的机制建设，明确各级急救网络医院责任、权利和义务。建立一条互联网服务通道，从第一现场正确处理、呼救转移、接诊施救，实现统筹城乡救治信息、救治网络、救治能力、救治管理的科学化、系统化和规范化。

（四）强化政府在统筹城乡卫生事业协调发展中的主导作用

切实加强社会管理和公共服务职能，建议成立以区县政府挂帅、相关部门参与的领导机构，根据统筹城乡发展要求和建设区域医疗卫生中心需要，从顶层设计进行规划和监管，加大支持力度，加大经费投入，保障医联体建设。同时，政府应当大力支持和举办非营利性医疗机构，扫清高壁垒、低盈利和边缘化障碍，为社会办医留置合理发展空间。

（五）加大双向转诊机制体制建设和运行管理

相关主管部门应加强双向转诊工作的主导作用，建立区域适宜双向转诊制度，出台相应的管理办法，明确上转、下转范围，运行效果纳入年终单位目标考核，并从医保政策方面予以引导和分流，优化转诊报销流程，鼓励城乡流动，促进"小病在社区，大病进医院，康复回社区"就医模式新格局的形成，着力引导分级诊疗，方便患者报销。

（六）强化医疗卫生信息化服务平台能力建设

加大区域医疗大数据信息平台的建设，充分利用三级医院优质医疗资源推进远程医疗服务，建立区域医疗远程会诊中心、预约中心、转诊中心、查询中心、教学中心、随访中心和居民健康管理中心，实现信息互通共享，加强远程医疗服务建设，实现资源共享。及时便捷地满足基层医疗需求，在医联体网络成员间架起了一条合作纽带和桥梁，有利于实现有序分流，改善城乡医疗卫生资源间的突出矛盾。

第七章

公共文化服务供给的反贫困绩效

反贫困事业不仅仅是要解决欠发展地区和贫困人口的收入问题，在新的时期，更应该从人的素质提升方面加大力度，振奋精神，树立正确的发展观，培育积极向上的文化精神，可以极大地激发贫困人口的生活热情，阻断贫困文化的代际传递。1993年12月，我国正式成立文化扶贫委员会，旨在从文化和精神层面上给贫困地区提供帮助，希望提高当地人民素质，尽快摆脱贫困。

第一节 文化贫困与文化扶贫问题研究进展

美国著名社会学家、人类学家奥斯卡·刘易斯（Oscar Lewis）首次明确提出贫困文化理论，即"贫困文化恶性循环理论"。他认为，贫困实际上表现为一种自我维护的文化体系，也就是贫困文化。在他的著作《五个家庭：墨西哥贫穷文化案例研究》（1959年）提出在社会中穷人因为贫困而在居住等方面具有独特性，并形成特定的生活方式、行为规范和价值观念，诸如不愿意规划未来、屈从意识、没有理想、未及能力以及怀疑权威等。

在此之前，许多著名学家对于文化的作用作了大量研究，文化建设的作用、路径和实践给予了高度的关注。如恩格斯认为，人类的经济在很大程度上受制于人类的文化发展，他从家族、家庭、血缘关系等方面来考察经济制度问题，从而阐述了私有制的形成以及国家的起源问题，指出"一定历史时代和一定地区内的人们生活于其下的社会制度，受着两种生产的制约：一方面受劳动发展阶段的制约，另一方面受家庭发展的制约。劳动越不发达，劳动产品的数量越少，从而社会的财富越受限制，社会制度就越在较大程度上受血缘关系的支配"[①]。并高度

---

① 恩格斯：《马克思恩格斯选集》（第4卷），人民出版社1995年版，第2页。

评价文化的力量："文化上的每一个进步，都是迈向自由的一小步。"①

在制度经济学领域，学者们认为一定的社会态度和人文习惯会妨碍或推进社会制度的变迁。一定社会或文化构成了文化习俗力量，而习俗在获得社会大多数成员共同认可之后，逐步提升为制度或法律固定下来，而当人类习俗发生变迁时，习俗的力量也将逐步修改这些法律法规以及制度。韦伯在研究资本主义初级阶段时发现，新教伦理促进了资本主义精神的产生和发展。在经过长期研究和实践后，学者们也都认可这样的结论，当生产力发展到一定程度的时候，一个国家或地区的文化强弱会直接影响其社会政治经济的发展。美国学者英格尔斯指出："当今任何一个国家，如果它的国民不经历这样一种心理上和人格上向现代性的转变，仅仅依赖于外国的援助、先进技术和民主制度的引进，都不能成功地使其从一个落后的国家跨入自身拥有持续发展能力的现代国家的行列"。

就传统中国而言，对于西方学者来说，这是一个非常典型的文化贫困案例，他们在各种各样的企图读懂中国的理论模式中，来探讨中国传统文化对于中国经济发展的制约，如美国学者明恩溥的《中国人的素质》②、美国学者 M. 罗吉斯的《乡村社会变迁》③、法国学者孟德拉斯的《农民的终结》④ 和美国学者黄宗智的《华北的小农经济与社会变迁》⑤ 等。

新时期的反贫困理论更注重人的素质全面发展，包括增加收入的技能获得、以教育获得智力的提升，以法律和制度来确保人的公平机会等，而更重要的是国家的兴起、社会的变革、科技的发展，还要真正提高人们的精神层次，使国家社会的发展有源源不断的动力。

澳大利亚的穆勒（Mueller）和史蒂芬尼（Stephenl）教授以昆士兰州为例分析了文化在农村发展中的突出地位及其原因。认为可以充分利用农村在文化旅游、文化遗产等特有资源发展农村文化产业，缩小城市与农村之间的差距。在时代背景下，文化对于经济和消费有着刺激助推作用。米歇尔·阿迪斯（Micheal Addis）教授认为，新技术和消费将产生寓教于乐的文化消费。依科（Brenda S. A. Ycoh）教授认为一个地区经济再生的战略必然以整合文化作为基础。约翰·麦卡锡（John Mccarthy）的文化区（cultural quarters）发展策略认为，应以文化聚集政策的形成使经济多元化和社会凝聚增加。

---

① 恩格斯：《马克思恩格斯选集》（第3卷），人民出版社1995年版，第154页。
② [美] 明恩溥著，秦悦译：《中国人的素质》，太白文艺出版社2007年版。
③ [美] 埃弗里特·M·罗吉斯、拉伯尔·J·伯德格著，王晓毅译：《乡村社会变迁》，浙江人民出版社1988年版。
④ [法] H. 孟德拉斯著，李培林译：《农民的终结》，社会科学文献出版社2005年版。
⑤ [美] 黄宗智：《华北的小农经济与社会变迁》，中华书局2000年版。

在"治贫必先治愚"的扶贫方针之下,中国的文化扶贫首先关注到农民的思想文化素质和科学技术水平的提高,在大力发展农村文化事业的总战略之下实施文化扶贫。希望用最少的钱,收到最大的效果。在满足农民求知、求富、求乐的要求和发展农村经济目标之下,把文化、教育、科学普及等紧密结合起来,推动社会的全面进步。在文化与经济一体化趋势下,文化不再单一地满足人们的娱乐要求,而在更大范围内为经济发展提供精神动力和智力支持,表现为各种产品的文化含量和文化附加值越来越高。

我国农村扶贫问题研究专家辛秋水认为,"贫困亦不单是一种经济问题,更主要是一种社会文化现象,人们的科学文化素质、价值观念及其生活方式,以及一个社会的文明开化程度,从更深层次上决定着人们是否贫困的命运。因而,从这个意义上说,贫困不仅仅是物质资源的贫困,更是社会文化资源的贫困,即知识、信息、观念和社会心理等文化性贫困"[1]。贫困地区文化贫困在当代表现得越来越突出,《中国农村文化建设的现状分析与战略思考》[2]《农民公共文化生活的衰落与复兴——以安徽省农村文化调查为例》[3] 和《新农村建设背景下的农村文化现状》[4] 等多个农村文化贫困现象调查报告说明了中国农村文化贫困问题,并且相对于传统中国农村文化而言,当代的农村文化贫困更多地表现了优秀文化的传承断代、"私性文化"日渐丰富,而公共文化明显滞后,尤其是一些积极、有内涵和文明的文化形式严重缺失。

何谓文化扶贫?从中国文化扶贫实践出发,文化扶贫就是"传播和激发先进文化和开拓精神,改变贫困地区落后的现状,革新贫困群体及个体的观念、意识、价值,培育并提高其文化素养,从而实现贫困群体和个体逐步地在精神上和物质上脱贫致富。"[5] 作为中国开发式扶贫的重要措施之一,文化扶贫需要与中国新农村建设相结合,在农村普遍建设公共文化基础设施和构建公共文化服务体系为主要载体,开发贫困人口的自身潜力和智能,提高农民的文化科学素质,普及科学技术知识[6],以新的文化价值观念改造贫困地区落后的文化价值形态。

---

[1] 辛秋水:《文化扶贫的发展过程和历史价值》,载《福建论坛》(人文社会科学版)2010年第3期。

[2] 全国农村文化联合调研课题组:《中国农村文化建设的现状分析与战略思考》,载《华中师范大学学报》(人文社会科学版)2007年第7期。

[3] 吴理财、夏国锋:《农民公共文化生活的衰落与复兴——以安徽省农村文化调查为例》,载《学习月刊》2006年第8期。

[4] 张传玉:《新农村建设背景下的农村文化现状》,载《福建农业》2007年第1期。

[5] 李宏斌:《论西部贫困文化》,载《云南社会科学》2004年第4期。

[6] 段超:《关于民族地区文化扶贫问题的思考》,载《中南民族学院学报》(哲学社会科学版)1995年第2期。

苏艳玲的《"新农村建设"中的"文化扶贫"》[1]和陈育钦的《新农村文化建设的现状分析与对策建议》[2]认为，农村文化建设文化基础设施薄弱、文化消极现象普遍、资金严重短缺、村文化产业发展滞后、农村文化活动形式单一等问题，提出加强政府领导，规范行为。野秋的《要重视农村文化扶贫》[3]、王梓梅的《解决文化饥渴，开展文化扶贫》[4]和黄延安的《治穷先治愚 扶贫先扶智——文化扶贫是贫困地区摆脱贫困的现实选择》[5]则认为，可以通过投入资金建立健全县、乡（镇）图书馆、书店和村文化活动室；送报刊、图书、电影电视等文化下乡活动进行文化知识宣传和教育；开设各种教育班和夜校培训班等方式创新文化扶贫的机制，能够保证文化扶贫的成效。另外，从贫困人口自身角度出发，需要以转变贫困人口的价值观念作为根本，发挥贫困人口自身特长，激发和培育农村文化人才创新能力与积极性[6]，促进文化产业的发展。[7]

综上所述，文化贫困可以导致贫困人口产生。公共文化服务在反贫困事业中有着不可忽视的重要性。文化水平是衡量一个地区生存和发展的重要指标，作为直接助于贫困人口的智力、精神面貌以及思想能力的重要因子，它对贫困人口的日常生活以及地区经济社会全面、协调和可持续发展都有着重要的影响。近年来，党和国家一直倡导文化建设与发展，强调传统文化的"创造性转换和创新性发展"，着力推进建设全面的基本公共文化服务体系，提升公共文化服务水平，希望通过文化扶贫提升贫困地区人口的素质，转变思维方式，修正奋斗目标，以提高区域的综合竞争实力，促进人的全面发展。

第二节 武陵山重庆片区公共文化服务供给现状

武陵山重庆片区文化扶贫立足于贫困主体，从人的思想观念上根治贫困。文化不仅是人民群众的精神食粮，也是在当代市场经济条件下获得商业利润的重要

---

[1] 苏艳玲：《"新农村建设"中的"文化扶贫"》，载《剧作家》2006年第4期。
[2] 陈育钦：《新农村文化建设的现状分析与对策建议》，载《昆明理工大学学报》（社会科学版）2008年第12期。
[3] 野秋：《要重视农村文化扶贫》，载《当代贵州》2004年第4期。
[4] 王梓梅：《解决文化饥渴，开展文化扶贫——从兴宁市山区农村文化扶贫说起》，载《大众文艺》2012年第5期。
[5] 黄廷安：《治穷先治愚 扶贫先扶智——文化扶贫是贫困地区摆脱贫困的现实选择》，载《农村经济与技术》1999年第2期。
[6] 李丰春：《农村文化扶贫的若干问题研究》，载《安徽农业科学》2008年第9期。
[7] 李新市：《中国农村文化产业发展研究》，载《四川行政学院学报》2006年第4期。

途径。文化扶贫是以提升贫困人口文化素质为目标,向扶贫对象输入新的文化、知识和价值观念,将物质和政策输入转变为内生发展力,让贫困群体有能力变自身特色财富为现实财富,真正走上脱贫致富之路。

一、逐步完善公共文化基础服务设施布局和体系建设

合理布局公共文化基础设施和有效建立公共文化服务体系是文化扶贫的基本载体。有效的公共文化服务设施建设与服务供给,将有力缓解贫困状况。武陵山重庆片区公共文化服务在国家、重庆市以及各区县的统一部署下,初步建立了基层公共文化服务体系。在传统文化工作领域中,加大文化馆、图书馆、博物馆等基本文化服务设施的建设,按照国家要求标准,标准化地建设、改造和维护群众文化活动阵地,在区县一级配置图书馆、博物馆,在乡镇街道配置综合文化站、文化馆,在有条件的村建设文化大院和农家书屋。如秀山县2016年底累计投入资金4.6亿元,完成"文化五馆"建设,建成乡镇综合文化站27个,农家书屋267个,形成县乡村三级公共文化服务体系;实施文化惠民工程311个,建成文化设施面积70万平方米,覆盖50余万人[①]。

(一) 文化基础设施建设投入逐年增加

一直以来,文化被视为不产生经济价值的社会事业,曾一度受到"以经济建设为中心"思维的冲击,文化工作被忽视。一些文化单位被撤销、合并,文化工作人员被调离、借用,文化服务事业一度停滞不前。近年来,文化的意义被各级政府重新认识,文化事业工作才逐年得以加强。从文化局、"文广新局"(文化广电新闻出版局)到"文化委"(文化委员会)等机构的改革与调整,文化建设目标也相应调整,并逐年强化。2016年,重庆市出台了《重庆市文化发展"十三五"规划》,使文化工作在新的时期有了新的重心和建设指向。当然,"十二五"期间的文化投入为后期的文化建设奠定了坚实的基础。2016年,武陵山重庆片区各区县在公共文化服务领域总投入资金47801万元,占财政总投入资金的1.33%,见表7-1。

---

① 秀山县文化委:《2016年秀山县文化工作总结》。

表7-1　　　　　　2016年武陵山重庆片区各区县文化投入情况　　　　　单位：万元

地区	一般公共预算支出	文化体育与传媒支出	所占比例（%）
黔江	586167	7323	1.25
丰都	447342	5426	1.21
石柱	544068	6045	1.11
秀山	454936	3942	0.86
酉阳	469052	7040	1.5
彭水	581435	12301	2.12
武隆	519981	5724	1.1
片区	3602981	47801	1.33

资料来源：2017年《重庆统计年鉴》。

（二）公共文化服务"三馆一站"标准化建设成效明显

党的十八大以来，中央明确提出构建现代公共文化服务体系的目标任务，并细分了公共文化服务各场所的标准化和均等化要求。近年来，在重庆市委市政府的领导下，武陵山重庆片区各区县积极深入推进公共文化服务体系建设。全市基本建成"市有四馆、区县有两馆、乡镇（街道）有一站、村有一室"的四级公共文化设施网络体系。推行乡镇文化站标准化建设，超过90%的乡镇（街道）综合文化站达到国家等级站标准，域内每万人拥有公共文化设施面积达1490平方米，公共文化服务设施覆盖率达到90%以上。实现"三馆一站"免费开放，重庆武陵山各区县和乡镇的242家图书馆、文化馆、博物馆、影剧院以及全部乡村（社区）文化室实现了无障碍零门槛进入。在公共财政的大力支持下，一大批重大文化工程和项目得以实施，覆盖城乡的公共文化服务网络已基本建成，农家书屋、电影放映工程、广播电视村村通和文化信息资源共享工程等文化建设项目得以实现，见表7-2。

表7-2　　　　　2017年武陵山重庆片区各区县公共文化设施统计　　　　　单位：个

地区	文化活动中心	图书馆	博物馆	影剧院
黔江	30	1	1	1
丰都	32	1	1	1
石柱	33	1	1	1

续表

地区	文化活动中心	图书馆	博物馆	影剧院
秀山	28	1		1
酉阳	35	1	1	1
彭水	38	1		1
武隆	27	1	1	2
片区	223	7	4	8

资料来源：《重庆市文化设施导览图》，重庆市文化委员会网站，http://www.cqwhw.gov.cn/Html/1/zqswhssdl//index.html。

酉阳县图书馆对照"免费开放"绩效评价指标体系，完善基本公共文化服务功能，提高公共文化设施服务效能。常年提供报刊阅览、书刊外借、少儿借阅、数字文献阅览、自修阅览等服务项目。2016年，该馆新办理读者借阅证625个，接待读者8.11万人次，借阅图书10余万册次。同时，为满足读者多样化需求，征订报刊300余种，采购新书691种、4678册，征集地方文献213种，共274册；购置触摸屏电子报刊阅读机和电子图书24小时自助阅读机，提供各类报纸30种、期刊100种、电子图书30万册；开通酉阳县图书馆网站，完善图书馆APP数据平台建设，读者区域无线WiFi全覆盖，方便读者通过手机APP查询文献和免费开放服务项目等，以全新的方式服务广大群众阅读。组织开展"同筑中国梦，共度书香年""留守的花儿—在书香里绽放"等全民阅读推广活动、展览、讲座60场次及"我的小书包—关爱乡村留守儿童""我的书架，我做主"等馆外流动服务15场次，免费赠送实用图书1500余册，服务群众2.5万人次。

丰都县大力推广全民阅读丰富群众文化生活。建立阅读阵地网点，以县图书馆为龙头，建成县乡村三级网点36个、外借点15个、藏书30余万本（册）。推出阅读系列活动，开展"中华魂—遵纪守法，从我做起"主题教育读书活动征文演讲比赛、"阅享新春话春联"、全民阅读宣传暨名家进校园等全民阅读活动30余场次，参与群众5万余人次。同时，加强阅读流动服务，开展送图书阅览、展览讲座、演出下乡等流动服务60余场次，实现县域乡村全覆盖。

武隆县则多措并举实现公共文化服务网络全覆盖，推进乡镇综合文化站、文化中心户、农家书屋等基础设施建设，县、乡、村三级公共文化服务网络覆盖率达100%。启动"五个一"文化工程、滨江路雕塑墙和滨江休闲文化公园建设。培育基层公共文化服务品牌，投资1.1亿元修建乌江博物馆、1000万元实施和平中学旧址消防工程。

2016年，酉阳县建成39个乡镇综合文化站、42个市民休闲文化广场、278

个农家书屋；完成直播卫星户户通 13000 套，打造贫困村农民体育健身工程 260 个；为农家书屋配送图书 1.35 万册。组建 11 个文艺家协会，发展会员 1200 余名，培育国家级会员 16 名、市级会员 103 名；组建"乡村文艺队"39 支。

秀山县充分利用现有条件，推动 319 国道沿线文化建设，精心打造"文化长廊"，惠及民生，受到群众的欢迎。"文化长廊"以 319 国道沿线的该县妙泉镇、龙池镇、中和街道、平凯街道等 9 个镇（街）文化站和社区文化广场为载体，打造布局合理、内涵丰富、特色鲜明的"文化长廊"。该长廊重点推进农村数字电影放映、文化信息资源共享、"广播村村响电视户户通"等文化惠民工程，同时，在沿线乡镇广泛开展文艺演出、文化艺术知识普及教育、文化技能辅导、文化展览展示等形式多样的文化活动。

（三）惠民文化活动频繁开展

随着城乡经济建设的进程，城乡居民文化生活得到改善，除了定期免费开放的"三馆一站"公共文化服务项目之外，各区县不断探索文化服务供给模式，以多样性的公共文化服务逐步满足人民日益增长的文化需求。

一是积极开展"三送"和惠民演出活动。为充分利用节庆假日开展群众文化活动，营造浓厚的节庆氛围，黔江区组织在 2017 年春节期间开展 12 项文化活动，着力推进文化惠民。活动形式多样，有精品节目展演——大型原创民族音乐歌舞诗剧《云水谣》展演 5 场、新春音乐会、旅游职业学院学生汇报演出；有非物质文化遗产展示展演——国家级非物质文化遗产《南溪号子》擂台赛，传统民族文化表演大赛——打锣鼓（闹台）大赛、第十一届闹元宵龙狮舞大赛、三岔河灯谜会、黔江老干部迎春书画作品展、第 12 届回乡大学生才艺展示；有持续时间长达 3 个月的文化惠民消费季活动；有送文化进基层活动[①]。武隆县积极开展电影、图书、展览文化下乡进村，组织购买 848 场流动文化活动，完成 2272 场惠民电影放映任务，建立"双向互动"的文化配送模式。利用传统节日举办文化艺术节和文艺汇演，开展"一本书温暖一座城""流动图书下基层""图书漂流"等特色文化活动[②]。

二是针对贫困地区文化基础硬件设施不足，为贫困群众免费赠送电视机等节目接收终端。如 2015 年秀山县共为全县 3500 户看不到电视的农村建卡贫困户每户发放一台 21 英寸的乐华牌彩色电视机。这些扶贫电视机落户到全县 27 个乡镇的贫困户家庭，有效帮助他们及时了解党的方针政策、获取致富信息，学习生产

---

① 黔江区文化委：《黔江区十二大活动丰富春节群众文化生活》，重庆市文化网站。
② 武隆县文化委：《武隆县多措并举实现公共文化服务网络全覆盖》。

技能。武隆县发放直播卫星设备 10500 套，解决贫困地区"收听难、收看难"的问题。石柱县对贫困村农家书屋提档升级工程有序实施，补充图书 5000 多册，更新书屋 48 个。

三是积极开展文化扶贫活动。通过送文化下乡、安装户户通、开展实用技术培训以及对口帮扶等活动对贫困人群进行有目的的文化帮扶。2015 年，武隆县共挑选科技书籍 3000 余册，提供"流动图书馆"上门服务；利用全国文化信息资源共享工程武隆支中心平台，提供实用技术培训，举办农民工、下岗职工免费培训 3 期，培训 400 余人；与巷口镇走马村 112 户贫困户开展"一对一"帮扶；配送科技、养殖技术等书籍 1500 余册，音像制品 100 余张。石柱县以"四个精准"助推文化扶贫，用 3 年时间对 33 个乡镇（街道）综合性文化站改扩建为三级以上标准，推进政府面向社会购买公共文化服务 852 场，建设 12 个村级基层综合性文化服务中心示范点；积极开展直播卫星"户户通"第二批 9795 套安装任务，涉及全县 8000 户贫困家庭；创新做好公共文化物流网服务试点工作，实现"点菜式"文化服务，全年对乡镇服务不少于 36 场次；通过全民阅读系列活动，做好 9000 余册图书的赠送工作。

二、积极构建区域性非物质文化遗产传承体系

武陵山重庆片区作为少数民族聚居之地，各族的先民们依靠自己的智慧和勤劳创造了丰富的文化，经历历史积淀和传承，在山区人民日常生活和生产过程中靠口传心授和生活积累得以保存。这些珍贵的非物质文化遗产在当代传承与展演将极大地鼓舞人民的文化热情，培养文化自信，从而使之能自觉地维护、保护与传承本民族的优秀文化传统。武陵山重庆片区非物质文化遗产保护与传承一直以来就是公共文化服务体系中的重要内容。

（一）构建数据库保护体系

利用现代数字媒体技术对非物质文化遗产进行保存、保护、宣传，构建专业数据库是非物质文化遗产保护最基础性的工作。近年来，重庆市和武陵山重庆片区各区县为摸清区域内非物质文化遗产的家底，花费大量人力物力对各地非物质文化遗产资源的分布状况、生存环境、种类、数量、保护现状及存在的问题进行调研，用录像、录音、文字、数字化多媒体等各种方式，对非物质文化遗产进行系统和全面的记录，抢救保护了一批非物质文化遗产的重要资料和珍贵实物，基本掌握了武陵山重庆片区非物质文化遗产的现状，获得了大量第一手资料，基本完成区域内非物质文化遗产普查和数据库的建设工作。如彭水县深入开展非物质

文化遗产项目普查、申报和建档工作，深入各乡镇（街道）开展登记、采访、记录、摄影、摄像等普查、建档工作。该县又成功申报并列入国家级非遗名录项目2项、市级非遗项目19项、县级非遗项目68项，三级名录体系进一步完善。

酉阳县推动"互联网+非遗"，将酉阳土家摆手舞、酉阳民歌、酉阳古歌及部分濒临消亡的非遗项目，拍录视频，进行数字化传承，解决传承活动空间和时间的矛盾。酉阳数字文化馆建设纳入文化部7个数字文化馆全国试点建设。通过创新文化服务方式，拓展文化馆发展空间，积极探索数字化、信息化时代背景下的数字文化服务方式，着力打造数字文化体验平台，为市民提供公共文化服务，满足群众多样化、多层次的文化需求[1]。

2014年，石柱县正式启动国家文化部"多媒体地方资源数据库"文化共享工程建设项目（巴盐古道）。"巴盐古道"多媒体资源库将以石柱县境内巴盐古道遗迹、遗址、文物、文献，以及渝鄂湘黔等地与之相关的资料为载体；以"巴盐古道"沿线的人文历史、古迹遗址和民俗风情等为内容；以《巴盐销楚》《盐路漫漫》《背夫壮歌》《这方水土》《千年遗道》《传说故事》《路上民谣》的专题影集为主题，来构建特色多媒体信息资源库。"巴盐古道"项目以其浓郁的武陵山少数民族特色、厚重的历史文化价值和民族发展研究价值获得国家级专家的一致认可[2]。

（二）构建传承保护体系

武陵山重庆片区各区县为有效保护和传承非物质文化遗产，采用多元化措施从传承人保护和传承空间建设等方面保护非物质文化遗产。

一是建立和完善传承人的保护制度，对国家级、省级传承人开展专门的调研活动，了解传承人的生活和传习活动，分析传承人文化传承活动的困境，采取有效措施消除文化传承的制约性因素，总结有效可行的传承人保护利用模式进行推广。以项目传承人为核心主体，积极为代表性传承人搭建互动平台，鼓励其参与各类活动，提升知名度，扩大传习范围；积极资助经费，支持奖励传承人开展收徒及传承培训等工作。2016年，酉阳县新增选市级非遗项目5项，新增第四批市级非遗代表性传承人18人，占全市新增数的14%，命名县级传承人31人。《高台狮舞》《哭嫁》《上刀山》《酉阳耍锣鼓》《酉阳花灯》5项成功入选第四批市级非遗名录。

---

[1] 酉阳县文化委：《重庆市酉阳县非遗保护工作呈现三大亮点》，重庆市政府网，2016年10月13日。
[2] 葛超、马文权：《石柱：土家文化大盘点　数字看出新发展》，新华网重庆频道，2014年12月26日。

二是加强传承阵地建设，以丰富的非物质文化遗产资源为依托，建立起专题的博物馆、展览馆、传习所和文化广场等，既有利于珍贵实物的收藏，又为非遗文化传承提供了活动阵地。目前，武陵山重庆片区建设了重庆市民族博物馆、武隆县博物馆、秀山花灯博物馆等对武陵山重庆片区民族民俗文物及代表作品进行收藏、保存、宣传与利用。至2016年，彭水县建成传统音乐国家级项目鞍子苗歌传习所、传统音乐市级项目诸佛盘歌传习所、传统音乐市级项目梅子山歌传习所、传统舞蹈国家级项目高台狮舞传习所、传统舞蹈市级项目庙池甩手揖传习所、郁山擀酥饼制作技艺传习所、彭水文武中学高台狮舞传习所和竹板桥土法造纸技艺传习所8个非物质文化遗产传习所。传习所不定期开展传承讲座和培训，定期组织人员走进校园宣讲相关知识，为广大非遗爱好者提供一个交流学习的良好平台。民众在走近并参与非遗项目传承学习之余，也能真正熟悉和了解彭水深厚的传统文化。传习所的成立，为推动该县非物质文化遗产的传承与发展、加强非物质文化遗产项目的保护与利用，进一步完善传承人保护机制，提供传承活动场地和为培养优秀非遗传承人打下坚实基础。秀山县共投资3800万元建设秀山花灯博物馆及原生态表演场，占地面积23亩，建筑面积9000多平方米，对首批国家级非物质文化遗产——"秀山花灯"文化进行系统展示，包括花灯的起源、发展、兴衰、所承载的文化内涵等，并通过文物实体、展板、图片、视频、表演等方式对"秀山花灯"进行全方位的呈现。

三是扶持和支持传习活动常规化，扶持、鼓励传承人开展形式多样的传承活动。依托各种文化活动和传统节日，组织传承人开展土家族摆舞、苗族踩花山等民族民俗活动，积极推荐非物质文化遗产传承人赴北京、重庆、上海，以及国外参加重大文化交流活动。黔江区每年设立200万元专项资金和总额1000万元的宣传文化基金，资助文艺精品创作和出版、民族文化品牌培育、非遗作品提升等文化发展项目，助力区内非遗文化保护实验区再上台阶。举办武陵山民族文化节、乡村文化节，开展特色文化之乡、民间工艺大事评选，每年举办特色文化乡镇文艺节目巡演、民间工艺展等9场以上，在各个乡镇开展非遗精品文化节目巡演60多场。同时，将非遗产物作为助农增收的重要产业，结合濯水古镇旅游开发，30余家绿豆粉产业打响濯水绿豆粉制作工艺市级非遗项目品牌。组建以1000名留守妇女为主的高幺妹土家手工刺绣专业合作社，产品远销国内外。南溪号子、帅式莽号、土家哭嫁等非遗文化在景区演出，帮助5000余名农民吃上"非遗饭"。

在本地积极引导非物质文化遗产进校园，纳入正规教育体系。酉阳四中（木叶吹奏）、可大新溪小学（摆手舞）争创为市级非遗传承教育学校；里都文化传播有限责任公司、酉阳子月苗族文化传播有限责任公司争创为市级非遗生产性保护基地。同时，开展非遗进校园、进景区、进社区等活动，非遗传承日趋常态化。黔江区发挥区内旅游职业学院、经贸职业学院和职业教育中心等大中专院校集聚优势，为弘扬民族文化建设机构、搭平台，成立民族文化研究中心常年开展民族文化挖掘、整理、传承和研究工作；组建民族文化艺术团参与区内大型活动及周边地区民族文化艺术交流活动，广泛宣传和弘扬民族文化艺术；在各校开设民族舞蹈、民族服饰、民族生态旅游等民族文化特色专业，培植稳定的区内外民族艺术类专业学生实习就业基地。学院（校）来自10余省市40余个区县的近12000名师生对土家、苗族文化知晓率达95%以上，深化了本土民族文化的认知和认同，增强了保护和传承意识。创作编排的《白虎神鞭赶太阳》在2012年全国职业院校教学成果展演上获得银奖，受到了教育部副部长鲁昕等领导的好评；大型民族歌舞诗《云上太阳》获得文化部、市级专家的高度肯定。

（三）构建区域文化保护体系

在武陵山重庆片区特色民族文化区域构建区域非物质文化遗产保护体系。通过民族文化村寨和艺术之乡命名、民族文化生态博物馆建设以及民族文化生态保护区工作，对文化遗产进行系统性保护。有计划地制定科学的保护规划和详细的保护方案，对文化遗产丰富和文化生态保存较完整的区域进行整体性保护。积极论坛、筹建渝东南文化生态保护区，对区域内自然生态环境、人居环境、农耕环境进行保护，保持和延续农耕文化、生活习俗、价值观念等在内的传统文化，达到动态地保护非物质文化遗产的目的。

2014年8月，武陵山重庆片区（渝东南）土家族苗族文化生态保护实验区被文化部正式批准为国家级文化生态保护实验区。渝东南各区县携手打造"武陵山（渝东南）土家族苗族文化生态保护实验区"。黔江区将渝东南文化生态保护实验区建设列入黔江区"十三五"和生态文明城市建设总体规划中，建立南溪号子传承培训表演基地、小南海民族风情区、濯水古镇民族文化展示一条街等20余项民族文化生态保护建设项目库。累计投资4000多万元建成小南海土家族文化生态博物馆。每年设立200万元专项资金和总额为1000万元的宣传文化基金，助力区内非遗文化保护实验区建设。拟定市级非遗项目生态传承基本方案，推行非物质文化遗产保护传承"123"工作模式，为每一个传承项目出台一套政策，建立"动态保护"和"静态保护"两个保护模式，打造"传承基地、传承舞台、传承人"的三个传承体系。已建立8个传承基地，组建38支共计4000余人的传承队伍。国家级非物质文化遗产"南溪号子"、展示黔江风土人情和弘扬传承黔江优秀民族文化的电视连续剧《侯天明的梦》、大型民族歌舞诗《云上太阳》等作品实现了从区到市、走出国门的三级跨越。

酉阳县按照"保护为主、抢救第一、合理利用、传承发展"的工作方针，不断加强非遗保护与传承工作，打造和提升非遗品牌。酉阳县属中国传统村落增至17个，占全市总数的26.9%。酉水河镇河湾村，苍岭镇大河口村等4个传统村落获2014年第一批中央财政支持①。酉阳县可大乡新溪小学、酉阳四中分别获市级评审为"摆手舞""木叶吹奏"非物质文化传承教育基地；酉阳里都文化传播有限责任公司、酉阳子月苗族文化传播有限责任公司获评审为"酉阳西兰卡普传统制作技艺"非物质文化遗产生产性保护示范基地，实现市级非遗生产性保护示范基地、非遗传承教育基地零的突破。以"摆手舞"项目荣获文化部命名为"中国民间文化艺术之乡"。组建一支土家摆手舞表演队伍，聘请武汉大学专业舞蹈老师在保留可大乡原生态摆手舞核心元素的基础上重新创编，创作原生态土家摆手舞节目——《摆手毕兹卡》，并首次亮相全市第三届社区文化节。同时，结合推进政府购买公共演出服务，在全县遴选一支以具备专业演出资质，依法登记成立并具有独立承担民事责任能力的演出团体予以重点扶持和培育，民间团体侧重土家摆手舞的普及和推广，重点组织开展摆手舞进社区、进学校、进机关、进村社活动。

三、发展特色文化产业

武陵山重庆片区有较为丰富的历史文化、红色文化、民俗文化等特色文化资源，富有地方特色的民族文化资源能够满足文化产业"一地一品"式开发，如桃花源、石柱土司遗址、龚滩古镇、龙潭古镇、苗族村寨、南腰界区红色文化旧址等。利用丰富的地区文化资源扶持、支持特色文化产业，并将发展特色文化产业作为文化扶贫工作的突破口和切入点，可以促进区域文化事业的繁荣和居民思想素质的提升，对整个地区经济社会可持续发展有着巨大的推动作用。

黔江区将文旅融合发展内容纳入全区"十三五"发展规划编制中，以实现文化资源与旅游资源按地域相近、文脉相承、内涵相关、业态相关、特色各异原则规划布局。统筹推进文旅融合发展示范项目的软硬件建设，注重民族文化、宗教文化及历史文化旅游的有机融合。打造南溪号子、后河古戏、向氏武术、西兰卡普编织等非物质文化遗产品牌，并融合景区形成参与性、互动性强的文化旅游项目。以重庆市民族歌舞团为载体，精心打造出《云上太阳》《母亲的火塘》等体现地方文化特色的精品旅游演出节目。结合景区的文化内涵，创作了《小南海渔歌》《濯水谣》《黔江音画》等词曲作品；充分利用电视连续剧《侯天明的梦》

---

① 住房城乡建设部等：《第一批中国传统村落名录》，中国传统村落网-国家名录。

黔江拍摄基地，加大重点景区宣传推介。在重庆电视台黄金时段投放黔江文化旅游主题形象宣传片，力争通过文化艺术创作和现代传媒市场展示黔江文化和旅游产业的形象。建立健全文旅融合发展机制，设立3个旅游景区管委会，建立文化旅游联席会议制度，定期召开专题会议，研究解决文化旅游融合发展的重大问题，积极探索推进文化与旅游融合发展的新思路、新方法、新措施，切实实现旅游与文化互通有无、互为利用、互相促进、共同繁荣。

丰都县以"定机制、广宣传、重培育"战略多措并举助推文化产业发展，推行文化产业的全过程管理和全程协调服务的工作机制，与工商局、旅游局和统计局联动，实施县内文化企业"证照"注册全程协调代办制，实现文化微企一条龙服务和全方位服务。打造"三微"宣传平台，建立和开通了"重庆丰都"微信公众号和微信群，多种渠道宣传造势，大力推介文化产业。共培育文化创意企业125家，实现收入1875万元。全年放映电影286部、9266场次，实现票房收入478万元，营业收入650万元。

武隆县深入挖掘文化资源做强"三大品牌"，即做响旅游招牌、做精文化名片、做特赛事品牌。武隆县大力发展文化旅游产业成为国家级旅游度假区，是全国唯一同时拥有世界自然遗产、国家5A级景区、国家级旅游度假区三大品牌县。2012年上映、2016年改版升级的"印象武隆"被授予"重庆市最具观赏价值的旅游重点项目"和"重庆市非物质文化遗产传承基地"，成为全市文旅融合的一张靓丽名片。"川江号子世界行"，受央视著名主持人李思思的推荐参加了《中国民歌大会》的录制，走进北京、成都等国内城市，走出国门到泰国，普遍受到欢迎。结合旅游产业发展，成功举办13届国际山地户外运动公开赛，成为世界排名第一的国际性户外运动A级赛事。常年举办国际徒步越野赛、仙女山国际露营音乐节、风筝节、芙蓉江龙舟挑战赛等文体赛事节庆活动。

第三节 武陵山重庆片区公共文化服务存在的问题及原因分析与对策建议

近年来，在重庆市委市政府的领导下，武陵山重庆片区各区县共同努力下，区内公共文化服务事业得到了迅猛发展，但是，课题组在实地调研中也发现，公共文化服务财政投入局限、城乡发展不均衡、基础设施布局不合理、乡村人们文化需求转变等诸多现实性问题。对于公共文化服务的现实问题，我们必须究其根源，弄清问题实质，才能做到有的放矢，提出适合于武陵山重庆片区乡村公共文化服务问题的解决方案，促进贫困地区公共文化服务对于反贫困事业的巨大促进作用。

一、武陵山重庆片区公共文化服务存在的问题及原因分析

（一）公共文化服务投入渠道单一且投入不足

尽管中央、重庆市及各区县各级财政都加大了对公共文化服务的投入，但从武陵山重庆片区各区县公共文化服务需求总量来看，仍然显得不足。文化事业建设费在各级财政的总支出中仍只占有较低的比重。2015年，武陵山重庆片区各区县文化体育和传媒建设费支出仅占财政支出的1.14%，绝对数为36929万元[1]。而乡镇村级投入更少。

从投入渠道来看，由政府主导的财政是公共文化服务建设费支出的绝对主力，而有限的地方财政难以大幅度地提升对文化建设费的支出。大多数县和乡镇文化单位工作经费处于低水平状态。经费不足严重制约着各文化单位文化服务的影响力和功能的正常发挥。

武陵山重庆片区各区县都建有图书馆，但这些图书馆多建设于20世纪50年代，馆舍面积较小，藏书量也少，并且馆藏图书更新力度不够，不能满足服务区域内的群众阅读需要。至2016年底，武陵山重庆片区人均图书藏有量仅为0.23册，仅相当于全国水平0.46册的50%，见表7-3。

表7-3　2016年武陵山重庆片区各区县图书馆馆藏图书情况

地区	总人口（万人）	图书馆个数（个）	馆藏图书量（万册）	人均图书（册）
黔江	55.41	1	30.42	0.55
丰都	83.04	1	14.28	0.17
石柱	41.44	1	22.81	0.55
秀山	54.76	1	6.9	0.13
酉阳	66.69	1	14.48	0.22
彭水	85.35	1	7.01	0.08
武隆	70.29	1	8.38	0.12
片区	456.98	7	104.28	0.23

资料来源：2016年《重庆统计年鉴》。

---

[1] 重庆市统计局：《重庆统计年鉴2016》，中国统计出版社2016年版。

大多数乡镇综合文化站由于经费紧缺，文化建设费的财政预算仅能保证文化单位工作人员的基本工资和单位的正常运转经费，但举办中型以上的文化活动则需要重新申请。每年除了国家要求的免费开放项目之外，均不能独立举办一次大型或中型文化活动。

博物馆数量及开展活动更少。武陵山重庆片区的7个区县，仅有博物馆4个，且博物馆主要功能为收藏文物，很少开展公益性文化服务。2016年，重庆市文化委员会公布的重庆市博物馆纪念馆总数为78个，武陵山重庆片区7个区县博物馆仅有4个，即重庆民族博物馆（黔江）、武隆博物馆（武隆）、赵世炎烈士纪念馆（酉阳）和万涛烈士纪念馆（黔江），占比仅为5.13%。

武陵山重庆片区文化事业投入不足，文化服务供给主体单一，究其根源在于：一是受政府主导的财政供养制度影响，文化服务供给的主体绝大多数是政府体制内的文化单位，多元供给主体系统尚未建立；二是各区县地方财政能力有限，每年文化投入绝对数量一直在增长，但总体上仍然是基数小，不能支持文化单位和文化活动开展所需要的巨额需求；三是虽然近年来，各区县政府加大了政府购买文化服务的力度，但仍然没有建立起文化服务交易的有效市场。

（二）公共文化服务基础设施薄弱且利用率低

武陵山重庆片区各县乡镇村公益性文化单位面积狭小，设备紧缺。按照国家关于公共图书馆、综合文化站的建设标准，大部分县的公共图书馆和乡镇综合文化站均未达到国家1500平方米和2000平方米的最低标准。图书馆缺乏图书和电子设备，文化馆缺乏文艺设备，"三馆一站"所开放的免费文化项目和活动难以吸引广大群众。现存博物馆设施设备老化，设备更新不足，没有足够的通风和空调设施，安全监控系统缺乏。由于馆藏文物量不足，展出单一，不能较好地让群众和外来游客了解本地历史与文化。

大部分乡镇文化站处于空壳状态，由于缺乏经费，以及场馆设备老化和不足，文化活动开展往往需要临时筹资，使文化服务活动受到极大的限制。一方面，鉴于国家加强乡镇综合文化站的需要以及国家标准的出台，各区县政府在"十二五"期间加大综合文化站的改造和建设力度，仅仅达到国家需要的最低线。但是，场馆设备设施老化与不足现象仍然十分严重。另一方面，武陵山重庆片区是较为典型的山地，交通不便。乡村人口居住分散，没有便利的出行条件，乡镇综合文化站都处于乡镇集市，其辐射范围远远超出文化设施布局所预期的半小时可达的直线距离。

文化设施数量不足、服务内容没有吸引力以及农民自身文化活动喜好意愿不足，使乡村文化服务直达性较差，公共文化服务场馆也因此受冷落。如近年来各区县政府和图书馆系统一直推行"全民阅读"活动,在县公共图书馆开展读书活动或系列讲座,经常送图书下乡,在乡村组建设农家书屋。但是,乡村实际情况是有知识能识字的青壮年大多出门打工,留置守人员也都忙于农活,很少进入书屋,政府花大力气建设起来的乡村文化供给系统并没有让农民有获得感。另外,在乡村生活的老人和小孩也不太喜爱农家书屋的时政和农技书籍,而且有些农村实用技术并不适合在武陵山区推广。

(三) 城乡公共文化服务不均衡

城市与乡村在经济结构、人口集聚、公共设施等多方面存在较大差距。近年来,武陵山重庆片区在重庆市委市政府的主导下,统筹城乡发展,致力于消除前期城乡二元结构所带来的不良影响,各区县在经济发展、公共服务方面都做好城乡统筹发展规划,城乡发展虽然取得了喜人成就。但是,城乡公共服务基础设施分布以及公共服务投入仍然存在着较大的城乡差别,区县各城市、县城的公共文化设施拥有量占到区域的一半以上,乡镇次之,而村组更少。以丰都县为例,全县仅有一个县级公共图书馆,建筑面积3425平方米,馆藏书总量4万册。图书馆容量小、图书陈旧、座位有限,无法满足群众阅读和查阅资料的需要。图书馆门可罗雀,偏远乡村的人想要看书或借书需要走几十里或上百里路才能到达图书馆,即使到了图书馆,也不能保证能借到自己所需要的图书。

目前,文化建设中人力资源和物质资源很难在城乡之间进行自由流动。而这些现象产生的原因,还在于政府在制定公共文化政策时习惯地把城市和乡村分开看待,使文化服务人才、文化服务项目以及文化服务重要资源流动十分困难,缺乏有效的制度来保障和实现城乡一体化的统筹安排和合理配置。政府的文化公共投入也在城乡二元结构的影响下,侧重于城市,城市人口集中且群众文化水平较高,保障文化权益的话语权伸张较好,公共文化服务设施和项目的利用率也相对于农村要高。而贫困乡村则往往是地处偏远,人烟稀少,交通不便,即使有较高的财政投入,也难以收到较好的效果,再加上乡村群众对公共文化服务知识偏低,配合文化服务工作意愿不足,导致公共文化服务在贫困偏远乡村的工作效率低,财政投入仅能在较小的范围内改变公共文化设施不足的作用,而较之于城市,则很难收到预想中的成效。

(四) 公共文化服务队伍专业化水平低

武陵山重庆片区各乡镇文化站、文化活动中心的工作人员队伍不稳,一些乡镇综合文化站的管理人员都是由乡镇干部兼职,相对于其他事业单位,文化是一个创利少的"清水衙门",工作人员工资福利待遇偏低。一些基层文化单位机构、编制、经费等问题长期得不到解决，影响基层服务人员的正常工作和服务水平。乡村公共文化服务队伍人员数量和专业素质偏低，知识水平不高，观念相对落后，高中级人才总量严重不足，人员结构不合理，专职人员及有特长的人少，缺乏专职管理人员，高素质的具有领导能力的专业人才尤其匮乏，难以适应新时期基层文化服务的需要。而区县政府和文化管理部门，长期以来忽视对乡镇村各级文化人才的培训和继续教育，基层文化工作人员长期缺乏有效的培训，知识水平无法与时俱进提升，直接导致文化机构的服务水平和服务能力不强，工作方式保守、落后，文化创新意识弱。

（五）乡村公共文化供给不适应需求特征变化要求

随着武陵山重庆片区乡村经济水平的不断提升，公共文化需求也随着人们生活水平提高而发生改变，对于精神文化和实现自身文化权利的诉求较为强烈。通过课题组对乡村人们样本的访谈与问卷发现，武陵山重庆片区乡村文化需求出现了层次化、多样化、生活化和网络化的发展特征。总体上，公共文化的传统供给方式已不能满足公众对文化的需求变化。

层次化特征表明不同的人群对文化需求有明显差异，其中，20~40岁阶段的人群对文化需求强烈；40岁以上的人群文化需求较弱；文盲和小学生程度对文化需求较弱和单一；初中及以上文化程度的人群对文化需求比较强烈；党员干部比一般群众文化需求更强烈；人们收入越高对文化需求越强烈。受传统文化和现代文化的双重影响，人们对各种文化形式需求的态度也不一样。乡村文化多样化特征显示，乡村文化消费以广播电视为主，以网络、报刊传播、跳广场舞为辅。人们更喜欢通俗易懂的、具有乡土特点的、贴近自己生活的文化产品。调查问卷数据表明，有83%的人喜欢本地特点的民族民间文化，尤其喜欢摆手舞、看戏、舞狮、山歌等文艺形式。农民对歌剧、交响乐等离自己生活太远的文化不感兴趣，更喜欢节庆和文化活动中形式多样、活跃的群众性文化，如游艺、棋牌等。由于移动网络终端的推广与普及，网络化的休闲活动逐渐成为文化消费的热点。人们熟悉的QQ、微信等成为人们交流、休闲娱乐的新方式。

二、武陵山重庆片区公共文化服务与反贫困联动发展的建议

（一）加快构建现代公共文化服务体系

继续统筹推进公共文化服务均衡发展，促进基本公共文化服务标准化、均等化。贯彻落实《重庆市基本公共文化服务实施标准（2015~2020）》，完善和合

理布局公共文化服务基础设施，整合公共文化服务领域的资源，按照重庆市基本公共文化服务实施标准的量化指标，建设"农村（行政村）半小时、城市（社区）十分钟步行距离为半径"的文化服务圈。推动与城乡统筹发展相适应的文化馆、图书馆、博物馆、美术馆等类型的公共文化服务设施，开展读书看报、听广播、看电视、看电影、送演出、开放文化设施等服务，保障群众文化权益。根据人口数量、交通状况，均衡配置城乡公共文化服务资源，促进城乡文化交流。巩固送书、送展览、送电影等公共文化服务下乡的常态机制，强化"结对子、送文化"帮扶活动，促进城乡文化一体化发展，坚持向特殊群体提供相应的专题培训、无障碍设施、民营博物馆免费开放、图书乐器赠送、回乡订票等公共文化服务，体现人文关怀。

优化区县—乡镇（街道）—村（社区）三级公共文化服务体系，配齐编制，确保乡镇（街道）村（社区）有专人负责公共文化服务。丰富公共文化产品和服务供给，在巩固统筹实施文化惠民工程的基础上，结合地方需求，促进文化服务融入群众生活。设立公共读物投放点，推进城乡广播电视公共服务体系均等化、一体化、标准化建设，办好重要常设性和专题性、专业性文化艺术节以及公益演出。创新公共文化服务方式和手段，努力构建互联互通的服务体系和全社会参与的格局，实现公共文化服务数字化、社会化。加快公共文化互联网建设，推进公共文化服务化、标准化，继续开展"流动文化工程"进村，打通公共文化服务"最后一公里"。

（二）建立公共文化服务多元供给主体

统筹城乡公共文化服务体系建设，在推进城市文化建设的同时，将文化政策、设施建设和财政投入向贫困乡村倾斜。

适度引入市场机制，促进公共文化服务提供主体和方式多元化，鼓励部门、学校、企事业单位等内部文化设施向公众开放，吸纳社会力量兴办实体、赞助活动、捐资捐物等方式，参与公共文化服务，形成政府主导、企业赞助、协会承办、部门支持、全民参与、以城带乡、城乡互动的格局，不断提升公共文化服务水平。

政府加强与民间团体和企业的合作，丰富公共文化产品的内容和形式，遵循文化市场规律，在市场经济条件下培育民间文化企业，以减轻地方财政压力。乡村要依托自身特色资源和优势，因地制宜建设有特色的县域文化产业，优化产业结构，提升经济发展水平。适时引导贫困乡村突破自身条件限制，转变思想观念，强化文化创新，结合当地优势产业打造具有地方特色的公共文化服务及产业，培育文化市场主体，满足人民日益增长的物质需求和精神需求。

（三）挖掘和培育特色浓厚的地区优秀传统文化

大力发展地域特色文化，实施武陵山重庆片区文化整理和文化研究工程，建构渝东南"山水"（武陵山、乌江流域）文化谱系；以武陵山、乌江流域风土人情、人文地理等为题材，积极创作文学、舞蹈、音乐等文术精品，打造地方文艺品牌。

加强非物质文化遗产保护利用，加快构建非遗活态传承体系。进一步做好区域内非遗普查工作，扎实开展非遗项目保护、非遗展和数据库馆建设。鼓励非遗传承人结合非遗的不同类型、不同特点，按照传统习俗开展传承和宣传，参与非遗"文化+"的旅游建设。加强高校、科研院所、传承人、企业等多家协同创建非遗创意研发中心，深入挖掘武陵山重庆片区乡土文学、民歌、舞蹈、民俗节会等，打造和申报中国"民间文艺""艺术之乡"。立足渝东南生态文化保护试验区建设，主动融入三峡库区、乌江流域文物保护单位、传统村落、乡土民居等整体保护，形成文化、自然、社会协调发展的生态文明体系。

（四）加快公共文化服务人才队伍建设

营造有利于优秀人才培养的体制、机制和社会环境，促进公共文化服务单位人员结构优化改善。一是鼓励广大文化工作者深入群众实际生活，充分了解乡村群众的各类文化需求，把握地方文化工作特点，提升新时期基层文化工作能力与水平。进一步明确乡镇综合文化站的工作职责和阵地地位，着重解决专职文化站长和村文化活动中心文化管理员的配备、使用和待遇等问题，保持基层文化人才队伍的稳定。二是注重基层文化人才队伍的专业能力培养，建立健全在职公共文化服务工作者业务培训和继续教育制度，针对不同岗位人员的具体情况，确定培训内容。充分依托各类院校，鼓励文化单位与高等学校通过联合办学、定向培养、在职进修、出国培训等多种途径培养文化的急需人才。三是完善人才选拔和激励机制。公开、平等、择优选拔优秀人才进入公共文化服务队伍，通过提高待遇、政策倾斜等优惠条件留住年轻高素质人才。充分发挥基层文化骨干、地方文化名人效应，加强乡村业余文艺演出队、文化中心户等业余队伍建设。同时，大力招募和发展文化志愿者，增加乡村公共文化服务队伍的活力。

第八章

能力、就业机会与经济贫困

就业服务一直是反贫困事业的重要措施,20世纪90年代以来,国际关于贫困人口的救助越来越超越个体的生存范畴,趋向于向贫困人口提供就业机会和创造有利的就业条件。解决就业和再就业问题,是政府和社会长期探索的重大问题之一,它关系到国家和地方经济社会的发展大局,也是有效改善贫困人口经济条件最直接的方法。

第一节 就业服务与经济增长

一、就业与经济贫困解析

就业是指一定年龄阶段内的人们所从事的,为获取报酬或经营收入所进行的活动。西方经济学家普遍认为,就业与经济增长是一种良性互动的关系。如亚当·斯密在《国民财富的性质和原因的研究》认为,经济增长和就业增加是正比例关系[1]。劳动数量增加和劳动质量提高会促进国民财富的增长,收入和资本增加也会增加对劳动力需求。大卫·李嘉图认为,税收来自收入,为了促进国家财富增长,必须扩大劳动数量和提高劳动生产率[2]。

美国经济学家阿瑟·奥肯认为,失业率与实际GDP之间存在着联系,提出著名的"奥肯定律",即"失业率每高于自然失业率1%,实际GDP便低于潜在

---

[1] [英]亚当·斯密著,郭大力、王亚南译:《国民财富的性质和原因的研究》,商务印书馆1972年版。

[2] [英]大卫·李嘉图著,郭大力、王亚南译:《政治经济学及赋税原理》,北京联合出版公司2013年版。

GDP2%"。假定失业率为8%，比自然失业率高2%，实际GDP就比潜在GDP低4%[①]。从中国的实际情况看，自20世纪80年代以来，我国经济年平均增长率达到9.4%，但是，高经济增长并没有创造出人们期望的就业岗位数量。1985~1990年，我国GDP年平均增长率为7.89%，就业平均增长率为2.61%；1991~1995年，我国GDP增长率为11.56%，就业增长率为1.23%；1996~1999年，我国GDP增长率为8.30%，就业平均增长率为0.96%[②]。数据显示，1991年以后，我国GDP增长对就业的拉动作用明显降低。"奥肯定律"在中国实践分析中出现变异，从中也反映出中国经济发展的特殊性，即中国经济距离良性发展有着一定差距，在产业结构、劳动力构成、经济改革等多重因素影响下，出现GDP逐年增长、而人口就业却呈下降的趋势。

2016年度人力资源和社会保障事业发展统计公报显示，2016年末，全国就业人员达到77603万人，比上年末增加了152万人；其中，城镇就业人员为41428万人，比上年末增加了1018万人。2012~2016年，城镇新增就业人数分别为1266万人、1310万人、1322万人、1312万人和1314万人，城镇登记失业率连续5年控制在4.1%以内。2016年末，城镇登记失业率更是达到多年来的最低，为4.02%。全国就业形势保持稳定，第三产业持续成为吸纳就业的主力军。同时，劳动者工资水平也稳步增长。2016年，全国城镇非私营单位就业人员年平均工资为67569元，比上年增加5540元，增长8.9%。城镇私营单位就业人员年平均工资为42833元，比上年增加3244元，增长8.2%。外出农民工人均月收入水平为3275元，比上年增加203元，增长6.6%[③]。

我国学者对就业服务与经济增长关系的认识主要集中在三个方面。一是"奥肯定律"理论的引入与实证研究。一些学者通过宏观数据分析，认为我国经济高速发展，但失业率也在攀升，中国经济发展偏离了"奥肯定律"。二是通过就业弹性系数来研究经济发展与就业的两者关系。就业弹性系数是就业人数增长率与GDP增长率的比值。即GDP增长1个百分点带动就业增长的百分点，系数越大，吸收劳动力的能力就越强，反之则越弱[④]。研究结果表明，我国就业弹性比较稳定，影响其波动的主要因素在于劳动力技术水平、政策制度、经济增长方式和产

---

① 方福前、孙永君：《奥肯定律的五种版本及其不一致性》，载《江汉论坛》2010年第10期。
② 赵淑兰：《"奥肯定律"折戟中国：GDP与就业不存绝对线性关系》，中国经济网，2014年10月28日。
③ 中华人民共和国人力资源和社会保障部：《2016年度人力资源和社会保障事业发展统计公报》，http://www.mohrss.gov.cn/SYrlzyhshbzb/zwgk/szrs/tjgb/201705/t20170531_271671.html.
④ 池碧云：《从就业弹性系数来看我国的就业增长》，载《统计教育》2006年第4期。

业结构调整等①。三是以我国具体地区的经济发展现状和就业实际,学者们有针对性地提出了促进就业的政策建议、策略和措施。如完善就业促进政策、提高劳动者素质、发展中小企业和民营经济、促进第三产业发展以及建立和完善劳动力市场等②。

从某种程度上说,中国现阶段反贫困事业面临最大的问题就是贫困人口充分就业问题。在现阶段及未来阶段的时期内,具有庞大数量的农村剩余劳动力需要转移,和近阶段不断增加的城镇失业人员,尤其企业分流人员带来的城乡就业冲突问题,会更为集中表现出来。而城乡就业冲突主要表现在庞大的城乡劳动力供给对有限的就业机会的争夺上。从农村剩余劳动力的发展变化看,在相当长的一段时期内,农村剩余劳动力会持续增加。目前,中国农村剩余劳动力的总规模在1.5亿人左右,而随着劳动力数量的持续增加,剩余劳动力的绝对量也将不断增加。

二、就业服务与贫困救助研究进展

从贫困角度来看,就业缺失是导致贫困的根源。阿玛蒂亚·森认为,贫困意味着贫困人口创造收入的能力和机会的缺失。奥本海默也认为,贫困是物质、社会和情感的匮乏,而最基本的贫困则在于食物、保暖方面的支出少于平均水平,而获得食物、衣物等物质则需要充分的就业。

对于贫困的救助,现代社会多采用就业激励和就业援助等方式来解决。17世纪,欧洲开始出现国家济贫制度。英国在1601年颁布了《伊丽莎白济贫法》(The Elizabeth Poor Law),该法案就侧重了就业激励,其三项基本措施中有两项就是促进就业,如对有劳动能力的人提供劳动场所,组建"贫民习艺所",组织穷人和孤儿学习就业技能③。美国对于贫困救助的法案体现在罗斯福总统的《新政》(New Deal)和约翰逊总统的《贫困战争》(War of Poverty)。罗斯福新政将充分就业作为法案要解决的首要目标,倡导把劳动与社会救助结合起来,用"以工代赈"的办法招募劳动者参与基础设施建设;约翰逊的《贫困战争》强调"平等"的民权法案,希望通过消除人为不平等,创造人人平等的就业机会④。

英国学者威廉·贝费里奇对现代社会贫困救助进行了系统研究后提出"社会保障计划",倡导了劳动和充分就业的社会救助意义,救助是"一个以劳动和缴费为条件,保障人们维持生存所必需的收入,以便使他们可以劳动和继续保持劳

---

① 张本波:《我国就业弹性系数变动趋势及影响因素分析》,载《经济学动态》2005年第8期。
② 丁守海:《中国城镇发展中的就业问题》,载《中国社会科学》2014年第1期。
③ O. William Farley, Larry L Smith, Scott W. Boyle, Introduction to Social Work. A Uyn & Bacon, P. 18.
④ 乐章:《社会救助学》,北京大学出版社2008年版。

动能力的计划"①。针对社会福利的缺陷,工作福利(workfare)在20世纪80年代被欧美国家所倡导,其目标是打破和防止福利依赖,"有就业能力的福利接受者在享受援助时,应当提供服务劳动"②。工作福利制度明确规定了救助制度与劳动就业的机制关联,倡导受助者通过劳动获得救助资格。在救助方式和内容方面,以提供教育和技能培训作为重点,并实施公共就业保护政策和扶持措施。

我国通过就业服务解决贫困问题在政策和实践上取得了瞩目的成就,基本建立起了以城乡最低生活保障制度为主体,多项具体救助项目为辅的贫困救助体系,而这一体系存在着"生存性贫困救济局限",因没有促进劳动者就业自救的制度内容,在事实上维持和制造了一个贫困阶层。③ 有学者认为,我国现行贫困救助制度缺失就业激励机制,专项救助对象偏差强化劳动就业负激励,以及缺乏生存保障与就业联动机制等,同时,城乡一体化的就业援助制度尚未破题,就业援助缺乏稀世之珍性和制度性安排④。面向有劳动能力的贫困人群建立就业援助、就业激励等的就业服务制度,以"发展型救助"为理念建立生存保障与就业激励有效衔接的机制,为劳动就业提供尽可能多的机会、手段和能力性援助。

第二节 武陵山重庆片区就业情况分析

武陵山重庆片区地处山区,囿于自然环境、高度依赖传统农业的生计状况,导致地缘性贫困和生态贫困发生。贫困人口越来越集中于农业自然资源匮乏、生态环境不适宜种养业发展的地理空间,因而,对于武陵山重庆片区贫困人口的就业服务重点在于劳动力流动服务和发展本地劳动密集型服务产业。

一、武陵山重庆片区劳动力现状

劳动力指有劳动能力的人口。人力资源管理部门将其定义为"在一个国家或地区的人所具有的对价值创造起贡献作用并且能够被民利用的体力和脑力的总

---

① 孙柄耀:《当代英国瑞典社会保障制度》,法律出版社2000年版,第120页。
② Judith M., Gueron & Patricia Auspos Encyclopedia of Social Work, 18th Edition. Maryland, NASW Press, 1987, P. 896.
③ 洪大用:《社会救助的目标与我国现阶段社会救助的评估》,载《甘肃社会科学》2007年第4期。
④ 李乐为、王丽华:《就业激励和援助:贫困救助制度演进和优化的基本取向》,载《甘肃社会科学》2011年第3期。

和"①。本书研究的劳动力将其限定为就业和劳动管理的对象主体，即是"具有劳动能力，从事一定社会劳动并取得相应劳动报酬或经营性收入的公民"②。统计口径为 18~60 周岁的城乡劳动者。

（一）劳动力资源总量

表 8-1 的数据显示，2016 年底，武陵山重庆片区年末总人口为 456.98 万人，劳动力总量为 274.24 万人，劳动力占总人口的比例为 60.01%，见表 8-1。

表 8-1　　2011~2016 年武陵山重庆片区人口与劳动力总量统计

年度	项目	黔江	丰都	武隆	石柱	秀山	酉阳	彭水	片区
2011 年	总人口（万人）	54.13	84.21	41.31	54.45	65.06	83.94	68.54	451.64
	劳动力总量（万人）	32.81	49.68	24.68	32.71	38.73	47.89	39.38	265.88
	比重（%）	60.61	58.99	59.74	60.07	59.53	57.05	57.46	58.87
2012 年	总人口（万人）	54.51	83.62	41.31	54.69	65.54	84.48	69.08	453.23
	劳动力总量（万人）	33.05	49.62	24.59	32.87	39.08	48.4	39.64	267.25
	比重（%）	60.63	59.34	59.53	60.1	59.63	57.29	57.38	58.97
2013 年	总人口（万人）	54.89	83.53	41.45	54.79	65.98	84.97	69.7	455.31
	劳动力总量（万人）	33.48	49.79	24.7	33.14	39.72	49.12	40.28	270.23
	比重（%）	60.99	59.61	59.59	60.49	60.2	57.8	57.79	59.3
2014 年	总人口（万人）	55.33	83.36	41.54	55.02	66.46	86.04	70.25	458
	劳动力总量（万人）	33.78	49.83	24.82	33.4	40.28	49.52	40.94	272.57
	比重（%）	61.05	59.78	59.75	60.71	60.61	57.55	58.28	59.51

---

① 董克用：《人力资源管理概论》，中国人民大学出版社 2011 年版，第 5 页。
② 常凯：《中国劳动关系报告》，中国劳动社会保障出版社 2009 年版，第 65 页。

续表

年度	项目	黔江	丰都	武隆	石柱	秀山	酉阳	彭水	片区
2015年	总人口（万人）	55.05	82.9	41.43	54.66	66.21	85	69.81	455.06
	劳动力总量（万人）	33.69	49.74	24.78	33.25	40.37	49.09	40.89	271.81
	比重（%）	61.2	60	59.81	60.83	60.97	57.75	58.57	59.73
2016年	总人口（万人）	55.41	83.04	41.44	54.76	66.69	85.35	70.29	456.98
	劳动力总量（万人）	34.07	49.8	24.89	33.42	40.86	49.69	41.51	274.24
	比重（%）	61.49	59.97	60.06	61.03	61.27	58.22	59.05	60.01

资料来源：2012~2017年《重庆统计年鉴》。

（二）劳动力来源构成

调研结果显示，武陵山重庆片区劳动力来源与全国劳动者来源基本相同。一是农民和农民工。农民是户籍在武陵山重庆片区各区县能够承包土地的农业劳动者；农民工则是受雇于社会组织（企业等）从事非农劳动的农民。二是毕业学生，包括初高中、中专（职）和大学毕业生，从学校毕业后在武陵山重庆片区各区县城乡从事劳动。三是改制企业的转制职工。劳动力的主要来源以当地居民为主，外省市较少，各区县劳动力移动以外出为主。

（三）劳动力变化趋势

受国家计划生育政策的影响，武陵山重庆片区人口增长平缓，劳动力数量增长不快。2011年，武陵山重庆片区各区县劳动总量为265.88万人；2014年，出现拐点，达到272.57万人；2016年底，在籍劳动者数量为274.24万人，增幅为3.14%，见图8-1。

受益于经济发展、教育和文化事业发展，武陵山重庆片区城乡劳动者素质得以显著提升。数据显示，重庆市劳动力学历水平大幅提升，新生代劳动者中平均受教育年限为9.3年，大部分劳动者接受过职业技能培训。

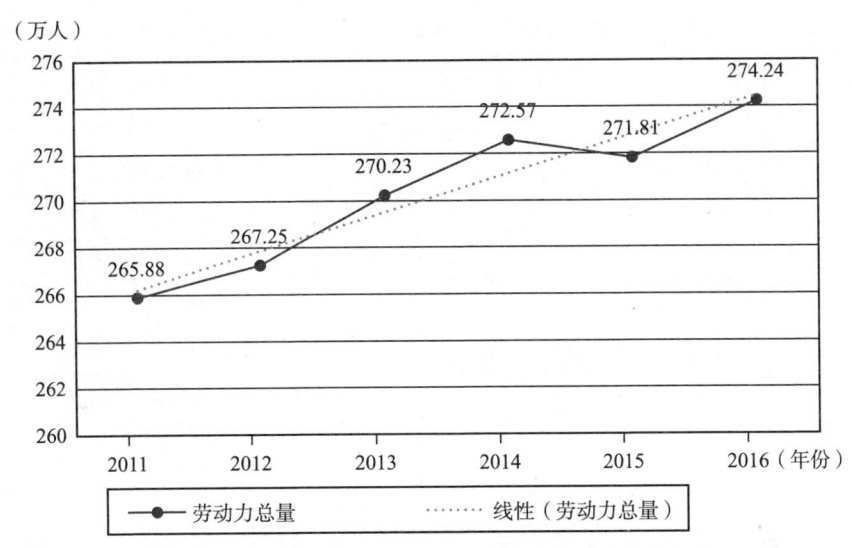

图 8-1　2011~2016 年武陵山重庆片区劳动力变化趋势

资料来源：2012~2017 年《重庆统计年鉴》。

从劳动力就业转移的特征看，从农村向城市转移，从第一产业向第二产业、第三产业转移趋势明显。1996 年，重庆市城镇人口为 848.21 万人，农村人口为 2027.09 万人；2000 年，重庆市城镇人口为 1013.88 万人，农村人口为 1834.94 万人；2005 年，重庆市城镇人口为 1265.96 万人，农村人口为 1532.05 万人；2010 年，重庆市城镇人口为 1529.55 万人，农村人口为 1355.07 万人；2014 年，重庆市城镇人口为 1783.01 万人，农村人口为 1208.3 万人；2015 年，重庆市城镇人口为 1838.41 万人，农村人口为 1178.14 万人；2016 年，重庆市城镇人口为 1908.45 万人，农村人口为 1139.98 万人[①]。从以上数据可以看出，有城镇人口数量不断增加、农村人口递减的趋势，并且在 2005 年，城镇人口超过了农村人口。

2011~2016 年，武陵山重庆片区常住人口呈下降趋势，由 2011 年的 345.84 万人减少到 2016 年的 331.58 万人，净减 14.26 万人，减幅为 4.12%；而城镇人口则稳定增长，由 2011 年的 112.12 万人增长到 2016 年的 130.78 万人，净增 18.66 万人，增幅为 14.27%，见表 8-2。

---

① 重庆市统计局：《2017 年重庆统计年鉴》。

表 8-2　　2011~2016 年武陵山重庆片区常住人口和城镇人口统计　　单位：万人

年度	项目	黔江	丰都	武隆	石柱	秀山	酉阳	彭水	合计
2011 年	常住人口	44.63	63.95	34.85	41.14	49.75	57.46	54.06	345.84
	城镇人口	18.21	23.11	12.04	13.97	15.74	14.58	14.47	112.12
2012 年	常住人口	44.91	62.86	34.97	41.21	49.48	56.82	53.04	343.29
	城镇人口	19.1	23.83	12.65	14.72	16.53	15.41	15.14	117.38
2013 年	常住人口	45.31	62.03	34.94	39.91	49.18	56.38	52.51	340.26
	城镇人口	19.84	24.34	13.07	14.76	17.05	15.99	15.67	120.72
2014 年	常住人口	45.66	61.19	34.81	39.21	49.07	56.24	51.59	337.77
	城镇人口	20.6	24.88	13.47	15.04	17.67	16.68	16.09	124.43
2015 年	常住人口	46.2	59.56	34.67	38.65	49.13	55.65	50.64	334.5
	城镇人口	21.3	24.98	13.82	15.3	18.33	17.2	16.42	127.35
2016 年	常住人口	46.56	58.74	34.6	38.34	48.36	55.16	49.82	331.58
	城镇人口	22.11	25.44	14.23	15.68	18.79	17.74	16.79	130.78

资料来源：2012~2017 年《重庆统计年鉴》。

二、武陵山重庆片区劳动力就业现状

（一）城镇非私营单位就业情况

城镇非私营单位是指国有或者集体性质的单位，在统计口径上包括国有单位、城镇集体单位、联营经济、股份制经济、外商投资经济、港澳台投资经济等单位。统计数据显示，2011 年，武陵山重庆片区各区县城镇非私营单位从业人数为 18.12 万人；2016 年为 20.59 万人，增幅 13.63%。2011~2016 年，武陵山重庆片区各区县城镇非私营单位就业人口呈缓慢增长趋势，受国有企业和事业单位改制的影响，部分区县出现小幅度波动，见表 8-3。

表 8-3　　2011~2016 年武陵山重庆片区各区县非私营单位就业人数统计　　单位：万人

地区	2011 年	2012 年	2013 年	2014 年	2015 年	2016 年
黔江	3.34	3.56	3.19	3.26	3.01	3.28
丰都	3.07	3.17	3.28	3.24	3.10	3.76
武隆	2.07	2.36	2.18	2.14	2.15	2.17

续表

地区	2011年	2012年	2013年	2014年	2015年	2016年
石柱	2.55	2.57	2.62	2.70	2.94	3.03
秀山	2.08	1.91	2.29	2.74	3.00	2.99
酉阳	2.76	2.56	2.59	2.62	2.66	2.55
彭水	2.25	2.39	2.54	2.76	2.77	2.81
片区	18.12	18.52	18.69	19.46	19.63	20.59

资料来源：2012~2017年《重庆统计年鉴》。

(二) 乡村从业人员变化趋势

乡村从业人员指乡村人口中18周岁以上实际参加生产经营活动，并取得实物或货币收入的人员，但不包括户口在家的在外学生、现役军人和丧失劳动能力的人，也不包括待业人员和家务劳动者。统计数据显示，武陵山重庆片区各区县乡村从业人员总体保持平衡，呈缓慢下降趋势。2011年，各区县乡村从业人员总数为232.70万人；2016年为228.71万人，减少了3.99万人，减幅1.71%，见表8-4。

表8-4　2011~2016年武陵山重庆片区各区县乡村从业人员人数统计　　单位：万人

地区	2011年	2012年	2013年	2014年	2015年	2016年
黔江	28.6	28.16	28.16	28.37	29.44	29.53
丰都	36.5	37.18	36.79	35.08	34.95	34.93
武隆	23.2	23.15	23.11	22.79	22.98	23.05
石柱	27.4	26.74	26.33	26.44	26.32	26.04
秀山	34.4	34.43	34.32	34.30	34.84	34.78
酉阳	45.3	45.24	45.13	44.75	45.22	45.36
彭水	37.3	34.99	35.31	35.20	35.10	35.02
片区	232.70	229.89	229.15	226.93	228.85	228.71

资料来源：2012~2017年《重庆统计年鉴》。

(三) 登记失业人员情况

城镇登记失业人员指有非农业户口，在一定的劳动年龄内（18周岁至退休年龄），有劳动能力，无业而要求就业，并在当地劳动保障行政部门进行失业登记的人员。统计数据显示，2011～2016年，武陵山重庆片区各区县城镇登记失业人员数值基本平衡，呈缓慢下降趋势。从2011年的12208人减少到2016年的12064人，减少了144人。表8-5数据表明，2011～2016年，各区县城镇就业形势趋于稳定，在重庆市就业政策和经济发展的多重因素影响下，就业情况总体向好。

表8-5　　2011～2016年武陵山重庆片区各区县登记失业人数统计　　　　单位：人

地区	2011年	2012年	2013年	2014年	2015年	2016年
黔江	2001	2110	1868	1557	1690	2023
丰都	2484	2594	2515	2433	2530	2538
武隆	1278	1160	1133	756	574	893
石柱	1892	1882	1876	1969	1829	1776
秀山	1641	1448	1495	1444	1484	1492
酉阳	1318	1265	1471	1634	1678	1780
彭水	1594	1490	1440	1490	1501	1562
片区	12208	11949	11798	11283	11286	12064

资料来源：2012～2017年《重庆统计年鉴》。

三、武陵山重庆片区就业特征分析

（一）就业服务体系不断完善

重庆市各区县政府通过不断加强就业服务，夯实就业服务基础，努力建设就业服务体系。一是完善就业服务信息系统。到2016年底，重庆市人力资源基础台账建设已录入2000万条劳动力信息，占全市户籍劳动力总量的98.3%。完成人力资源数据库和企业用工数据库建设，实现用工信息和求职信息的自动匹配和实时推送，并能根据劳动者和用工企业需求，推送技能培训信息并组织相应劳动技能培训[①]。二是强化就业援助工作。建立就业困难群体的就业援助长效工作机制，为困难人员送政策、送岗位、送服务、送补贴。2016年，重庆市为去产能

---

① 陈鹏：《重庆98.3%户籍劳动力信息已录入台账　用工求职可实现自动匹配》，央广网，2016年2月19日。

职工、农村建卡贫困人员、零就业家庭成员举办援助式专场招聘会 575 场,发布和提供岗位信息 11 余万条,招用登记就业困难人员 2490 人,帮扶 1.4 万名就业困难人员和 113 名零就业家庭人员实现就业。为有不同需求的困难人员,提供就业、培训、创业等方面个性化的服务指导 13 余万人次。落实、公益性岗位安置、企业吸纳创业帮扶、灵活就业等各项扶持政策,为 0.83 万名就业困难人员、503 家招用就业困难人员的企业顺利享受社会保险补贴、岗位补贴、就业补贴等各项就业扶持政策。三是加强基层就业服务平台建设。2016 年底,重庆市共有人力资源服务机构 727 个。发布招聘岗位信息 111.65 万个,登记求职人数 83.09 万人;举办招聘会 1504 场次,提供岗位 80.96 万个,意向成交人数 8.9 万人。保存流动人员档案 106 万份①。

(二)就业人口逐年增加

1996 年,重庆市就业人员数为 1719.43 万人,在岗职业人员 294.63 万人,城镇登记失业人员 10.95 万人;2000 年,重庆市就业人员数为 1661.16 人,在岗职业人员 208.87 万人,城镇登记失业人员 10.15 万人;2005 年,重庆市就业人员数为 1456.3 万人,在岗职业人员 209.66 万人,城镇登记失业人员 16.89 万人;2010 年,重庆市就业人员数为 1539.95 万人,在岗职业人员 250.22 万人,城镇登记失业人员 13.02 万人;2014 年,重庆市就业人员数为 1696.94 万人,在岗职业人员 386.76 万人,城镇登记失业人员 13.42 万人;2015 年,重庆市就业人员数为 1707.37 万人,在岗职业人员 385.08 万人,城镇登记失业人员 14.26 万人;2016 年,重庆市新增城镇就业人员 71.82 万人,比上年增长了 2.4%。其中,城镇登记失业人员就业为 27.71 万人,就业困难人员再就业 12.1 万人。应届高校毕业生年底就业率为 95.2%。农业富余劳动力非农就业累计 810.3 万人,其中,当年新增 18.3 万人。返乡农民工就业创业 31.6 万人。②

重庆市城乡一体化进程加快,带动了武陵山重庆片区各区县就业形势的稳定与向好发展。武陵山重庆片区从业人员总量约 248 余万人,2011 年最高,为 94.34%;2014 年最低,为 90.39%,平均就业率为 91.95%,见表 8-6。其中,各区县以本地就业者居多,丰都、石柱等区县为劳务输出大县;武隆因旅游服务业发展良好,吸纳了一定数量的外来就业者。

---

① 重庆市人力资源和社会保障局:《2016 年度重庆市人力资源和社会保障事业发展统计公报》,重庆市人力资源和社会保障网。
② 重庆市统计局:《2017 年重庆统计年鉴》。

表 8-6　　　　　2011~2016 年武陵山重庆片区各区县就业率统计　　　　单位：%

地区	2011 年	2012 年	2013 年	2014 年	2015 年	2016 年
黔江	97.35	95.98	93.63	93.63	96.32	96.3
丰都	79.65	81.32	80.48	72.89	76.49	77.69
武隆	102.39	103.74	102.39	100.44	101.41	101.32
石柱	91.56	89.17	87.36	87.25	88	86.98
秀山	94.19	92.99	92.17	91.96	93.73	92.44
酉阳	100.35	98.76	97.15	95.66	97.54	96.42
彭水	100.43	94.29	93.67	92.72	92.61	91.13
片区	94.34	92.95	91.71	90.39	91.41	90.9

资料来源：2012~2017 年《重庆统计年鉴》。

（三）城乡就业人数比相对稳定

2016 年，武陵山重庆片区从业人员总数为 248.09 万人，其中，城镇非私营单位从业人员 20.59 万人，占 8.29%；乡村从业人员 228.71 万人，占 92.19%；登记失业人员 1.2064 万人，占 0.48%，见表 8-7。整体上看，各区县乡村从业人员明显多于城镇非私营单位从业人员，农村劳动力仍然是就业主力。

表 8-7　　　　　2016 年武陵山重庆片区各区县就业人数统计

地区	从业人员总数（万人）	城镇非私营单位从业人员（万人）	比例（%）	乡村从业人员（万人）	比例（%）	登记失业人员（万人）	比例（%）
黔江	32.61	3.28	10.06	29.53	90.56	0.2023	0.62
丰都	38.44	3.76	9.78	34.93	90.87	0.2538	0.66
石柱	25.13	2.17	8.63	23.05	91.72	0.0893	0.35
秀山	28.89	3.03	10.49	26.04	90.13	0.1776	0.61
酉阳	37.62	2.99	7.94	34.78	92.44	0.1492	0.39
彭水	47.73	2.55	5.34	45.36	95.03	0.178	0.37
武隆	37.67	2.81	7.48	35.02	92.54	0.1562	0.41
片区	248.09	20.59	8.29	228.71	92.19	1.2064	0.48

资料来源：2017 年《重庆统计年鉴》。

（四）劳动者收入不断提高

近年来，武陵山重庆片区各区县经济社会不断发展，城乡居民收入水平不断提高。城乡居民年纯收入由 2011 年的 10667 元增长至 2016 年的 16211 元,增长了 51.83%,见表 8-8。

表 8-8　　2011~2016 年武陵山重庆片区各区县城乡居民收入情况　　单位:元

地区	2011 年	2012 年	2013 年	2014 年	2015 年	2016 年
黔江	10729	12234	13752	14230	15991	17820
丰都	10878	12532	13921	13799	15492	17270
武隆	11911	13655	15309	14488	16311	18240
石柱	11268	12851	14467	13888	15577	17345
秀山	10966	12519	13957	12794	14404	16061
酉阳	8977	10173	11334	9919	11174	12521
彭水	9942	11350	12627	11317	12739	14219
片区	10667	12202	13624	12919	14527	16211

资料来源:2012~2017 年《重庆统计年鉴》。

数据显示,2011~2016 年,武陵山重庆片区城乡居民收入虽经历了 2014 年的波动,总体上一直呈现出增长状态。调研发现,各区县城乡居民收入受各区县产业结构影响较大,如武隆在旅游产业的强力拉动下,城乡居民收入明显高于其他区县。产业结构越趋于传统,居民收入增长越慢,见图 8-2。

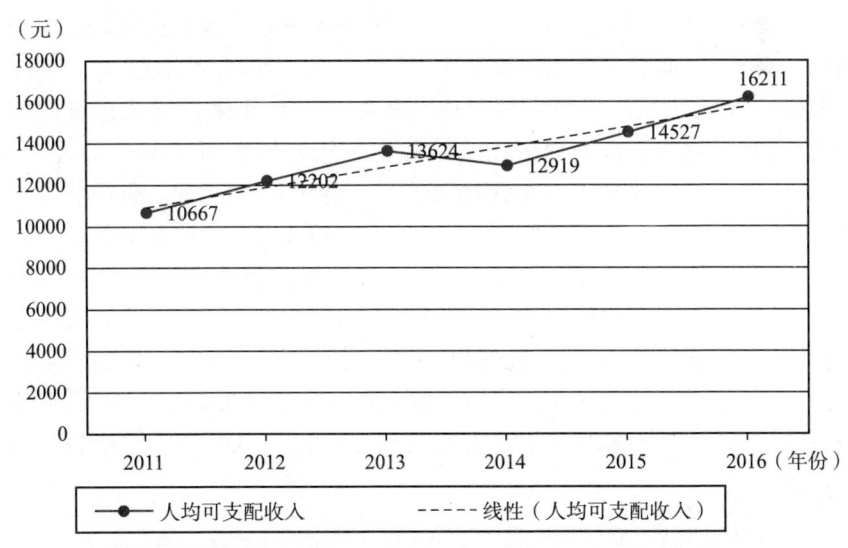

图 8-2　2011~2016 年武陵山重庆片区城乡居民收入增长趋势

资料来源:2012~2017 年《重庆统计年鉴》。

同时，受城乡结构影响，城镇与农村居民收入存在较大差距，而且这种差距有逐渐缩小的趋势，但不明显。2011年，武陵山重庆片区城镇居民人均可支配收入为15895元，农村居民人均可支配收入为5440元，相差2.92倍；2016年，武陵山重庆片区城镇居民人均可支配收入为26443元，农村居民人均可支配收入为9790元，相差2.7倍，6年间城乡居民收入差距缩小仅0.22倍，见表8-9。

表8-9　　　　2011~2016年武陵山重庆片区居民人均可支配收入统计

项目	2011年	2012年	2013年	2014年	2015年	2016年
人均可支配收入（元）	10667	12202	13624	12919	14527	16211
城镇居民人均可支配收入（元）	15895	18167	20174	21921	24089	26443
农村居民人均可支配收入（元）	5440	6238	7074	7859	8828	9790
城镇与农村居民收入比值（%）	2.92	2.91	2.85	2.78	2.73	2.7

资料来源：2012~2017年《重庆统计年鉴》。

四、武陵山重庆片区就业与经济发展关系分析

（一）武陵山重庆片区各区县经济发展情况

2011~2016年，武陵山重庆片区各区县经济快速发展，虽受国家经济发展总体放缓的影响，但其经济增长率均在10%以上，2016年增速为10.4%，见表8-10。一是受重庆市经济发展整体形势影响。近年来，重庆市统筹城乡发展，实施功能区战略，极大地带动了武陵山重庆片区各区县县域的经济发展。二是扶贫攻坚工作成效显著。在扶贫政策下，各区县抓机遇，通过制定有效政策、措施、方法，全方位部署精准扶贫工作，推动了区域经济发展。数据显示，武陵山重庆片区7个贫困区县GDP增速受地方资源和产业结构影响，表现不同。受功能区产业布局影响，武陵山重庆片区各区县经济发展限制了工业发展规模。各区县的产业结构仍然以农业为主，第二产业、第三产业发展缓慢。交通、区位以及具有传统经济基础的区县经济发展较好，增长平稳。武隆、石柱、丰都、彭水等区县大力发展旅游产业，经济保持一定增长，但受外部环境影响较大。

表8-10　　　2011~2016年武陵山重庆片区各区县GDP增长率一览表　　　单位：%

地区	2011年	2012年	2013年	2014年	2015年	2016年
黔江	19.5	13.9	13.1	10.7	10	10
丰都	18.4	14.3	10.3	10.8	12	11.5
武隆	18.5	14.1	13.5	10.7	10.5	10.2
石柱	18.1	13.3	13.2	10	10	10.5
秀山	16	11.4	15.3	10.8	10.5	10.2
酉阳	16.1	11.9	10.1	7.5	10.1	10.1
彭水	15.4	11.4	12.2	10.3	10.4	10.3
片区	17.4	12.9	12.5	10.1	10.5	10.4

资料来源：2012~2017年《重庆统计年鉴》。

（二）武陵山重庆片区各区县就业弹性系数分析

虽然就业弹性系数在实践中受产业转型、投资转向、产业发展程度以及企业改革等因素影响，但就业弹性系数指标仍然能够有效地判断经济增长和就业增长的相互关系。通常认为，就业弹性系数越高，经济增长拉动就业效果就越好。

图8-3的数据显示，武陵山重庆片区就业系统性系数波动趋势明显，由2011年的7.53增长到2015年的8.09，有一定增长。就业弹性系数总体上验证了经济增长对就业的拉动效应，符合"奥肯定律"，从2012年和2014年的系数波动中，也可以分析出，武陵山重庆片区各区县近五年来经济产业的结构调整、企业改革以及新产业培育对于就业影响较大。

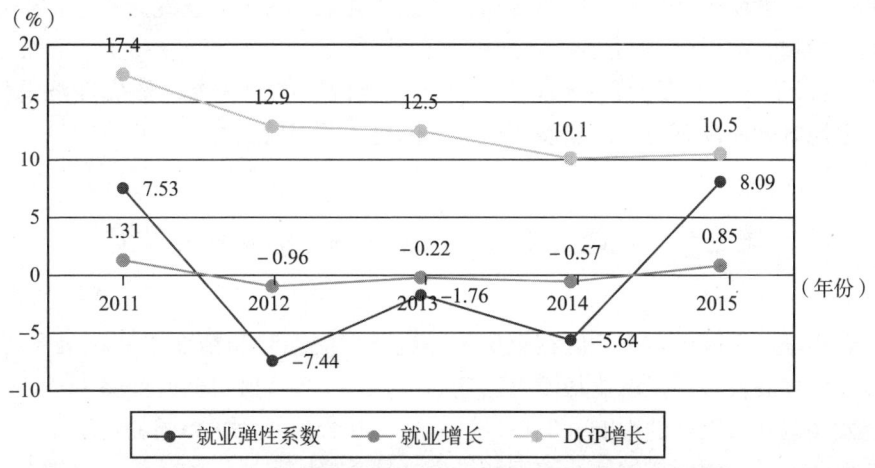

图8-3　2011~2015年武陵山重庆片区就业弹性系数趋势

资料来源：2012~2017年《重庆统计年鉴》。

就业弹性系数相对重庆市整体水平相对较低，特别是2012年和2014年，分别为-7.44和-5.64，见表8-11。从区域GDP来看，武陵山重庆片区经济总量保持增长，但受贫困地区经济发展内生能力的制约，就业速度增长缓慢，甚至出现负增长，其中石柱、酉阳等少数民族自治县表现得更为明显。

表8-11　　2011~2015年武陵山重庆片区各区县就业弹性系数情况

地区	2011年	2012年	2013年	2014年	2015年
黔江	15.33	-5.25	-8.32	9.25	25.6
丰都	4.29	13.71	-6.6	-4.07	-5.83
石柱	-4.92	-16.1	-9.32	6.3	4.6
秀山	16	11.4	15.3	10.8	10.5
酉阳	5.09	-4.45	-2.08	-10.3	10.59
彭水	41.04	-48.1	10.49	2.72	-2.31
武隆	13.95	7.16	-6.37	-12	8.38
片区	7.53	-7.44	-1.76	-5.64	8.09

资料来源：由2012~2016年《重庆统计年鉴》计算而得。

各区县就业弹性系数显示，部分区县年度就业弹性系数波动幅度非常高，如彭水县2011年就业弹性系数高达41.04，2012年低至-48.1，其主要原因是受经济改革和产业结构调整影响，2011年经济发展较快，就业人口相对增加，从而形成某年度就业弹性系数巨幅波动。其他区县也存在类似状况，受整体经济发展趋势影响，2012年各区县经济发展普遍放缓，特别是酉阳、彭水、石柱等少数民族自治县，因其经济基础薄弱，解决就业内生能力较差，形成经济总体发展，但地方就业没有与经济发展相适应，偏离了"奥肯定律"。

第三节　武陵山重庆片区就业存在的问题及对策

近年来，武陵山重庆片区在重庆整体经济发展态势和精准扶贫政策支持下，县域经济发展较快，但就业却没有得到同步发展。各片区虽然受经济基础、支柱产业发展差异等因素的影响，但在经济、文化和劳动者素质趋同的情况下，仍然存在地区差异，用同样的就业政策和措施，是否能取得同样的效果？这需要对当前就业服务政策、就业环境以及劳动自身素质等方面进行认真分析。

一、武陵山重庆片区就业存在的主要问题与困难

(一)区域经济总量不足

经济规模体量决定了吸纳劳动力上限。区域经济总量是指一个区域内的社会总财富的增加;用货币形式表示,就是国内生产总值的增加;用实物形式来表示,就是各种产品生产总量的增加。经济总量不足即武陵山重庆片区经济基础薄弱,相对重庆整体水平体量小,比重不大。武陵山重庆片区经济总体规模小,七个区县的地区生产总值为1089.21亿元,其经济规模为重庆市的6.2%,见表8-12。

表8-12　2016年武陵山重庆片区与部分区县GDP比较

项目	重庆市	渝中区	渝北区	涪陵区	武陵山重庆片区
GDP(亿元)	175592.5	1050.21	1293.34	896.21	1089.21
占比(%)	100	5.9	7.4	5.1	6.2

资料来源:2017年《重庆统计年鉴》。

武陵山重庆片区主要分布于渝东南的生态保护发展区,按照规划要求,该地区近期任务是把生态文明建设放在突出地位,加强扶贫开发与促进民族地区的发展相结合,引导转移人口80万人,常住人口减少200万人,森林覆盖率达到50%以上。生态保护功能强于经济发展功能,对于就业而言,异地转移就业是就业服务的重点。因此,本地就业规模仍有较大局限。2016年,武陵山重庆片区的主要区域,即渝东南贫困区县的GDP为918.40亿元,仅为全市GDP的5.23%;渝东北贫困区县的GDP为1196.11亿元,占全市GDP的6.81%,见表8-13。

表8-13　2016年重庆市主要贫困区生产总值情况　　　　单位:亿元

项目	重庆市	渝东北	渝东南
GDP	17559.25	1196.11	918.40

资料来源:2017年《重庆统计年鉴》。

(二)就业与经济增长没有实现良性循环

统计数据显示,武陵山重庆片区的就业与经济增长在部分时段没有呈现正相

关关系，即在经济增长的情况下，各区县就业弹性系数依然低下，部分区县甚至出现负值。也就是说，各区县经济增长对吸纳劳动力就业的促进作用不明显，"奥肯定律"在武陵山重庆片区出现了变异。

1. 产业结构不合理，吸纳劳动力能力有限。

武陵山重庆片区目前仍然以农业产业为基础，三产结构不尽合理，2015年，三产结构比为15.52∶47.39∶37.09。第二产业与第一产业和第三产业相比，规模普遍较大，这样的产业结构不利于劳动力吸纳能力的提升。丰都县2015年三产结构为18.95∶47.47∶33.58，其吸纳就业能力最差，就业弹性系数为片区最低；武隆县2015年三产结构为14.20∶40.10∶45.70，其第三产业得益于旅游产业的拉动，吸纳就业能力相对较强，就业弹性系数为片区最高，见表8-14。

表8-14　　　2015年武陵山重庆片区各区县三次产业发展情况

地区	总产值（亿元）	第一产业 产值（亿元）	第一产业 比重（%）	第二产业 产值（亿元）	第二产业 比重（%）	第三产业 产值（亿元）	第三产业 比重（%）
黔江	202.50	19.03	9.39	111.77	55.19	71.74	35.42
丰都	150.20	28.47	18.95	71.30	47.47	50.42	33.58
石柱	129.20	21.90	16.95	64.53	49.95	42.81	33.10
秀山	138.20	18.65	13.49	66.01	47.76	53.53	38.75
酉阳	117.00	23.97	20.49	51.36	43.90	41.64	35.61
彭水	116.00	22.09	19.04	48.87	42.13	44.99	38.83
武隆	131.40	18.66	14.20	52.68	40.10	60.05	45.70
片区	984.50	152.77	15.52	466.52	47.39	365.18	37.09

资料来源：2016年《重庆统计年鉴》。

同时，不同产业吸纳劳动力能力不同，第一产业对就业吸纳能力最低。一是由于生产技术进步、农业机械化水平提升，使农村劳动生产率有较大幅度提高，农村出现大量富余劳动力。二是农村土地流转、重大工程征地，农村失地的农民越来越多。三是城乡收入水平、医疗水平、教育水平的差距仍然存在，很多农民不再愿意留在农村而离开农业，影响着农业对劳动力的吸纳能力。第三产业是各产业中吸纳劳动力能力最强的产业，而且服务业多属于劳动密集型产业。但是，服务业必须依赖于第一产业、第二产业的发展，区域经济总体规模的上升，以及新兴服务业的大力发展。目前而言，旅游产业是该地区吸纳劳动力最多的产业，但旅游产业受地域、交通、季节、市场等多方因素的制约，总体发展仍未达到预期效果。

2. 就业统计存在口径与技术难题，导致就业基础数据不准确。

就业是指在法定年龄内的有劳动能力和劳动愿望的人们所从事的、为获取报酬或经营收入进行的活动。就业是一个泛化的概念，在就业统计中对自主创业、非正规就业和灵活就业的统计是非常困难的。对上述三类就业的统计是一个全球普遍性难题，自主创业、灵活就业和非正规就业人员流动性大、人员数量变化快，以常规统计手段很难实现精确统计，在发展中国家，非正规就业占到城镇就业的40%以上。

统计部门对实际就业量的统计多以名义就业量代替实际就业量。如在相关部门登记失业人口中，实际上有部分人口仍在从事其他劳动，并有着一定的经济收入；部分失业人员已找到较为稳定的工作，却没有及时到相关部门申报取消相关记录。实际就业量与名义就业量存在不相符情况，而一般情况是，实际就业量大于名义就业量。因而，统计数据不能完全真实、准确地反映我国经济和就业的实际情况。

武陵山重庆片区的就业人员，特别是农村转移人口、外来务工人员逐年增加，大部分人员都是灵活就业、自主创业和非正规就业。近年来，随着旅游业作为区域经济发展的重要产业，在旅游开发过程中，大量个人、小型企业和家庭作坊成为产业主体，它们吸纳了大量劳动力，这部分劳动力就业情况无法准确统计。并且，旅游产业受季节限制较大，旅游产业存在着淡旺季之分，旅游旺季部分地区全民参与，淡季则有相当多的劳动力处于休息状态，从而造成统计数据的偏差。

（三）就业政策有效性不够

我国在就业方面缺少专业的法律法规，一些重要领域如劳动力市场管理、职业技能培训、就业服务、社会保险等方面，仍然依靠政府的行政制度来约束，通过通知、公告等形式向外展示。行政规章制度的制定过程主要靠政府来指导，相比法律的制定过程，规章的制定程序不够完善，广大人民群众和社会各界人士参与的程度极其有限，制度影响范围也极其狭窄，在实际操作过程中存在一定的局限性，而且行政规章制度和法律相比，没有权威性，稳定性和强制性也相差甚远，对于一些违反就业政策的现象，难以采取有力的惩罚措施，造成很多立意很好的就业政策在实际运行过程中困难重重，常常被人为扭曲。尤其在社会保险和劳动力市场等方面，中央和地方各级政府、不同区域所采取的政策不统一，难以统一衡量国家就业政策的实际运行效果。

近年来，重庆市为促进就业出台了很多政策，包括促进就业、创新创业、大学生等特殊群体就业优惠、以重点项目带动就业、失业保障、就业培训等,从具体的内容看,多针对全社会、整个地区或社会特殊群体,但没有专门的促进贫困地区就业的政策。武陵山重庆片区所执行的就业政策是重庆市的统一政策。一是就业政策没有较好地兼顾武陵山重庆片区各区县的就业条件、就业环境、产业发展状况、财政状况、劳动力素质差异,单纯依靠自身条件解决就业问题,或通过就业促进扶贫比较困难。二是就业政策制定程度存在不合理之处。政策制定多是从上至下的官方推进,由政府职能部门主导,所有政策内容和考核皆由上级拟定。虽然经过形式上的民主意见征求,但实际上政策内容与劳动者就业需求相差较大。如相对"40""50"群体就业的相关政策,在一定程度上确实解决了部分"40""50"人员的就业问题,但是,"40""50"人员就业大多是保洁之类的低薪岗位,他们的月收入在1000元左右,这一收入水平低于重庆市规定的最低工资标准。三是就业政策的有效执行也有待提升。虽然从就业环境、就业服务体系等方面来看,武陵山重庆片区各区县有了明显改善,但是,仍然存在着一些问题。如享受就业政策的特殊群体的收入增长率低于GDP的增长率水平。部分就业政策在执行过程中出现偏差,由于工作人员匮乏、素质不高、政策理解不到位等原因,造成政策执行难,影响政策效果。

(四)就业培训不适应就业需要

就业培训是以培养劳动者的就业技能、创业能力为重点,以提高劳动者职业技能和适应职业变化能力为目的,发挥政府的组织作用,实现培训需求与培训资源有效对接的一种服务。由于就业能力与收入相关,大多数农民工缺少相应的就业培训指导,因此,在就业过程中屡屡受挫。目前,武陵山重庆片区各区县提供的大部分知识技能培训不能适应就业需要。

一是就业对象精准度不高。调查发现,大部分接受培训的人员没有主动学习的意愿,多是被动学习。培训对象多为就业政策扶助对象,如小微企业主、社保对象等。绝大部分培训对象仅具有初中及以下文化,多数人不愿意也没有能力对自身人力资本进行再投资。近年来,片区就业培训虽然平均每年以2个百分点在提升,但仍难以适应现代生产技术的发展需求。

二是从业技能偏低。近年来,经各区县人社局组织培训及专业技能提升培训分别占4%和1.13%;企业及用人单位专业培训年均培训率为72.14%,并保持每年3.7个百分点的增长,仍不能适应现代产业对从业人员的要求,从而限制了工人适应岗位能力的提升和人事流动。培训技能知识体系僵化,更新不及时。培训教师多请学校教师而非一线专业技术人员,培训重理论、轻实践,培训对象接受学习后不能即时转化为职业技能。

三是就业培训急功近利。不少人注重政府对"三农"政策补偿的眼前短期利益，忽视了自身长效发展运筹能力的提升，实现创业发展的人员极少。多数注重技能层面等急功近利的学习，消极应对文化培训等社会适应能力的提升，限制了他们自身的发展。

（五）就业质量不高

一是职业岗位差。从工作岗位看，相当部分从事苦、脏、累的工作，在654名受访人群中，技术工人和普通员工的工作岗位占96.0%，在技术性岗位、管理岗位和工作稳定、效益较好的人员仅占3.6%。多数就业人员文化层次和技术水平较低，自身综合素质不高，缺乏综合运筹技术和管理技能。从单位性质看，就业主要集中在私营企业和个体工商户等单位，占就业总人数的65%，在国有企业和集体企业等单位就业的人员仅占8.4%。除了自身素质和技能因素外，多数就业者在城市生活时间不长，没有什么关系网，缺乏社会资本（关系）的帮助。从工作行业看，主要集中在劳动密集型的建筑、交通运输业、住宿、饮食服务业、家政服务业、批发和零售等行业。这些行业进入门槛低，劳动强度不大，技术要求不高。

二是就业不稳定。在受访的654人中，工作时间在1年以内、2~3年、3年以上更换工作岗位分别占24.5%、58.6%和13.3%。同时，分别占64.6%、59.4%和48.7%的受访者认为，城市就业机会不足、文化适应不强和户籍制度管理等都是制约和影响农业转移人口就业不稳定难以融入城市生活的重要因素。

（六）就业社会保障制度执行乏力

第一，劳动就业保障缺乏。一是农业转移人口劳动权益保护执行乏力。不少企业没有建立以贡献和效益为依据的工资增长机制，工资增长率偏低，分别低于重庆市的农村居民、全国农业转移人口0.86个百分点和0.58个百分点。二是劳动用工管理执行乏力。用人企业与农业转移人口签订劳动合同参差不齐，签订率低，受访人群中未签订劳动合同达37.7%；合同履约率占53.6%，超时劳动比较普遍。三是社会保障制度刚性不强，流通不畅，约束乏力。用人单位和个人可以参加，也可以不参加，特别是相当多的非正规就业领域可以名正言顺地拒绝。不少就业者在就业地名义上有多项保障，一旦流出本城（区），累积的基金无法转出和延续，领取了已有的积累，导致社会保障的中断。部分企业对农村就业人员存在用工歧视，导致就业范围小，不能和城市居民享受平等的就业机会，有的遭遇同工不同酬的用工和劳动待遇。

第二，社会保险参保率不高且增幅缓慢。在受访人群中，养老保险和医疗保险参保率较高，分别为 82.3% 和 96.8%；工伤保险和失业保险参保率分别为 33.4% 和 32.7%、生育保险参保率为 26.5%。住房公积金仅占 29.5%，未参与任何保险的人群高达 23.2%。究其原因，一是随着农村养老和医疗保险制度的不断完善，不少就业人员选择在农村参加社会保险，从而降低了相关保险参与率及增幅；二是参保意识不强，缺乏维权意识，雇主也缺乏积极性，导致农民工社会保险参与率较低，增幅缓慢。

第三，组织化服务程度较低，效率不高。一是就业服务体系不健全，服务效果差，难以为务工人员提供及时有效的就业信息和服务；二是组织转移程度低，22% 的农业富余劳动力源于组织转移，自发转移占 78%；三是了解参与组织不多，占 24.1% 和 31.5% 的人不知道自己工作的单位是否有工会和党团组织，占 83.7% 和 76.4% 的人没有参加工作单位的工会组织和党团组织；四是活动参与度低，由于现行的选举制度是与户籍制度相联系的，就业人员难以在务工所在地行使选举权和被选举权，被排斥在工作所在地的政治生活之外。参与社区、社会活动的广度不够，深度欠缺，难以融入社区生活和社会管理中，无法对工作单位和务工城市发表自己的意见和看法，无法维护自身权益。

二、提升武陵山重庆片区就业水平减少贫困的建议

（一）深化就业制度改革，促进充分就业

就业是民生之本。第一，健全城乡统一的就业机制。建立规范有序的劳动力市场和公平竞争的就业制度，完善保障就业合法权益的政策体系和执法监督机制。积极开展涉及农业转移人口、贫困人口劳动关系、劳动保障、劳动监察的调解仲裁等就业服务，维护就业平等权、劳动报酬权、社会保障权等基本权益。第二，健全就业信息服务平台。完善劳动就业信息服务网络，畅通信息渠道，广泛收集、发布就业信息，举办招聘会等服务，让更多的就业人员有充分选择的机会。第三，完善创新创业的制度环境。凡是国家法律法规没有明令禁止和限制的行业和领域都不设限制条件，并在一定期限内实行免税政策。加大社会特殊群体，如大中专毕业生、贫困人口和农业转移人口创业专项基金扶助力度，从政策、资金、服务等方面加以引导和扶持，鼓励自主创业，实现创业带动就业的倍增效应。

（二）以经济增长促进就业

经济增长是带动就业的最有效办法。发展地方经济应该合理调整产业结构，

改变经济增长方式，制定科学的政策和制度。结合武陵山重庆片区实际，促进就业需要调整产业结构，加大经济发展力度。一是创造宽松的融投资环境和引进高素质管理人才发展民营经济。民营经济的兴起能够创造大量的就业岗位，成为社会稳定就业的基础和保障。民营企业通过企业人事制度改革、全面履行劳动合同规范，并对就业人员进行针对性的职业技术培训、职业素养提升，培养高素质的产业工人和相关综合服务，帮助他们提高自我发展能力和经济收入。民营经济不仅是弥补在产业转型升级过程中新兴产业企业劳动力短缺的重要渠道，也是促进人力资源向人力资本、人口红利向人才红利转变的重要途径。二是优化经济结构。在加强发展第一产业、保障发展第二产业的基础上，加快发展第三产业，增加第三产业在经济发展中的贡献率，创造更多的就业机会。三是发展特色优势产业。结合武陵山重庆片区的资源特征，和区域产业发展实际情况，因地制宜，科学规划，集中投入，大力培育和扶持具有地方特色的新兴支柱产业，推动地方经济发展，促进就业人数的增加。

（三）强化职业培训机制，提升就业人员的综合素质

一是以政府为主体搭建政校企合作的培训工作体制。以人社局为核心建立集农业、教育、科技等部门、企业、工会共青团妇联等群团组织于一体的培训机构。根据相关法规出台培训政策，制定培训章程和工作制度，形成政府高度重视、职能部门齐抓共管、全社会协同推进的工作体制。二是建立政府、企业、教育"三位一体"的运行机制。形成以企业用工需求和就业群体职业能力为目标，企业订单，培训出单，政府买单，共同推进充满活力的培训运行机制。三是构建职业培训技能鉴定劳动就业一体化的运行模式。以职业院校、企业能人为载体，多渠道组配教育资源，形成统一的职业培训、技能鉴定和劳动就业新模式，提高培训的针对性和实效性。

（四）建设新型城镇，促进就业人员实现城市融合

一是推行"中心城区＋中小城镇"的建设模式，实现就地城镇化。武陵山重庆片区各区县多是小城市，城市容量空间有限，过多的人口集聚，既会带来交通拥堵、环境污染等一系列的社会问题，又会进一步助长房价过高、入学限制等现象。应该重点推行就地城镇化，推进"中心城区＋中心城镇"模式，统筹"离土离乡"城镇化、"离土不离乡"城镇化和"既不离土也不离乡"三种模式，引导人口在本地的聚集，公共服务向中心镇、村延伸，实现资源优化配置。二是推行"就近就业＋就近创业"的就业模式，实现就近就业化。"远离故土，外出就业"的就业模式，会带来空巢现象、幸福感降低、家庭破碎等一系列的社会问

题。对于武陵山重庆片区而言，近年来，随着我国经济结构的不断调整，片区主动承接产业转移，旅游、特色农业等新兴支柱性产业等不断兴起，推动就近就业和就近创业的条件基本成熟。因此，应加大产业转移承接力度，在工商、税收、信贷、土地等方面出台鼓励农村就业人员返乡就业、返乡创业的优惠政策，推动农民工返乡创业、就近就业。三是推行"工业园区+特色城镇"的产业模式，实现产业集群化。武陵山重庆片区得天独厚的自然条件，为特色农业、休闲旅游的发展提供了天然禀赋。因此，要科学布局、合理规划，中心城区产业发展要以园区建设为主，统筹配套各类优惠措施，推动产业集聚。中心城镇建设要立足本地优势，优先发展特色农业、旅游观光、休闲农业，打造特色城镇，最终带动农业人口向中心城区、中心城镇转移。四是推行"规模种植+特色农业"的模式，实现农业现代化。要立足自身实际，依照"依法、自愿、有偿"的原则，建立完善土地流转平台与流转机制，着力发展种植大户、家庭农场、农民专业合作社等规模化经营主体，推动农业适度规模化种植。推进农业结构战略性调整，重点发展符合实际、效益突出、特色明显的农副产品，形成优势突出和特色鲜明的产业带。要依托自然资源，因地制宜发展特色产业和乡村旅游业、休闲观光业，实现乡村绿色和协调发展。

（五）加大就业公共服务力度，提高就业保障程度

一是企业要认真落实"五险一金"的保障制度，提高农业转移人口参保率，让长期在城市务工、有稳定工作的农业转移人口享有社会保障权益，解决他们的后顾之忧。二是政府要将贫困人口子女义务教育纳入教育发展规划和经费预算中，承担贫困人口同住子女义务教育的责任。对符合条件进入公办学校接受义务教育的农业转移人口子女，与城镇学生在收费、管理等方面同等对待。三是多渠道改善就业人口的居住条件。政府应将其纳入城镇住房保障范围内，根据转移人口入住需求。企业可以利用闲置土地或空置厂房，建设或改建职工宿舍向农村转移人口和贫困人口出租。

第九章

科技服务、特色产业与经济效率

中国政府一直以来都十分重视科技对于生产力和经济发展的重要意义。邓小平同志更是直接提出"科学技术是第一生产力"的论断。科技扶贫作为国家科委1986年提出并实施的反贫困战略举措，旨在应用先进适用的科学技术改革贫困地区的经济模式，提高农民的综合素质，提高资源开发水平和劳动生产率，加快农民脱贫致富的步伐。科技扶贫是由单纯救济式扶贫向依靠科学技术开发式扶贫转变的一个重要标志。科技扶贫针对贫困地区生产技术落后和技术人才极度缺乏的现实状况而提出，强调自我发展，注重引进先进、成熟、适用的技术，注重将治穷与治愚相结合。当前，武陵山重庆片区经济社会正处于实现现代化的重要阶段，经济上需要由传统农业向现代产业转型，文化上需要继往开来，在这一阶段，科技服务至关重要。

第一节 科技扶贫的回顾与前瞻

科技扶贫作为我国扶贫事业的重要组成部分，在促进"输血型"扶贫向"造血型"扶贫方式的转变，以及由此带来的新技术、新思想和新观念对人们的深刻冲击，从实践到理论都成功证明了科学技术服务对于反贫困事业的重要作用。

一、科技扶贫：一项"治本"的扶贫方式

科技扶贫就是对贫困地区进行科技开发、智力开发，"以输入先进、适用、成熟的科学技术和培训贫困地区劳动者为手段，对贫困地区原有产业进行改造提高，并因地制宜适时培育新的经济增长点，推动贫困地区的经济发展、农民增收

的行动过程"①，是"以适用先进科学技术，通过一定推广组织形式和传导中介，加入贫困户的生产经营过程"，其实质是"使知识形态的生产力转化为现实生产力"②，以提高贫困群体的个体素质，增强其反贫困能力。科技扶贫相较于实物扶贫和资金扶贫，更注重用先进的理念、技术来培育和影响贫困群体的综合素质，让新知识、新思想、新技术在贫困群体思想深处储存并积累起来，通过具体的科技扶贫活动而不断深化，由此形成和培养贫困人口的自我发展能力。

科技扶贫立足贫困人口的自身能力发展这个根本，所以，它是扶贫的治本手段。科技扶贫在于改变贫困地区和贫困人口采用先进技术的滞后性，打破旧的社会系统，推动生产要素的优化组合，不仅能使贫困人口走向富裕，也能使贫困人口从落后走向文明。其作用可以表现在四个方面：一是扩张作用，即科技能增加生产效益，以高生产性能激发生产要素增量，用较少的投入成本获得更多的产出。二是节约作用，科技提高生产效率，可以降低生产时间、物资成本和人力成本，能节省更多的劳力、资金、原材料。三是替代作用，以新的生产方式或产业代替旧的生产，同时，科技也能弥补贫困人口短缺的生产要素。四是增值作用，科技可以使原材料实现多层次加工利用，利用环节增多，资源利用效率就越高。

二、我国科技扶贫政策的发展走向

20 世纪 80 年代初，我国政府成立了专门扶贫机构，在扶贫工作中积极借用科技的力量，推广农业实用技术，增强贫困地区农民的开发能力，实现了贫困地区的开发水平、生产率以及经济、社会和生态效益的极大提升。1986 年起，国家科委在大别山、井冈山、陕北地区等 55 个贫困县和一些少数民族地区开展科技扶贫工作。此时，科技扶贫的主要内容包括科技扶贫的战略研究与论证、科技人才与技术的输入、帮助建立区域性支柱产业、建设计算机信息通道网络、帮助与经济发达地区的经济联系、设立"振华科技扶贫奖"等。然而，这一时期的科技扶贫工作受到计划经济思维的影响，带有浓厚的计划色彩，科技、信息和人才等资源与资金、物资同样配置，因而，存在着制度性缺陷、战略分解及取向缺陷、运行机制缺陷和环境空间缺陷③。

在社会主义市场经济体制之下，市场在经济社会发展过程中开始发挥其重要作用。市场配置不以人的意志为转移地介入科技扶贫，淡化了早期科技扶贫中的

---

① 赵世坤：《论科技扶贫》，载《云南科技管理》1998 年第 4 期。
② 时正新：《论科技扶贫》，载《中国农村经济》1987 年第 10 期。
③ 罗雍：《论科技扶贫的战略性转变》，载《江西社会科学》1997 年第 12 期。

政府指令性行为。随着市场化程度的加深，原本附属于政府的科技界、企业和社会经济组织逐步进入市场，在一定程度上改变了科技扶贫政府全包的局面，逐渐建立了政府主导、市场配置以及社会参与的协作机制。这一时期，科技界成为科技扶贫的"龙头"，农村技术推广网络得以恢复，建立起了乡村科技自助体系。科技扶贫呈现出科技扶贫主体多元化、科技扶贫行为市场化、科技扶贫长期化、科技合作手段多样化、调控方式间接化等特点。但是，市场机制下的科技扶贫也因贫困地区内外部环境的缺陷导致了比较效益低、边际收益低，市场风险对贫困地区经济发展的制约日益增强等科技扶贫的现实性问题。科技适用技术转化率低、乡村科技推广网络"缺、残、断"现象普遍存在。

2006年，党中央提出建设社会主义新农村。科技扶贫在"科学发展观"的指导下，其内涵进一步丰富，其扶贫宗旨和主要任务也转变为"建设新农村、发展新产业、创建新环境、培育新农民"。科技扶贫要针对贫困人口的特殊需求，提供低成本的有效服务，让贫困和弱势群体也能分享科学技术发展的成果与利益。新时期科技扶贫更要抢抓新农村建设农村产业结构调整的重要机遇，以科技创新为基础，强化和催生地方支柱性产业，增强地方政府、帮助贫困人口摆脱困境的能力。同时，科技扶贫不仅关心经济和产业建设，更要关注乡村社会和文化发展的新需求，以科技改善乡村环境，选择科技扶贫的新焦点，着重解决乡村社会公共服务的科技供给问题。

三、科技扶贫的几种典型模式

新经济增长理论将科学技术视为经济系统重要的内生变量，认为经济增长的根本动力在于持续的技术进步。在科技扶贫视野中，科技服务的需求和供给形成了扶贫工作的两个方向，由此产生两种科技扶贫模式，即供给主导型扶贫和需求主导型扶贫[①]。供给主导型扶贫技术主要由科技供给主体启动，供给方处于主导地位，发挥支配作用，同时借助政策和制度设置、经济手段诱导农民采纳新技术。需求主导型扶贫则是由技术需求主体作为主导，在市场条件下，技术需求主体必须不断地采用新技术，才能应对市场变化与需求，实现利润最大化，以避免市场淘汰。现阶段，我国科技扶贫在经济制度改革的背景下，以市场需求为导向，以自主经营为主体，提供按需供给的扶贫模式。同时，需求主导型的技术供给也需要政府的宏观调控，在经济发展战略、科技政策、推广计划等方面促进科技成果的转化与新技术推广。

---

① 张峭、徐磊：《中国科技扶贫模式研究》，载《中国软科学》2007年第2期。

（一）科技推广模式

科技推广模式是建立科技服务、教育、推广的专门机构和运行机制，以科技服务网络将农民组织起来，向农民传播科技信息和适用技术来解决乡村产业发展的技术性问题。目前，中国农村科技服务网络主要是政府主导的科技服务推广系统，建立农业科技推广体系，实现政府的阶段性农业发展计划。其特征是由政府财政支撑，具有强制性和无偿性等特点。如"国家科技成果重点推广计划""全国农牧渔业丰收计划"等。

（二）区域支柱产业带动模式

在政府主导下，贫困地区根据当地的自然资源、社会经济发展条件和企业发展自身条件，选择有发展潜力的产业作为区域经济增长极，通过引进先进科技开发新产品，形成新产业，向农民传播技术，带动整个区域的经济发展，实现脱贫。区域支柱产业带动模式是在政府主导之下，依据地方政府发展战略规划，确定区域具有代表性和潜力的产业，集中优势人力、财力和物力择优发展，选择"短、平、快"的科技项目，将资源优势转化为技术和经济优势，快速形成较大规模或连片发展的主导产业，从而引领区域经济发展。如渝东南榨菜产业、烤烟产业等。

（三）易地开发模式

鉴于贫困地区多处于自然条件极其恶劣的偏远地区，如喀斯特地区、高寒地区、石漠化地区和荒漠地区等，不适合人的居住和产业发展。加之这些地方交通、通信状况十分落后，远离市场中心，就是有较先进的生产技术，也受制于自然生态，也会因为开发成本和整体技术不成熟而不能较好地发展经济产业。生态环境恶劣的贫困地区既然不能通过主观的技术扶持、资金投入和公共服务有效脱贫，政府推广和采用"易地安置、移民开发"的积极措施则是最好的选择。易地开发的扶贫模式也需要科技扶贫提供生态技术、产业技术以及科学的搬移规划。

（四）专业技术协会服务模式

专业技术协会是以某项产品或专业技术服务为纽带，将自愿加入的农民组织起来，实行自我管理、自我发展的自助性民间经济技术合作组织。经过多年的探索和实践，我国农村专业技术协会表现出强劲的发展势头。1995 年 11 月 8 日，农村专业技术协会（China Rural Special Technique Association）在北京正式成立，此后，全国范围内迅速形成了农技协的组织网络体系。各省、自治区、直辖市

(除西藏以外）有了农村专业技术协会，包括粮食作物、瓜菜、水产、林果、食用菌、加工运输等 140 个专业。农村专业技术协会开展技术交流、技术服务和进行经济技术的实体经营。

第二节 武陵山重庆片区科技扶贫开发现状考察

作为生态保护发展的主体，武陵山重庆片区的主导产业是农业，因而，重庆市科技扶贫的主线是推广运用新型农业科学技术，发展现代特色农业产业，实现传统农业的转型和农业的现代化和产业化。科技扶贫工作主要包括建设并充分发挥农业科技服务系统作用，为广大农民提供生产经营活动的科技信息，开展农村实用技术培训，普及科技知识，示范并推广农业先进实用技术等。

一、地方财政科技投入与产出情况

（一）地方财政科技投入情况分析

1. 武陵山重庆片区地方财政科技支出总体水平较低。

2012～2015 年，地方财政科技支出由 18447 万元上升至 21037 万元，增幅 14.04%，低于全市财政科技支出的平均增速。在片区 7 个区县中，科技拨款占同级财政支出比重差距较大。其中，比值最高的为 2013 年的酉阳县达 1.37%，最低的为 2012 年彭水的 0.38%。从分布情况看，各区县财政科技支出呈分化态势较为明显，2011～2015 年，各区县财政科技支出占同级财政支出比重在 1% 以上的 6 次，0.6%～1% 之间的 13 次，0.6%（含 0.6%）以下的 16 次，见表 9-1。

表 9-1　　2011～2015 年武陵山重庆片区地方财政科技支出情况

年度	项目	黔江	丰都	武隆	石柱	秀山	酉阳	彭水	合计
2011年	地方财政总支出（万元）	473863	333064	311217	290734	342969	381601	315483	2448931
	科技支出（万元）	3267	1928	1329	2184	1726	3521	1157	15112
	科技支出占比（%）	0.89	0.75	0.51	0.94	0.56	1.08	0.46	0.62

续表

年度	项目	黔江	丰都	武隆	石柱	秀山	酉阳	彭水	合计
2012年	地方财政总支出（万元）	548747	456569	386427	376663	425994	500569	395684	3090653
	科技支出（万元）	4162	2168	1559	2795	2504	4036	1223	18447
	科技支出占比（%）	0.99	0.61	0.52	0.89	0.7	1	0.38	0.59
2013年	地方财政总支出（万元）	592871	524857	424826	452380	450394	512663	438077	3396068
	科技支出（万元）	4608	1902	2130	3716	2204	5516	1433	21509
	科技支出占比（%）	1	0.48	0.68	1.1	0.59	1.37	0.41	0.63
2014年	地方财政总支出（万元）	604732	581381	416433	468862	540459	507194	521318	3640379
	科技支出（万元）	4741	601	2517	1479	2447	4692	1659	18136
	科技支出占比（%）	0.97	0.14	0.73	0.4	0.59	1.05	0.4	0.5
2015年	地方财政总支出（万元）	643160	730838	475354	559192	514222	568857	591820	4083443
	科技支出（万元）	4763	2321	2927	1733	2435	4999	1859	21037
	科技支出占比（%）	0.88	0.45	0.79	0.4	0.6	0.98	0.41	0.51

资料来源：2012~2016年《重庆科技统计年鉴》。

从总体变化趋势看，2011~2015年，武陵山重庆片区财政科技支出增幅较慢，占同级财政支出比重逐年下降。由于财政科技支出增长缓慢，2011~2015年，武陵山重庆片区财政科技支出占同级财政支出比重呈现出拐点下滑趋势。其中，财政科技支出占比由2011年的0.62%下降至2014年的0.5%，在2015年出现持平，见图9-1。

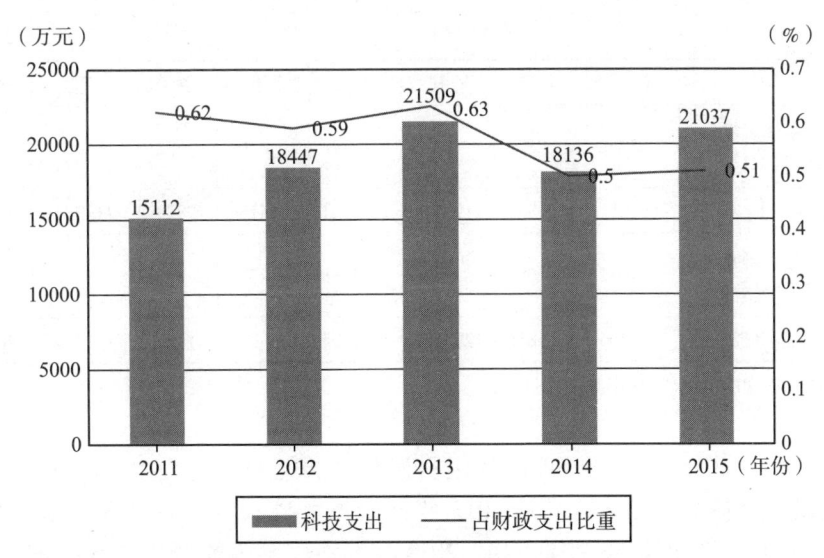

图 9-1 2011~2015 年武陵山重庆片区科技财政支出变化趋势

资料来源：2016 年《重庆科技统计年鉴》。

2. 社会科学研究与试验经费有所增长，但占比过低。

2011~2015 年，武陵山重庆片区社会科学研究与试验经费呈缓慢增长趋势，由 2011 年的 4708 万元增长至 2015 年的 27520 万元，增长率为 484.54%。但从绝对数值看，科学研究试验经费占地区生产总值比重十分低，平均占比为 0.28%。部分区县在特定年度基本没有科研与试验经费支出，见表 9-2。

表 9-2　　　2011~2015 年武陵山重庆片区科学研究与试验经费情况　　单位：万元

年度	项目	黔江	丰都	石柱	秀山	酉阳	彭水	武隆	合计
2011 年	科学研究与试验经费	1395	1206	686	0	1416	5	0	4708
	地区生产总值	1291943	997720	801520	934894	799639	764940	865824	6456480
2012 年	科学研究与试验经费	1980	0	240	0	0	0	6	2226
	地区生产总值	1479490	1110773	931033	1060816	892879	857804	984028	7316823
2013 年	科学研究与试验经费	1836	649	698	2431	2961	1573	2027	12175
	地区生产总值	1678140	1196884	1074299	1146207	1002468	974598	1079088	8151684

续表

年度	项目	黔江	丰都	石柱	秀山	酉阳	彭水	武隆	合计
2014年	科学研究与试验经费	5238	2874	1353	2146	4107	3217	1688	20623
	地区生产总值	1863052	1353717	1199517	1265021	1104184	1087992	1199849	9073332
2015年	科学研究与试验经费	7052	4598	2506	3388	4371	3682	1923	27520
	地区生产总值	2025455	1501886	1292437	1381933	1169671	1159666	1313995	9845043

资料来源：2016年《重庆科技统计年鉴》。

从2011~2015年武陵山重庆片区科研与试验经费占地区生产总值趋势看，整体呈增长趋势，大部分区县从2013年开始加大科研与试验经费支出。其中，酉阳县和黔江区支出增长总体平稳。2015年，酉阳县为片区各区县中科研和试验经费投入占比最大区县，见图9-2。

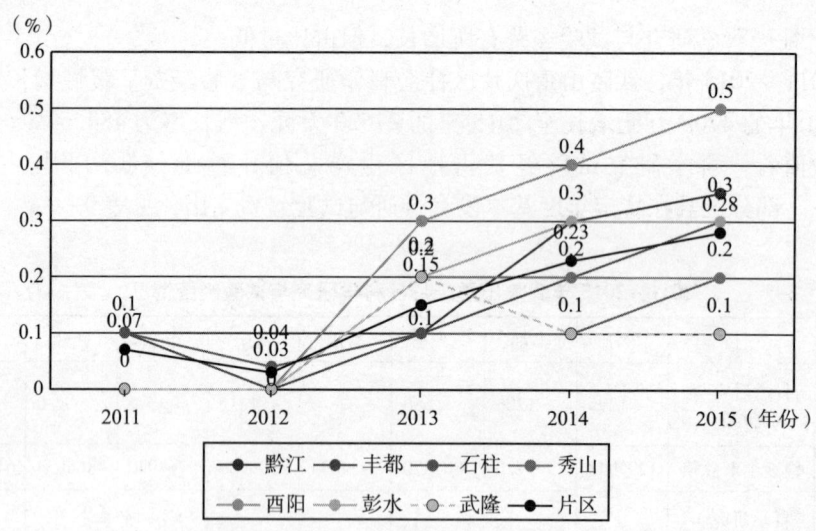

图9-2 2011~2015年武陵山重庆片区科研与试验经费占地区生产总值比例变化趋势
资料来源：2012~2016年《重庆统计年鉴》。

3. 区县财政科技支出用途以支持应用型科研为主。

区县财政科技支出重点在于实用技术的研发与推广，技术研发、应用研究和科技普及占前三名。科技服务支出明显少于技术研发和科技普及。武陵山重庆片区各区县财政科技支出用途占比最多的是技术研究与开发，2015年支出数为11747万元，占总数的55.84%；科技服务相对较少，支出为60万元，约占总数的0.28%，见表9-3。

表9-3　　2015年武陵山重庆片区各区县分用途财政支出情况　　单位：万元

用途	黔江	丰都	石柱	秀山	酉阳	彭水	武隆	片区合计
管理事务	412	72	364	117	129	166	196	1456
应用研究			1247					1247
技术研发	323	516	20	2186	4629	1406	2667	11747
科技服务	31		29					60
社会科学			52	40				92
科技普及	102	207		90	241	282	64	986
科技重大专项			15					15
其他科技支出	3896	1526	6			5		5433
合计支出	4764	2321	1733	2433	4999	1859	2927	21036

资料来源：2016年《重庆科技统计年鉴》。

（二）武陵山重庆片区科技产出情况分析

科技产出情况分析通常采用万名RD活动人员科技论文数、获国家级科技成果奖系数和万人就业人员发明专利拥有量等指标进行考核。武陵山重庆片区科技投入主要侧重于应用科技研究与推广，总体上看，科技活动产出稳中有升对于区域特色经济产业发展起到了一定的推动作用。调研中，调查组选取区县专利申请领域对于区县科技产出情况进行分析。从2011~2015年武陵山重庆片区各区县专利申请的情况看，片区科技产出具有显著成效，科技水平整体提升。

1. 专利申请与获权情况分析。

数据表明，武陵山重庆片区各区县专利申请和获授权呈平衡上升趋势，2011年，各区县共申请专利2003件，获授权471件，申请成功率为23.51%；2013年为区县申请专利高峰期，全年共申请专利2441件，获授权1026件，成功率为42.03%；2015年申请1377件，获授权935件，成功率67.97%，见表9-4。

从各区县专利申请趋势来看，武陵山重庆片区各区县专利申请产生了由数量向质量的转变，2013年之前，专利申请数多在200件以上，但获权率不高；2013年之后，专利申请数量下降，但成功率则快速上升，见图9-3。

表9-4　　　2011~2015年武陵山重庆片区各区县专利申请情况　　　单位：件

年度	项目	黔江	丰都	石柱	秀山	酉阳	彭水	武隆	合计
2011年	国内专利申请数	296	379	86	233	122	274	613	2003
	国内专利授权数	104	69	62	57	49	81	49	471
2012年	国内专利申请数	388	264	111	384	152	501	464	2264
	国内专利授权数	174	60	116	97	32	180	304	963
2013年	国内专利申请数	877	256	122	157	213	635	181	2441
	国内专利授权数	167	242	84	168	54	162	149	1026
2014年	国内专利申请数	351	183	146	169	58	311	279	1497
	国内专利授权数	116	88	116	56	77	169	95	717
2015年	国内专利申请数	125	378	144	175	50	278	194	1377
	国内专利授权数	89	259	173	55	37	219	104	935

资料来源：2016年《重庆科技统计年鉴》。

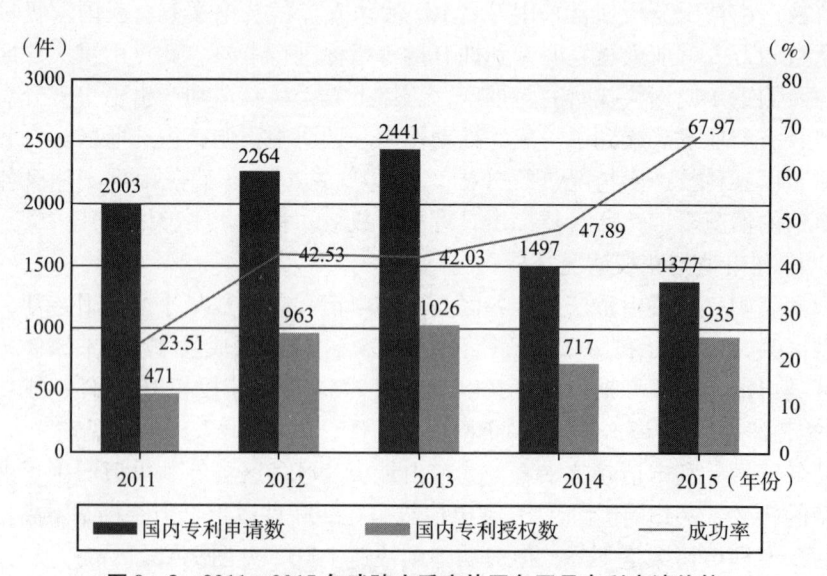

图9-3　2011~2015年武陵山重庆片区各区县专利申请趋势

2. 万名就业人员发明专利拥有量分析。

数据显示，2011~2015 年，武陵山重庆片区万人就业人员发明专利拥有量由 2011 年的 1.88 件上升至 2015 年的 3.77 件，增长率为 100.53%。其中，2012 年增长最快，为 3.88 件，较 2011 年增长 106.38%。2013 年出现最高值，达到 4.14 件，见表 9-5。

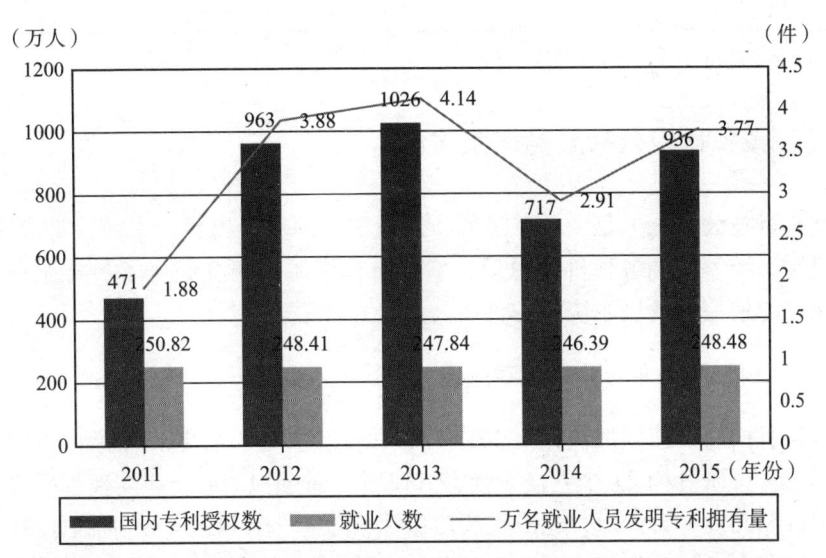

表 9-5　2011~2015 年武陵山重庆片区万名就业人员发明专利拥有量统计

项目	2011 年	2012 年	2013 年	2014 年	2015 年
国内专利授权数（万人）	471	963	1026	717	936
就业人数（万人）	250.82	248.41	247.84	246.39	248.48
万名就业人员发明专利拥有量（件）	1.88	3.88	4.14	2.91	3.77

资料来源：2016 年《重庆科技统计年鉴》。

总的来看，2011~2015 年，武陵山重庆片区万名就业人员发明专利拥有量呈现稳步上升趋势，由 2011 年的 1.88 件上升至 2015 年的 3.77 件，见图 9-4。5 年间增长率达 100.53%。

图 9-4　2011~2015 年武陵山重庆片区万名就业人员发明专利拥有量趋势

3. 有效发明专利类型分析。

2015 年，武陵山重庆片区共拥有有效发明专利 936 件，其中发明 89 件，实用新型技术631件，外观设计216件。丰都县和彭水县有效发明专利拥有量较多，分别为259件和219件。从分类情况看，2015年，武陵山重庆片区发明专利以实用新型类技术为多，占总数的72.83%；外观设计占17.98%，见表9-6。数据分析表明，各区县有效发明专利契合区域生产发展和生活需要，以农村特色产业需求发明居多，新技术发明创造是基层科技服务的重点。

表9-6　　　　2015年武陵山重庆片区各区县有效发明专利分类情况

地区	合计（件）	发明（件）	占比（%）	实用新型（件）	占比（%）	外观设计（件）	占比（%）
黔江	89	24	26.96	52	58.42	13	14.62
丰都	259	14	5.4	100	38.61	145	55.99
石柱	173	12	6.94	133	76.88	28	16.18
秀山	55	11	20.01	38	69.09	6	10.9
酉阳	37	9	24.32	21	56.67	7	19.01
彭水	219	16	7.32	200	91.32	3	1.36
武隆	104	3	2.88	87	83.65	14	13.47
片区	936	89	9.51	631	67.41	216	23.08

资料来源：2016年《重庆科技统计年鉴》。

二、城乡科技公共服务体系建设

基本科技公共服务是区域科技创新体系建设的重要内容。目前，重庆市创新服务机制，统筹协调各种科技力量，整合科技资源，建立健全了科技服务机构，已经建立较完善的城乡统筹的科技公共服务体系。

（一）科技服务平台体系日臻完善

科研机构建设速度加快，至2015年，重庆市共建设有R&D活动的单位1475个，其中，科研机构27个、高等院校112个、企业1274个、其他性质单位62个。在研究开发平台方面，建成重庆市级重点实验室111个、工程技术中心381个、企业技术中心947个、中国创新驿站重庆站点3个。在成果转化平台方面，建成市级农业科技专家大院123个、生产力促进中心43个、科技企业孵化器65家、国家技术转移示范机构8个。在资源共享平台方面，建成重庆市科技检测中心、知识产权信息中心、科技成果库、科学图书文献数据库、科技人才库和技术标准库等一批共享库。另外，还有政府部门性的科研机构 25 个、科学研究和技术服务业中非工业企业 16 家、科学研究和技术服务业中其他事业单位 26 家[①]。

在城乡统筹的科技服务体系中，农村科技服务采用四级服务模式，以市、区县、乡镇（街道）、村社为单位建设了综合科技服务站，建立农村科技信息服务站，实现远程农技教育培训，提高农业产业技术信息化服务水平。在每个区县建立了农技专家服务站、专题科技馆、乡村农技联合会、村农技协等科技服务机构体系。

（二）科技人力资源队伍逐渐壮大

重庆市科技人力资源日渐丰富，由 2009 年的 53359 人发展为 2015 年的 97774 人，增长了 44415 人，增长 83.24%。2015 年重庆市共有科技活动人员 97774 人，其中，全时人员 61006 人，占 62.39%，博士以上学历 6711 人，占 6.86%，见表 9-7。

表 9-7　　2009~2015 年重庆市研究与试验发展（R&D）人员情况　　单位：人

年度	R&D 人员	全时人员	博士毕业	硕士毕业	本科毕业
2009 年	53359	31617	2960	8582	15199
2010 年	58886	34608	3973	9636	18949
2011 年	65287	39748	4430	10270	21117
2012 年	72609	43025	4857	11062	24600
2013 年	83722	51574	5665	12837	26419
2014 年	93167	57247	6040	13049	27027
2015 年	97774	61006	6711	14494	28585

资料来源：2016 年《重庆科技统计年鉴》。

研究和试验人员分布在农业、采矿、制造、能源、建筑、运输、信息、科技服务、公共管理、教育、卫生、文化、金融以及商业 14 个行业，其中，工业制造和教育行为分布较多，分别占比为 65.45% 和 20.47%[②]。

（三）科技特派员制度逐步深化

建立科技特派员制度，深化科技扶贫千村特派员专项行动，开展多种形式的

[①][②] 重庆市科委、重庆市统计局：《重庆科技统计年鉴——2016》。

科技培训和科技服务，在实践中组建了高质量的科技培训和咨询服务专家队伍。围绕贫困地区的产业发展科技需求，以科技特派员进村进行"一对一"帮扶活动，以农业科技成果转化、产业技能培训和实用技术推广为抓手，促进农村产业技术创新和产业模式创新。

重庆科技特派员制度于2013年在全市范围内全面铺开，2013~2015年，累计选派科技特派员14841人，见表9-8。科技特派员以技术承包、技术入股、创办企业和创办合作社等多种方式，在农村进行科技推广运用，对农村特色产业开发、技术运用起到突出作用。

表9-8 2013~2015年重庆科技特派员服务/创业方式 单位：人

指标	2013年	2014年	2015年	累计
服务型	3979	3886	4257	12122
无偿	3259	3125	3363	9747
有偿	720	761	894	2375
技术承包	188	218	306	712
技术入股	185	185	221	591
其他	347	358	367	1072
创业型	923	823	973	2719
创办/领办企业人	418	368	462	1248
创办合作社或专业协会人	385	335	379	1099
其他	120	120	132	372
合计	4902	4709	5230	14841

资料来源：2016年《重庆科技统计年鉴》。

《重庆市贫困区县科技人才支持计划实施方案》确定，2014~2020年，每年将选派500名科技人员到贫困区县提供科技服务、指导开展农村科技创新创业，为贫困区县培养50~100名农村科技创新创业人员，加快先进适用科技成果到贫困区县的转化推广，提高贫困区县科技创新创业能力，为贫困区县经济社会发展提供有效的科技支持和智力服务。2015年，重庆科委、中共重庆市委组织部和重庆人社局联合出台了《重庆市科技特派员进村帮扶计划实施方案（2015~2015年）》，标志着重庆科技特派员制度继续深化。方案要求每年选派2000名科技特派员进入18个贫困区县贫困村重点支持主导产业、创业大户和创业示范基地建设；为每个贫困县培养100名本土科技服务人员和创新创业人员。

（四）科技信息服务系统建设成绩显著

在区县科技信息网的基础上，建成农民科技信息服务系统，各区县全部建设成立农民科技信息服务中心，结合建设信息服务示范村委，免费提供电脑和宽带网络接入。结合区县电子政务建设，健全和完善"星火科技12396信息服务"体系，不断完善农村科技服务体系和农业科技信息进村入户形式。建成科技特派员综合信息管理和服务平台，为引进和转化农业新品种、新技术提供便利，扩大特派员辐射带动效果。

三、科技实验示范作用明显

科技扶贫是通过科技推广来提高生产力水平的一项扶贫工作。新技术的推广运用在农村会遭遇质疑和不信任，需要建立起示范和样板，才能让农民接受。近年来，武陵山重庆片区各区县以新技术实验示范，展示宣传科技成果，效果较为显著。

（一）"121"科技支撑示范工程

重庆市"121"科技支撑示范工程是由政府引导、企业主导、产学研用结合、多方协同创新、瞄准产业化或集成应用的重大示范工程，是区县、产业和民生、创新能力建设科技支撑示范工程的总称。科技示范支撑工程是重庆市围绕经济社会发展的重大需求，开展协同创新、技术攻关、人才团队及研发基地建设的科技示范，覆盖汽车产业、机器人、智能终端、生物医药、效益农业等领域。如石柱辣椒产业科技支撑示范工程是国内首个集"育种、生产、加工、推广"于一体的辣椒良种产业化基地。通过建设石柱辣椒良种产业化基地、现代辣椒标准化生产示范基地，开展辣椒加工机械研究和新产品开发、高效种植关键共性技术集成示范，实现辣椒产业生产良种化、良法化、标准化，加工机械化、精深化，产品质量安全化。该示范工程已建成辣椒标准化生产基地30万亩，辣椒单产效益提升25%以上，实现辣椒产业年销售收入新增10.5亿元、受益20万人。彭水县魔芋产业科技示范基地引进与筛选优质魔芋新品种，集成示范种芋繁育贮藏运输技术、商品芋防病丰产高效栽培技术、魔芋高效增值加工技术、魔芋食品安全生产技术；建立示范基地运营模式和发展机制，构建示范基地正常运行和可持续发展的政策体系和保障措施，形成布局合理化、品种优良化、生产标准化、种植适度规模化、加工精深化的魔芋产业新格局。

（二）科技专家大院示范基地

农业科技专家大院集农业科研、试验、示范、培训推广于一体，为农民提供科技服务，为农业技术向现实生产力转化搭建平台，促进农业新技术向农民进入辐射和推广。2003年，科技部开始在陕西省宝鸡市进行试点，以后在全国范围内推广。重庆市农业科技大院建设按照"聘一位专家，办一所培训学校，建一处科技示范园，带动一个产业，兴一方经济"的思路，大胆创新基层农业技术服务模式。至2015年底，共立项建成重庆市级农业科技专家大院123个，其中，武陵山重庆片区24个，占总数的17.07%，见表9-9。

表9-9　　2015年武陵山重庆片区市级农业科技专家大院一览表

地区	数量	名单
黔江区	2	重庆市猕猴桃科技专家大院、重庆市生猪养殖科技专家大院
丰都县	3	重庆市肉牛科技专家大院、重庆市林下天麻科技专家大院、重庆市红心柚科技大院
石柱县	4	重庆市辣椒科技专家大院、重庆市冷水鱼科技专家大院、重庆市莼菜科技专家大院、重庆市魔芋科技专家大院
秀山县	3	重庆市土鸡科技专家大院、重庆市金银花科技专家大院、重庆市秀山茶叶科技专家大院
酉阳县	3	重庆市酉阳猕猴桃科技专家大院、重庆市酉州乌羊科技专家大院、重庆市青花椒科技专家大院
彭水县	5	重庆市大鲵养殖科技专家大院、重庆市种猪科技专家大院、重庆市魔芋科技专家大院、重庆市彭水香椿科技专家大院、重庆市彭水优质水稻科技专家大院
武隆县	4	重庆市土鸡科技专家大院、重庆市高山蔬菜科技专家大院、重庆市武隆山羊科技专家大院、重庆市武隆高山茶叶科技专家大院

资料来源：2016年《重庆科技统计年鉴》。

专家大院实行首席专家负责制，按照"585"建设要求，开展技术攻关、成果示范推广、科技中介服务、实用人才培训、技术集成创新、产业兴农富民、科学技术普及、辅导创业等科技服务。依托专家大院的区位优势，探索"最后一公里"的农业科技服务模式。如西南大学和石柱县共同建设的"重庆市魔芋科技专家大院"，已建成总面积约600平方米的专家办公大楼，设有专家办公室、实验室、科技图书室、多媒体培训室以及专家起居室及50亩的试验示范基地，建立了大学"科技成果"与"三农"紧密联系的有效对接机制，提升专家大院服务特色效益农业的水平，建成魔芋新品种、新技术的科技示范基地，促进了农民增收。

（三）核心示范区和高标准科技示范村建设

各区县集中精力在科技推广较好的村镇建设打造科技示范区，开展高效集成技术和示范项目。黔江区打造了国家现代农业科技示范区，突出生态优势和产业特色，推进农业供给侧结构性改革。一是建成名特优绿色生态农产品基地，做强做大"猪、桑、烟、菜、果、药"六大特色优势产业，连续9年获"全国生猪调出大县奖励"，猕猴桃、高山蔬菜先后出口到东南亚国家。二是依托"全国首批农村产业融合发展试点示范区"，加快建设"阿蓬江休闲农业与乡村旅游示范带"，有效促进了农业、工业、旅游、教育、文化、健康养老等产业的深度融合。三是采取"块状化、小规模、大集群"的发展模式，采用"公司+农户+基地"营运模式，建设打造"金石现代农业科技示范片""石黄现代农业科技示范片"和"马喇现代农业科技示范片"。四是围绕"仰头山、武陵仙山、三塘盖"示范园区，实施高标准农田建设、绿肥还田和"互联网+"的现代农业，加大农业新技术、新品种、新机具应用力度，建设"高产、高效、生态、优质、安全"的农产品生产样板。

（四）特色项目示范

通过特色项目带动地方特色产业发展，重庆市在现代农业、文化产业和特色村镇建设方面实施一系列示范建设项目。如2016年12月，重庆市政府发布了《做好特色小镇（街区）示范点创建工作的通知》，命名首批市级特色小镇（街区）示范点。名录中的小镇（街区）在主题元素、建筑风格以及特色产业方面有着突出或显著的特色。武陵山重庆片区有7个乡镇进入重庆50个特色小镇（街区）示范点创建名单，见表9-10。

表9-10　武陵山重庆片区特色小镇（街区）示范点创建名单

示范点	突出特色	创建内容
黔江区濯水镇	苗族土家族少数民族风情	商旅融合发展
丰都县高家镇	肉牛全产业链及产业集群	食品产业链
武隆县仙女山镇	天生三硚世界自然遗产和仙女山森林公园	创新发展"旅游+"全产业链
石柱县黄水镇	旅游、休闲避暑胜地	健康养生产业

续表

示范点	突出特色	创建内容
秀山县洪安镇	省际边地、少数民族风情	发展休闲娱乐旅游
酉阳县龙潭镇	古镇文化、抗战文化、移民文化元素	文旅融合发展
彭水县郁山镇	盐文化、丹文化	文旅融合发展

四、农民科技培训成效明显

武陵山重庆片区充分借助上级科技部门、科研机构和本地科技人才资源，针对科技服务人员和广大农民开展科技培训。

（一）对科技服务人员的业务培训

科技人才总量不足、科技水平低下是武陵山重庆片区各区县科技扶贫工作中普遍存在的问题。近年来，各区县充分利用一切可利用的资源，与上级科研部门、地方高校协同发展，采用"走出去、请进来"的方式，让科技人员进学校、科学专家进农家，加强科技培训，在农村实地开展科技培训，提高了基层科技服务人员的自身素质、能力和水平。各区县纷纷走出去邀请西南大学、重庆大学等知名高校，以及重庆市农业科学院等有关专家对区县科技干部、各村委会书记和主任进行培训，针对农业生产中的实际问题、气候特征、病虫害提出建议，并赠送了大量实用技术图书、画册和资料。

（二）新型职业农民培训

新型职业农民培训是以从事农业生产、经营或服务人员作为培训对象的教育活动，以技术与能力培训为重点，提升其科学文化素质、现代农业生产技能和产业经营管理能力。新型职业农民培训不仅向农业从业人员提供现代农业技术，还提供观念、素质和能力的全面培养。2016年，黔江区以"畜牧、蚕桑、烤烟、蔬菜、优质水果、特色杂粮、中药材、休闲农业与乡村旅游"等专业为主，采取"分段式，重实训，参与式"的培训模式，培训种养殖大户、家庭农场、农民合作社、农业企业和返乡涉农创业者等农业新型经营主体带头人1500余人次。黔江区畜牧兽医局采取理论与实践相结合，通过集中培训、实践操作、观摩交流的培训方式，分别举办生猪养殖技术培训班、提高母猪年生产力关键技术培训班、肉牛养殖培训班、中华蜜蜂养殖技术培训班、土蛋鸡养殖技术培训班、牛羊"两病"防控及草食牲畜养殖技术培训班等，提高了全区畜牧兽医队伍的整体水平和综合素质。

彭水县重点在蔬菜种植、果树种植、红薯种植、魔芋种植、畜禽养殖、农民专业合作社建设与运作管理等专业培养有文化、懂技术、会经营、善管理的新型职业农民队伍。从2014年9月开始，该县六大主导产业发展，有针对性地培训家庭农场主、农民合作社骨干、专业大户，引导培训人员提出在生产和经营中遇到的困难和问题，在讨论、交流和教师分析、讲评中解决实际问题。

酉阳县积极开展新型职业农民生产经营型培训工作，有针对性地策划生产经营型新型职业农民培育，根据学员情况安排培训对象、培训内容和培训时间，围绕农村经营管理、特色农业效益、土地仲裁调解政策、农业项目申报概要等经营管理技术和能力，农作物病虫防治技术和栽种技术，以及农业机械化、农村电子商务等方面进行多层次、全方位的培训。

五、科技服务模式不断升级

（一）组建重庆市科技服务云平台

重庆科技服务大市场（易智网）是重庆市首个一站式、综合科技服务平台。大市场创新性地融合"互联网+科技"服务，采取"线上+线下+联盟"建设运营模式，为创新创业者提供科技成果转化交易、科技资源共享、科技金融支持和科技人才保障等全方位、全领域、全流程服务，有效推动全市的科技成果转化和创业创新工作。重庆科技服务大市场于2015年6月25日正式运行，旨在打造低成本、便利化、一站式、交互式的科技创新服务平台，引领带动重庆科技服务业发展，至2017年，平台共完成技术交易额28.57亿元，吸纳入驻机构4591家，汇集技术人成果11371项，科技需求信息5455项，科技服务信息5192项，共享科技资源1241项[①]。

（二）实施科技创新券制度

科技创新券是指为中小微企业和创客提供科技服务，已经到科创委申请入库的服务机构向有需要技术服务的企业发行科技创新券，该券等同优惠券抵扣技术服务费。申请人（企业）每年申领科技创新券不得超过5次。中型企业、小型企业、微型企业、创客个人单次申领额度上限分别为20万元、10万元、5万元、1万元；申领额度超过本次发放总额的，通过抽签或轮候的方式确定科技创新券的

---

① 重庆科技资源共享平台：易智网，http://www.csti.cn/index.htm。

发放对象。2016年9月，重庆市科委、市财政局出台了《重庆市科技创新券实施管理办法（试行）》，开始向科技型企业、高新技术企业发放科技创新券。重庆市科技创新券分为三种：即科技资源共享服务创新券，额度2万元，用于支持科技型企业购买高校、科研院所科技研发服务；高新技术企业培育创新券，额度20万元，用于科技型企业首次申请高新技术企业认定所需的研发活动或购买科技服务；科技型企业挂牌成长创新券，额度分别为30万元、10万元，用于申请在新三板、重庆OTC科技创新板挂牌的科技型企业开展研发活动和购买服务。科技创新券将缓解科技型中小微企业创新资源不足、资金短缺与高校科研院所创新资源丰富、服务动力不足的矛盾，使财政资金从资源开放方向需求方转移，充分用市场机制推动资源开放，让财政投入更加精准，更有效率。

（三）科技助力精准扶贫制度化

重庆市委组织部、市科委、市人社局联合制定出台了《重庆市科技特派员进村帮扶计划实施方案（2015～2017年）》，围绕贫困村产业发展科技需求，科技特派员深入各贫困村开展科技创业和技术服务。方案规定每年选派2000名科技特派员进村入户签订"一对一"技术帮扶协议，支持贫困村主导产业、创业大户和创业示范基地建设，以农村实用技术推广、农业科技成果转化、农民产业技能培训为抓手，促进商业模式创新和产业技术创新，助推贫困村农户脱贫致富。调研发现，市级科技特派员采用"三大科技扶贫模式"，有效推动了武陵山重庆片区的精准脱贫。如西南大学资环学院刘芸在酉阳庙溪村用"科技特派员+公司+基地+农业合作社"的模式，发展杨梅和油茶产业，结合古村落、溶洞等特色资源景观，带动集民宿休闲观光旅游为一体的特色发展。重庆市种畜场王友国在五福乡大河村采取"公司+农户+基地"的模式领办企业，发展1000亩油茶和500亩香软米等特色产业项目，实现农旅融合发展农村集体经济。西南大学刘亚敏结合龚滩古镇4A级景区，采用"公司+农户+基地"的模式培育本地企业，选育品种建成50亩高效经果林核心基地，以旅游观光体验发展乡村经济[①]。

为拓展科技扶贫效度，提升扶贫效能，巩固扶贫成果，重庆市加大力度推动科技助力精准扶贫工程。重庆市科协、市农委、市扶贫办联合制定了《重庆市科技助力精准扶贫工程实施细则》，重点对城口、石柱、酉阳、彭水等9个贫困区县，开展科技助力精准扶贫工程，支持每个区县建立农技专家服务站，有产业发展基础的乡镇建立乡镇农技协联合会（联合体），培育乡镇特色产业；培育新型经营主体，教授每个有劳动生产能力的贫困家庭脱贫致富的实用技术和技能。

---

① 刘霞、陈骥：《酉阳：科技创新助力脱贫攻坚》，载《重庆日报》2016年12月28日。

酉阳县通过实施"产业反哺工程"扶持带动农民科技兴业致富。产业反哺工程通过发挥农村专业技术协会优势，依托所属基地，为农户无偿提供种子、种苗和技术服务，既带动农民致富，又促进乡村特色产业稳步发展壮大。黑水镇中药材专业技术协会、李溪镇青花椒协会、涂市乡有机水稻种植专业技术协会、腴地乡苹果桃协会、金宝利脐橙协会等近20家专业技术协会都制定了"产业反哺工程"的实施方案，以产业反哺的方式实实在在地助推农村特色产业发展。

第三节 武陵山重庆片区科技服务存在的问题及原因分析

总体看来，近年来武陵山重庆片区各区县比较重视科技工作，贫困地区受访者认为，政府部门"很重视"和"重视"科技扶贫的占总数的80%以上。各区县科技服务意识不断增强，服务水平不断提高，但在实践工作中，仍然存在着一些不足。主要表现在科技服务与扶贫两者契合度有待提高，以科技服务促进扶贫工作的作用不够明显，二者有效联动机制较为缺乏。

一、科技服务质量、范围和水平有待提高

调研发现，武陵山重庆片区各区县科技服务体系建设和科技能力方面仍然十分薄弱，难以有效为当地农民，特别是贫困户提供所需要的科技技术服务。各区县目前所采用的科技服务方式主要是从上而下的政策及新技术宣讲、现场技术指导、集中技术培训、免费发放技术资料、网络电视媒介等。但实际情况是，各地对科技服务认识还不到位，在扶贫开发中对科技服务重视程度明显不够，工作主动性、积极性不高，大部分工作内容都只是为了完成上级交办的任务。

科技培训与科普宣传是基层科技服务的重要内容之一。作为服务主要提供者的科技服务部门组织了较大规模的科技培训和宣传推广，表面上火热非凡，从统计报表表面上也能反映出这种火热程度，如某地举办了若干期科技培训班、培训了若干人次，发放了科技服务资料若干份。但是，研究发现，群众却对科技服务内容不甚了解。在实地调研中，当问及群众是否参加过科技培训或技能培训班等，受访者均表示不曾参加过，甚至不知道什么是科技培训。造成这种"官方热、民间冷"的科技服务现象，反映出基层科技服务工作的形式化、敷衍化问题。其原因是，一方面，受科技培训和宣传面上的局限，培训对象因培训机构依据培训内容指定和挑选造成培训对象范围小或特定，或培训流于形式；另一方面，因受访对象的局限，或由于自身文化素质等因素影响，大部分农民主观上不

愿参加科技培训。但不管是何原因，都反映出基层科技服务的质量和效益问题。

由此可见，评价科技服务质量或绩效，不能以统计报表数据作为唯一依据，也不能只看培训农民掌握了多少技能，更重要的是贫困地区农民科技素质和技能是否真正提高，是否在发展生产、改善生活、脱贫致富方面起到实际作用。事实是，武陵山重庆片区各区县还没有有效的科技服务质量评价体系，对于科技扶贫效果的预测不甚准确，需要不断完善科技服务绩效评价机制，构建科技服务质量评估体系，创新科技服务方式，提高服务实效。

二、科技资金投入不足

科技投入与产出是衡量一个地区科技服务的重要指标。科技服务与产出低是大多数贫困地区具有共性的现实性问题之一。武陵山重庆片区科技服务投入不足，主要表现在农民培训体系、农业良种技术推广体系、农作物病虫害和牲畜疫病防治体系、乡村信息化体系、农产品加工流通体系建设等方面资金投入在很大程度上制约了农民科技素质的提高和农村农业经济发展速度。问卷调查结果显示，有70%的人认为，武陵山重庆片区区县科技服务存在的主要问题是经费投入不足。

《重庆科技统计年鉴》数据表明，武陵山重庆片区科技投入不足，主要表现在三个方面：一是武陵山重庆片区各区县地方财政科技支出占当年本级财政预算的比例较低。2011~2015年，武陵山重庆片区财政科技投入增长率为14.04%，科技支出仅占本级财政总支出的0.51%，远远低于全国科技进步县1.0%以上的标准。二是全社会科学研究与试验发展经费占地区生产总值的比重过低。2015年，武陵山重庆片区研究与试验发展经费内部支出总额为27520万元，仅占地区生产总值的0.28%。三是多元化科技服务投入机制尚不完善。武陵山重庆片区科技服务市场化水平极低，科技投入以财政投入为主，占投入总额的90%以上。多数区县除了政府及群团组织提供科技投入外，市场化运作的科技服务组织或企业几乎为零。另外科技服务的低投入直接影响科技产出。区县各领域科技成果产出低，创新能力不强，多数科技服务仅限于传统或简单的农业技术，适用性不强，所产生的效果不尽人意。实用科技成果转化数量不多，高新技术产业增加值占工业增加值的比例非常低[①]。

---

① 重庆市科委、重庆市统计局：《重庆科技统计年鉴——2016》。

三、科技服务专业人才短缺

武陵山重庆片区科技服务专业技术人员短缺问题较为普遍，直接影响科技服务质量和区域科技创新能力的提升。基层科技服务专业技术人才缺乏，现存技术人才队伍在自身素质和技术水平上普遍偏低，与上级技术人员对接中存在着较大难度。基层农业产业化建设过程中科技服务一味追求高新，而在实用、适宜技术方面服务则形成短板。

首先，实地调查发现，区县现阶段推广的农业产业技术有一些稍显陈旧，有一些过于超前，能与武陵山重庆片区自然地理条件、经济发展环境和特色产业有效对接的实用技术、适用技术却很少。事实是各区县严重缺乏为本地特色产业发展提供技术支持的专家。其次，组织专家、技术人员进行培训，使农民掌握一技之长，确实能解决生产当中的一些问题，促进当地农民能力提升和培养科学思维习惯，但是不适应本地环境和产业的技术，没有经过有效转化试验，很难形成科技对特色产业的推动力。最后，科技培训服务可持续性不强。培训班主讲专家水平确实很高，但是，其培训的课程能否满足农民要求，改善农业生产效率，农民能否真正在短时间内消化并掌握，则要受到当地专业技术人员、广大农民自身素质等诸多限制。同时，针对农民当时遇到的问题进行答疑解惑，可能只是暂时的解决方案，也可能与实际不相符，更多的问题会在生产过程中不断涌现，之后出现的问题不能较好解决。尤其是在武陵山重庆片区分散居住的山区，农民自身科技意识不强、素质较低和本地农业经济内卷化，极大地影响着基层科技服务的供给质量。

四、多主体科技服务格局尚未形成

现阶段，武陵山重庆片区基层科技服务的提供者主要包括政府及其相关部门，如科技局、农业局等。在实地调查中发现，各区县基层科技服务供给主体非常单一，主要有政府相关部门、农合组织和科研院所。80%以上的科技服务，主要从政府及相关部门获取，其他主体供给科技服务严重缺失。

一方面，政府作为科技基本公共服务的主要提供者，其服务职能有待进一步加强。尤其是近年来农村基层机构改革频繁，不少科技服务机构，包括农技、经管等乡镇事业单位撤销合并，打乱了农村基层科技服务秩序。区县一级科技服务供给政出多头，分条块、分领域进行专项科技服务，缺乏有效统筹。在多轮的机构改革中，伴随着机构精简而造成的服务职能随之精简，农村基层科技服务受到严重损伤，直接影响到扶贫开发的整体效果。

另一方面，理论上政府可以作为科技服务的主要主体，但不是唯一主体。科技服务作为基本公共服务体系的重要组成部分，其提供主体除了政府之外，还应该包括企业、高校、科研院所、社会组织以及有能力的个人等主体。尤其是在农村基层基本公共服务投入严重不足、技术服务人员严重短缺的情况下，更应该鼓励、引导其他主体参与于农村基层科技服务中来。目前，武陵山重庆片区科技型扶贫龙头企业培育不足，其示范带动作用发挥不明显。一些区县虽然有一定的企业基础和重点科技示范基地，但企业、基地与当地农民难以形成统一的利益体，企业自身逐利倾向十分突出。政府部门鼓励的科技特派员创业行动虽然取得一定成效，但限于体制、规模以及科技人才自身好恶，创业活动缺乏可持续性，缺乏长效激励机制。作为连片特困地区，武陵山重庆片区乡村农民专业合作组织发展较为滞后，民间组织在科技扶贫工作发挥的作用微乎其微。诸多主体在贫困地区扶贫开发与科技服务还难以形成合力、发挥有效作用。

第四节 促进科技服务与扶贫开发联动的建议

近年来，武陵山重庆片区在科技服务农村特色产业方面发挥了一定作用，但是，在科技服务与扶贫开发联动方面仍有所欠缺。因而，需要提高认识，创新机制，激活农业科技原动力，找准"贫"根、抓住"困"源，因村施策、因户施法，对症下药、精准施治，做强做精科技扶贫。

一、强化科技服务对扶贫开发的重要性认识

科技扶贫是农村基本公共服务的重要组成部分，也是我国政府扶贫开发战略的重要策略，在农村扶贫第一线更是一项十分重要的农村反贫困实践举措。新时期，农村贫困问题发生变化，已由单纯的经济贫困向多元贫困转化，科技扶贫将在整个扶贫工作中发挥着越来越重要的作用。特别是在当前整村推进、特色产业扶贫、易地移民等为主要模式的扶贫工作中，如果离开科技项目和科技培训，仅靠改变落后的基础生存条件，很难达到既扶贫又扶志的预期效果。

现阶段，武陵山重庆片区科技扶贫开发工作取得阶段性成果，但我们必须清醒地认识到，当前片区各区县科技贫困现实并没有完全改变，农村科技运用量少、科技服务观念不强、农民学习科技主动性不高等问题仍然存在。要使贫困人口彻底摆脱困境的目的，必须配套实施一些符合当地资源优势的科技扶贫项目，

通过科技扶贫项目的实施，特别是实用技术的普及培训，使贫困人口掌握一定的实用技术，转变观念，用先进的科技知识，改变落后面貌，达到致富的目的。要转变科技服务观念，变被动为主动，服务要由表及里，不仅要完成面上的任务，做讲座培训，争取上级政策和资金，还要在产学研一体化发展方面狠下功夫，借助地方高校、科研院所、龙头企业等优势，集中力量解决本地特色产业发展的技术难题，加强示范推广，让更多更广泛的贫困人口享受到实用技术培训带来的利好，用科技这个"第一生产力"来推动贫困问题的有效解决。

然而，科技扶贫是一项长期工程，在扶贫思路上必须抛弃"短平快"的想法，要利用科技从根本扶起，扶贫要扶到"本"上。把工作重点放在科技服务与教育服务上来，不能"救急不救贫"。科技扶贫开发更要重视贫困人口的"智"与"志"的培养，利用科技的推广运用，帮助农民树立科学精神，激发钻研动力，使贫困人口提升自身科技文化素质。

科技扶贫开发还需要创新服务方式。如果僵化地坚持一贯"填鸭式"的服务方式，让农民像小学生一样在课堂里上课、听讲，采用固定的方式、固定方法以及固定技术向农民推广科技，可以想象，这种服务很难有真正的效果。因此，各区县基层科技服务技术人员和干部，必须强化认识，不断提高科技意识和管理水平，创新科技服务方式方法，同时加强宣传、示范和引导，切实调动贫困群众的主体积极性和主动性，从而形成可持续发展的内在动力和目标。

二、创新农村科技服务供给机制

新时期贫困地区更需要科技服务助力扶贫开发，需要针对不同对象构建多主体、全方位的科技服务体系，加强农村科技服务供给，实现扶贫由"划桨型"向"掌舵型"的转变。研究发现，当前贫困农村最需要的科技服务集中在政策、技术信息服务和技术指导培训服务两个方面。创新农村科技服务供给机制，一是需要整合科技、农林牧业部门科技服务职能和资源，推进科技服务信息平台、生产力促进中心和科技咨询服务中心建设。二是建立和完善各类科技中介机构健康发展的组织制度、运行机制和政策法规环境，加快培育科技服务中介等科技创新服务组织。三是加大贫困地区科技服务公共产品的建设力度。搭建农业科技扶贫信息共享平台，建设农业产业融合创新示范基地，广泛面向社会开展技术扩散、成果转化、科技评估、创新资源配置、创新决策和管理咨询活动。大力培养社区基层组织和乡村社会精英，壮大乡村社区集体经济，加快教育、文化、医疗、科技服务公共产品建设步伐。四是研究建设农业科技扶贫模拟评估系统等。

三、强化科技投入保障机制建设

搞好新形势下的扶贫开发工作必须加大科技扶贫资金的投入比重，将科技扶贫作为整个扶贫工作的重中之重，切实抓紧抓实、抓出成效。未来的扶贫开发工作，科技服务将起到至关重要的作用，更应该把科技扶贫项目和科技普及培训作为主要的扶贫手段。近年来，武陵山重庆片区扶贫实践证明，科技与扶贫资金的有机结合，推动了科技扶贫项目和科技培训工程，较好地完成了阶段性的扶贫任务。完善科技投入保障机制，一是要充分发挥公共财政作用，在区县财政支出结构中，不断提高科技经费的支出比重，确保当年应用技术研究和开发经费预算增长持平或大于本级财政一般预算性支出增长；二是引导、激励企业加大科技投入，确保各类企业的技术开发费用能足额提取；三是确保全社会科学研究与试验（R&D）发展经费占地区生产总值（GDP）比重有显著提高；四是加大金融信贷业支持科技创新的力度。政策性金融机构对片区内重大科技专项、重大科技产业的规模化融资和科技成果转化项目、高新技术产业、战略性新兴产业发展给予重点信贷支持。政府要利用基金、贴息、担保等方式，引导商业性金融机构积极支持自主创新、资源节约型、环境友好型的重点项目。

同时，要更关注扶贫科技投入资金的使用和管理。对于量大面宽的扶贫工作来讲，将有限的资金用在刀刃上，如何用好有限的科技扶贫资金，是新形势下科技扶贫工作的关键问题。应该细化专项扶贫资金使用办法及细则，引入担保公司参与和执行政府扶贫开发项目，保证资金的专项专用，增加透明度，提高资金使用效能。

四、健全基层科技人才保障机制

实现农业现代化、产业化，为基层农民提供有效的科技服务，实现技术创新、产业升级和结构优化，都离不开科技服务人才。针对武陵山重庆片区基层科技服务专业技术人才短缺、人才难留现状，应着重建立健全基层科技人才保障机制。建立特殊的吸引人才、留住人才的优惠政策，创新产学研用多元一体的人才共享互助模式。大力培养、引进和聘用科技服务人才，建立科技服务人才培养、选拔、激励机制。创造良好的环境、条件和科研平台，培养凝聚各类科技人才，调动广大科技工作者的积极性和创造性，努力开创培养人才、发现人才、使用人才和保护人才的社会氛围，建设一支与片区经济社会发展相适应的规模适度、结构合理的高素质科技人才队伍，为武陵山重庆片区的科技进步与社会发展提供强有力的人才支撑和智力保障。

五、推进科技服务信息化建设

"四个现代化，哪一化都离不开信息化"，信息技术的发展与广泛运用对当今经济社会发展产生了深刻影响。建设科技服务信息网络系统，为贫困地区创造良好的发展软环境，是科技服务供给又一重要任务。建立信息共享机制，推进扶贫开发信息化建设，就是对数据信息进行全面分析，厘清致贫原因、类别、贫困结构与分布，明确帮扶重点。推进科技服务信息化，需要建设覆盖全片区的统一、开放的扶贫开发综合信息管理系统，编制高质量的建档立卡数据分析报告和基础信息手册，不断提升科技信息的服务能力。

六、健全适用技术推广和成果转化体系

将科技培训与培训内容相关的项目实施有机结合，是将科技实用技术转化为现实生产力的有效措施。一是统筹协调好资金、人才、培训阵地、受训人等各种资源，开展系统的科普知识培训。通过集中办班培训，选取科普带头人以课堂讲授与现场观摩学习相结合的方法开展培训，让他们把科普知识通过自己的言传身教再带给家乡渴求实用技术的人们。二是建立乡土实用科技人才信息资料库，实行动态登记管理和跟踪服务，逐步建立完善乡土人才知识更新培训制度，建立职称评定和评优制度、科技资金扶持制度等，最终形成一套乡土人才培养—选拔—使用—评价—服务的完整体系。三是注重发挥农协会、农研会等科普网络的职能作用。利用农业合作组织、协会等既懂技术、懂市场，又扎根农村，热心农业科技特性，发挥他们在实用科技示范推广中言传身教的聚合和辐射作用，达到"以能人示范带动实用技术推广，以实用技术致富一方百姓"的科技扶贫目的。

第十章

生态贫困、经济发展与家园保护

在传统粗放型经济发展模式下,经济发展与生态环境污染连体相生,经济越发展,生态环境污染就越严重。因生态环境恶化导致区域性贫困越来越受人们关注。武陵山重庆片区集经济贫困和生态贫困于一体,要实现社会经济发展和生态环境保护的良性互动,就必须把生态环境保护与经济社会发展有机协调起来,走一条立足区域资源优势、依靠科技的生态绿色发展道路。

第一节 生态贫困与经济发展研究述评

一、生态贫困及其特征

(一)生态贫困的内涵

简单意义上理解,生态贫困即是人类所处的生活环境评估指标在生态赤字以下,因人口超出生态容量、受生态灾害影响、资源严重匮乏而导致的人类贫困。生态贫困在于生态环境作为评价人类贫困的重要指标,在其理论当中,将生态环境视为一种稀缺的经济资源,当一个地区由于资源不合理利用等人类活动引起生态负荷超过生态环境承载能力时,就出现生态赤字,导致生态环境恶化,进而影响该地区的经济社会发展,使经济贫困、健康贫困、可行能力贫困等问题难以解决。

测量生态贫困的主要指标包括生态容量和人类负荷。生态容量,即以人口计量为基础的生态承载力,在不损害区域生产力的前提下,一个区域有限的资源能供养的最大人口数。人类负荷是指人类对环境的影响,由人口总量规模和人均对环境的影响规模共同决定。导致生态贫困的因素包括由人为或自然作用造成的水土流失、沙（石）漠化、森林覆盖率低和自然灾害等。

随着人类对贫困问题的研究和认识的不断深化，生态环境保护与经济社会发展之间的相互关系问题受到极大关注。众多研究成果表明，生态问题和经济社会发展具有紧密联系，一般情况是生态脆弱地区经济社会发展比较落后，经济社会发展滞后的地区其生态问题也十分突出。一些工业发达地区生态问题十分突出，并且可持续发展能力在持续削减。

（二）生态贫困的基本特点

生态贫困具有难恢复性、差异性、复杂性和危害性等特点。生态贫困的难恢复性是因为贫困地区生态环境恶劣，自然资源稀缺和生产条件匮乏，一旦构成区域生态系统的某一资源过度开发，从而破坏整个系统，但要在短期恢复却很困难。生态贫困的差异性主要表现在受自然地理环境特征影响，不同地理位置、气候、植被覆盖都将使生态系统呈现出不同的特点，如我国西北黄土高原的生态特征是干旱少雨、植被稀疏、水土流失严重，武陵山片区则表现为植被丰富、多元化生态系统保持较好，但泥石流、石漠化等自然灾害较为严重等生态特征。复杂性则取决于区域性生态系统的复杂性。人类所生存的环境是一个完整的、开放的和复杂的生态系统，其构成要素众多，要素之间关系错综复杂，系统中任何一个生态链出现问题，就有可能使整个生态系统无法正常运行。生态贫困的危害性在于其对环境和人类生存的破坏度。生态环境是一个相互关联、相互影响的综合系统，如果生态问题不断恶化，不及时治理，在自然界和人力破坏的共同作用下，必然导致区域性生态环境的极大破坏，进而对人类生存产生威胁，进而出现生态贫困的恶性循环发展。

（三）生态贫困与经济发展之间的关系

生态环境与经济发展之间存在很大的耦合性。著名的"贫困陷阱"理论将贫困与环境描述为一个相互依赖和相互强化的螺旋下降过程。越是贫困的地区对生态环境依赖越高，较低的生产力水平决定了人类活动对自然资源的掠夺性，对相对容易开发的水土、草地和森林将加剧生态环境的恶化，使经济发展与生态贫困陷入互为因果的恶性循环之中。[①] 贫困的发生以及贫困程度与地方生态环境密切相关，见图10-1。

[①] 刘慧、叶尔肯·吉扎提：《中国西部地区生态扶贫策略研究》，载《中国人口·资源与环境》2013年第10期。

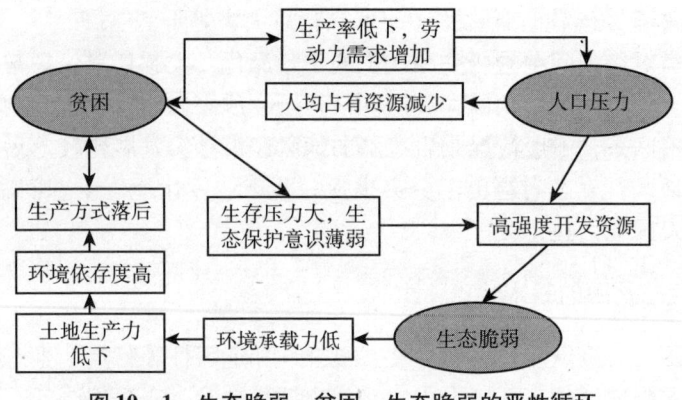

图 10 – 1　生态脆弱—贫困—生态脆弱的恶性循环

1. 生态脆弱地区经济贫困率发生较高。

经济落后与生态环境脆弱具有较高的相关性，两者在地理空间分布上有着一致性。环保部统计数据显示，占全国 95% 的贫困人口生活在生态环境脆弱的老少边山穷地区。生态脆弱地区贫困发生的原因在于恶劣的生存环境、匮乏的自然资源和阻塞的对外交通。泥石流、水土流失、沙（石）漠化、地震、滑坡等灾害导致受灾地区贫困和返贫。不适宜农业的气候环境制约了农村经济的发展。以高山、丘陵为主的地形条件，决定了可利用土地和水资源稀少。同时，肥力较差的土地资源单位产出量低，再加上适宜山地农业的机械化、智能化工具稀缺，以及受严重制约的山地农业集约经营，决定了农业生产的低产量和不稳定，无法满足地方财政和个人的增收，也限制了扩大再生产的经济积累。

2. 地区经济贫困加剧生态环境恶化。

传统的粗放生产经营方式以大量消耗资源为前提，人们为了获取更多的利润，对自然资源进行掠夺性开发，大量森林被砍伐、绿色生态系统受到损伤，造成水土流失、山体滑坡、沙（石）漠化等灾害出现，最终导致资源问题更加突出，环境持续恶化。一方面，贫困地区的低经济水平和落后的产业结构决定了以农业为主、广种薄收的粗放模式。低端工业过度依赖原材料开发，产业链条短，产品附加值低。另一方面，受经济水平影响，贫困地区的居民对生态环境保护关心不足，环境整治力量弱。而贫困地区财政收入低，不能也不愿意支付昂贵的环境治理费用，因此，在"粗放开发—环境污染—生态退化—贫困—掠夺开发—资源枯竭—贫困加剧"的恶性循环中，贫困地区生态环境保护和经济发展陷入"贫困陷阱"中。[①]

---

① 祁新华、林荣平等：《贫困与生态环境相互关系研究述评》，载《地理科学》2013 年第 12 期。

3. 集中连片贫困区的生态贫困问题更为严重。

在《全国主体功能区规划》中，大部分贫困地区被列为国家重点生态功能区，承担着国家或地区的生态服务功能，成为生态重点保护和禁止开发区。这些地区为了保护生态，丧失了大规模开发的机会。耕地和草场的限制开发，阻断了农林牧业广种薄收和扩大规模的增值路线；排污和环保指标的限定，在一定程度上限制了传统能耗工业的发展，工业增值严重受阻。一些贫困地区虽然生态保存良好，但限于对外交通问题，而成为"当世桃源"，生态资源变现能力差。总体来看，集中连片贫困地区的生态功能定位在一定程度限制了区域经济的传统发展路径，在没有创造出新的发展模式之前，这些重要的生态功能区群众将成为新的"生态贫民"。

二、我国生态扶贫理论与政策

（一）生态扶贫的概念界定及特征

将经济发展与生态环境保护相结合的扶贫方式被称为生态扶贫。最早的概念源于将生态资源作为产业发展的起点，希望借着科技创新的力量，开发具有地方特色的林、草、药等资源，发展特色产业，其核心要义是产业生态化[1]。杨文举对生态扶贫概念的解释则开始兼顾资源状况和经济发展水平，希望在维持生态平衡的前提下，依托现代农业、信息产业等科技知识，发展生态化产业[2]。有些学者侧重于从生态系统的服务功能与扶贫开发关系中去理解生态扶贫，认为生态扶贫应该是改善贫困地区生产和生活条件提高其生态服务功能的地方可持续发展方式[3]。生态人类学则将生态扶贫视为一种协调生态系统和人类贫困之间的一种策略[4]。而更能指导我国现阶段生态扶贫概念，则是在绿色发展理念下，关照贫困地区绿色和可持续发展的发展经济与生态保护互促[5]。

尽管文献对生态扶贫概念有不同的界定，但生态扶贫的内在逻辑总是由生态优化而关注区域经济社会发展。本书认为生态扶贫是统筹解决区域性整体贫困和生态环境总体改善的扶贫解决方案，是意在通过资产收益扶持制度实现生态保护和扶贫开发的同步发展，建立可持续的生态资源利用保护体系，搭建生态服务消

---

[1] 沈斌华：《谈"生态扶贫"和"组织扶贫"》，载《北方经济》1999年第8期。
[2] 杨文举：《西部农村脱贫新思路——生态扶贫》，载《重庆社会科学》2002年第2期。
[3] 查燕：《宁夏生态扶贫现状与发展战略研究》，载《中国农业资源与区划》2012年第1期。
[4] 蔡典雄、查燕：《中国生态扶贫战略研究》，科学出版社2015年版。
[5] 杨文静：《生态扶贫：绿色发展视域下扶贫开发新思考》，载《华北电力大学学报》2016年第4期。

费的市场体系，形成生态产品维护成本的合理分摊机制的新的可持续发展模式与扶贫模式[①]。

生态扶贫具有生态化、经济化和制度化特征。生态化特征强调改善生态环境，维护生态系统的良好和可持续发展生态扶贫的起点在于保证区域的生态安全，利用生态环境获得发展机会，实现经济发展的绿色化和产业发展的生态化。经济化特征则强调合理利用生态资源发展新兴产业，变"青山"为"金山"，意将生态资源转化为资本融入经济社会发展之中，增加贫困群体参与生态资源资本化经营机会。制度化特征强调用制度设计和运行来保障生态功能区居民的权益。建立完善的生态补偿制度，对生态资源的变化给予补偿，提升贫困主体的可持续生计能力。

（二）我国生态扶贫政策演变

从1978年开始，我国农村扶贫开发工作走过了由农村经济改革、小规模区域扶贫向大规模有针对性的扶贫开发转变的过程。在此过程中，直到1994年，《国家八七扶贫攻坚计划》中才将生态扶贫纳入扶贫总体框架中，见表10-1。

表10-1　　中国农村扶贫政策中生态扶贫的演变

时间	政策出处	生态扶贫政策内容
1994年3月	《中国21世纪议程》	在贫困地区开始普及生态环保知识，培养节约资源、绿色消费和清洁生产意识
1994年3月	《国家八七扶贫攻坚计划》	生态失调是贫困县的普遍特征，提出改善生态环境任务
2001年6月	《中国农村扶贫开发纲要（2001~2010年）》	扶贫开发必须与资源保护、生态建设相结合，实现资源、人口和环境的良性循环，提高贫困地区的可持续发展能力
2001年11月	《中国农村扶贫开发的新进展》白皮书	扶贫与可持续发展战略结合，扶贫开发与水土保护、环境保护、生态建设相结合
2011年12月	《中国农村扶贫开发纲要（2011~2020年）》	在贫困地区继续实施重点生态修复工程。建立生态补偿机制，并重点向贫困地区倾斜，加大重点生态功能区的生态补偿力度，重视贫困地区的生物多样性保护
2013年11月	十八届三中全会	完善对重点生态功能区的生态补偿机制，推动地区间建立横向生态补偿制度

[①] 沈茂英、杨萍：《生态扶贫内涵及其运行模式研究》，载《农村经济》2016年第7期。

续表

时间	政策出处	生态扶贫政策内容
2015年12月	中央扶贫开发工作会议习近平讲话	提出扶贫开发五个一批：以展生产脱贫一批、异地搬迁脱贫一批、生态补偿脱贫一批、发展教育脱贫一批、社会保障兜底一批，全方位解决贫困问题

1994年，国务院在《国家八七扶贫攻坚计划》中分析扶贫形势和任务时，指出了生态失调是贫困县的普遍特征，说明此时国家开始关注生态环境与经济发展的相互关系，但是，没有明确提出生态扶贫的方式方法。

2001年，我国扶贫开发政策更为明确地强调了生态保护与经济发展的关系，在措施中明确提出"以有利于改善生态环境为原则，发挥贫困地区资源优势并改善生态环境的资源开发型企业的经营方式"，扶贫政策体现了改变以往"先破坏、后治理"发展模式的战略转型，取而代之的则是"经济发展与生态保护"相结合的模式。

《中国农村扶贫开发纲要（2011~2020）》对农村生态扶贫加入了更多内容，应对能源消耗问题，提出"要重视能源和生态环境建设，加快贫困地区可再生能源的开发利用"，制定了生态扶贫的具体制度，在贫困地区实施重大生态修复工程，建立生态补偿机制。生态扶贫的手段和措施更加明确。

2013年11月，习近平主席在湘西调研时首次提出了精准扶贫概念，其中，将生态扶贫作为"五个一批"中的重要内容，强调了针对生态脆弱和生态破坏导致的贫困，有效的生态扶贫是摆脱贫困的根本[①]。

（三）生态扶贫的实践路径

生态扶贫作为中国特色的扶贫模式，既有具体项目实施和资源开发为主的基础性扶贫，也有以生态实物产品市场化所构成的产业扶贫，还涉及非实物产品的服务消费扶贫，全方位助力贫困地区脱贫。经过20余年的探索，我国生态扶贫大致形成了三条实践路径。

1. 生态产业扶贫。

生态产业扶贫源于对传统"先污染、后治理"工业发展模式的纠正。生态产业以循环、再生原理和系统的非平衡稳原理为支撑，合理利用资源，调整产业结构与布局，促进区域经济的可持续发展。生态农业产业链和旅游是生态产业扶贫的重要领域。生态农业产业链是围绕现代绿色农业发展建设的"产""加""销"

---

① 《习近平赴湘西调研扶贫攻坚》，新华网，2013年11月3日。

的链状产业结构，把农业增长、农民增收和生态环境治理融为一体的可持续产业体系。利用当地的生态资源，开发生态农业，发展新兴产业，创造连片贫困区的产业支撑[1]。生态旅游扶贫则依托于旅游产业发展，将贫困地区独特的自然风光、人文风情作为特定的生态旅游资源进行产业化开发，针对贫困地区的生态资源与民族资源的重叠发展生态旅游，不仅可以实现经济产业的创新性发展，也能助推民族文化的传承与保护[2]。

2. 生态移民扶贫。

生态移民是指出于生态保护和涵养的需要，将原住人群搬离生态脆弱区、自然环境条件恶劣基本不具备人类生存条件地区、自然保护区和生态环境严重破坏地区，在另外的地方定居并重建家园。生态移民因生态环境因素所致，即区域居住人口规模远远超过区域生态环境容量和承载能力，一般不受原住人群的生产方式、交通运输、产业结构变动和新区开发因素的影响。通过将生活在恶劣环境条件下的居民搬迁到生存条件更好的地区，一方面，可以减轻人类对生态环境的继续破坏，减小自然保护区的人口压力，使自然景观、自然生态和生物多样性得到有效保护；另一方面，可以通过异地开发，逐步改善贫困人口的生存状态，实现脱贫[3]。

3. 生态补偿扶贫。

生态脆弱而资源富足的贫困地区为国家发展提供了资源储备、生态保障和风景建设功能，而让渡了自己的经济利益，国家用生态补偿的方式来调节利益平衡，以"受益者付费，保护者得到补偿"的原则体现权利保障和社会的公平正义。我国目前实施的生态补偿主要有三种方式。一是中央政府主导的贫困地区生态补偿，其中，最具影响力的是退耕还林工程等生态补偿。国家无偿为退耕农民进行粮食补偿和现金补助。二是地方政府主导的贫困地区生态补偿。这种补偿一般通过四种形式实现，即协商、强制、交易和合作。协商用于省际间的生态补偿支付；强制表现为地方政府内部通过立法确立补偿的责任与标准；交易通过市场机制完成补偿，如排污权交易、碳汇交易和水权交易等；合作是发达地区通过异地开发、产业转移等方式扶持受限制地区的产业开发。三是与

---

[1] 王振颐：《生态资源富足区生态扶贫与农业产业化扶贫耦合研究》，载《西北农林科技大学学报》2012年第6期。

[2] 沈茂英：《川滇连片特困藏区农村扶贫可利用生态资源研究》，载《四川林勘设计》2015年第4期。

[3] 张茂林：《我国贫困人口的资源生态空间特征与开发性扶贫移民》，载《人口与经济》1996年第4期。

国际合作的生态补偿[①]。

第二节 武陵山重庆片区生态贫困现状及形成机理

武陵山是典型山区,境内群山起伏,水系纵横,交通极其不便。先天地理状况决定了区域内人均耕地面积严重不足,同时,武陵山重庆片区自然灾害频发,且具有灾害种类多,发生率高,各类灾害叠加发生频次高等特点。生存环境恶劣和自然灾害频发是武陵山片区生态贫困的主要客观外在条件。

一、武陵山重庆片区生态贫困现状

目前,还没有一套有效测算和评估生态贫困的指标体系,本书立足实地调研,结合片区各区县的统计公报数据,从农民收入、耕地面积、森林覆盖、GDP能耗等方面进行计量和定性分析。

(一)经济发展滞后、贫困问题依然突出

武陵山重庆片区经济发展相对滞后,不仅片区发展与重庆市和全国平均水平之间存在明显差距,而且片区各区县城乡之间发展也存在较大差距。2016 年,重庆市人均地区生产总值为 57904 元,作为武陵山重庆片区主体的渝东南生态保护发展区人均地区生产总值仅为 35446 元[②],相差 22458 元。

2016 年,全国居民人均生活消费支出为 18322 元,重庆城镇常住居民人均生活消费支出为 16385 元。武陵山重庆片区各区县居民人均生活消费支出为 11484元,低于全国平均水平 6838 元,低于重庆市平均水平 4901 元,见表 10 - 2。其中,在生活消费支出水平最低的秀山县为 9862 元,比全国平均水平低 8460 元,比重庆市平均水平低 6523 元。

表 10 - 2　　　　2016 年武陵山重庆片区居民人均生活消费支出一览表

项目	黔江	丰都	石柱	秀山	酉阳	彭水	武隆	片区	重庆市	全国
人均地区生产总值（万元）	47184	28836	42042	37776	30814	23370	25619	33663	57902	53980

[①] 徐丽媛、郑克强:《生态补偿扶贫的机理分析与长效机制研究》,载《经济理论与实践》2012 年第 10 期。

[②] 重庆市统计局:《重庆统计年鉴 2017》,中国统计出版社 2017 年版。

续表

项目	黔江	丰都	石柱	秀山	酉阳	彭水	武隆	片区	重庆市	全国
全体居民人均生活消费支出（元）	13323	11671	13561	9862	10981	10081	10909	11484	16385	18322
城镇居民人均生活消费支出（元）	19155	16144	19755	12584	15006	16112	15769	16397	21031	24445
农村居民人均生活消费支出（元）	8329	8441	9455	7907	8586	7383	8577	8382	9954	10955

资料来源：2017 年《重庆统计年鉴》。

（二）自然生态系统脆弱且承载能力低

作为重庆市重要的生态保护发展区——武陵山重庆片区生态资源相对富足，但是，也在较大程度上存在资源不均衡等特点，如土地、林地等资源人均占有量低于或略高于全国平均水平。

在耕地方面，受山地形地貌影响，"七山二水一分田"的耕地总量下人均可耕地较少。从统计数据上看，武陵山重庆片区人均耕地面积持平于全国平均水平，在耕地面积最稀缺的秀山、石柱、武隆等区县，其人均耕地面积仅为全国平均水平的 56.60%、57.30%、74.10%，见表 10-3。

表 10-3　　2016 年武陵山重庆片区各区县人均耕地面积情况

地区	耕地面积（公顷）	人均耕地面积（亩）	与全国人均面积比较绝对值（%）	与全国人均面各比较相对值（%）
黔江	89	1.62	0.19	113.30
丰都	118	1.42	-0.01	99.30
石柱	45	0.82	-0.61	57.30
秀山	54	0.81	-0.62	56.60
酉阳	171	2.01	0.58	140.50
彭水	160	2.29	0.86	160.10
武隆	44	1.06	-0.37	74.10
片区	681	1.49	0.06	104.20

资料来源：2017 年《重庆统计年鉴》。

在林地方面，武陵山重庆片区林地总面积为 1807.40 万亩，人均林地面积约

3.97亩,高于全国平均水平的92.94%。从分布来看,丰都、秀山、酉阳等区县相对较低,仅有2.62亩、3.03亩和3.06亩,略高于全国平均水平约20%,见表10-4。这与生态保护发展区的要求还有一定距离。

表10-4　　　　2016年武陵山重庆片区各区县人均林地面积情况

地区	林地面积（万亩）	人均林地面积（亩）	与全国人均面积比较（绝对值）（亩）
黔江	207.80	3.77	1.60
丰都	217.20	2.62	0.45
石柱	298.80	5.46	3.29
秀山	200.60	3.03	0.86
酉阳	260	3.06	0.89
彭水	293	4.19	2.02
武隆	330	7.96	5.79
片区	1807.40	3.97	1.80

资料来源：根据2017年《重庆统计年鉴》整理计算所得。

在森林资源方面,武陵山重庆片区森林覆盖率达到53.40%,片区内所有区县的森林覆盖均远远高于全国平均水平的21.66%,超出重庆市森林覆盖率8.4个百分点。其中,作为片区内主要旅游景区的武隆县、石柱县森林覆盖率高达59.20%、55.60%,见图10-2。大面积的森林成为武陵山重庆片区重要的生态安全屏障。

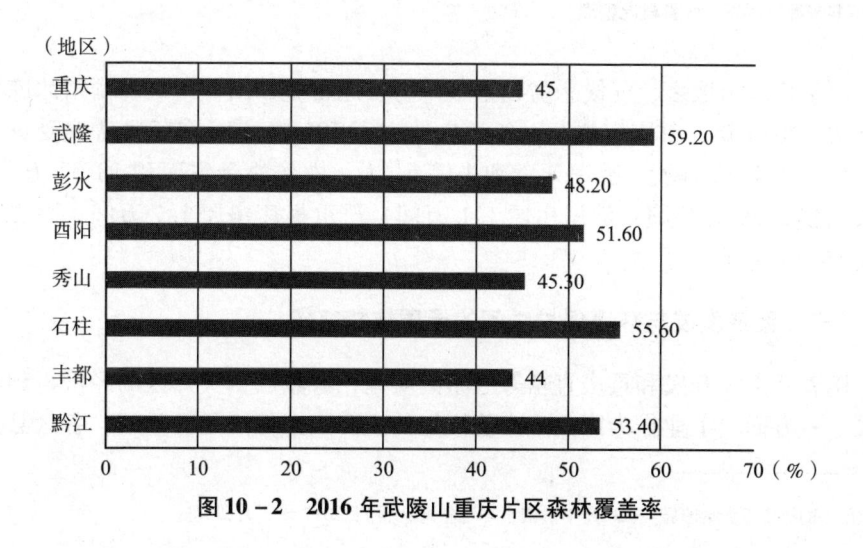

地区	森林覆盖率(%)
重庆	45
武隆	59.20
彭水	48.20
酉阳	51.60
秀山	45.30
石柱	55.60
丰都	44
黔江	53.40

图10-2　2016年武陵山重庆片区森林覆盖率

在水资源拥有量方面，武陵山重庆片区人均资源拥有量较为丰沛，人均水资源占有量约 11 万立方米，远远高于中国人均水资源占有量，见表 10-5。但是，受武陵山重庆片区水系和人群分布的影响，人均水资源占有分布也极不均衡，离江河近的城市、乡镇人均水资源占有量较高，而居住在山地的村落也存在着十分缺水的情况。随着城市建设和工业化进程的不断加深，水资源短缺形势同样日益严峻。水资源存量、水资源卫生以及水资源环境问题已逐渐成为制约片区发展的重要因素。

表 10-5　　2016 年武陵山重庆片区各区县人均水资源占有情况

地区	水资源总量（亿立方米）	人均水资源（立方米）	与全国人均数比较（绝对值）（立方米）
黔江	15.83	2875	775
丰都	31.49	3792	1692
石柱	22.80	4171	2071
秀山	86.30	13034	10934
酉阳	67.06	7889	5789
彭水	48.14	6848	4748
武隆	20.89	5042	2942
片区	292.51	6400	4300

资料来源：根据各区县概况整理。

由于片区山地多、气候恶劣，土壤旱涝、泥石流、山体滑坡、雨雪冰冻等灾害严重。2016 年，重庆市共发生各类自然灾害 503 次，36 个区县普遍受灾，受灾人口为 374.22 万人，因灾死亡和失踪 61 人；农作物受灾面积 18.37 万公顷，绝收面积 2.39 万公顷；倒塌房屋 1.1 万间，严重损坏房屋 1.7 万间；因灾经济损失 48.38 亿元[①]。

（三）经济发展与环境保护之间的矛盾依然突出

随着西部大开发和重庆直辖等战略的实施，武陵山重庆片区的经济得到迅速发展。一方面，工业作为国民生产值增加的主要因素得到足够重视，各区县无不

---

① 重庆市环境保护局：《2016 年重庆市环境状况公报》，2017 年 5 月 26 日。

把"工业兴县"作为县域经济发展的首要目标，优先发展工业的县域经济政策促使工业全面发展。另一方面，各区县陆续发现煤炭、页岩气、有色金属等重要工业原料，为各区县发展矿业工业、化学材料工业创造了便利条件。在巨大的财政增收的压力下，武陵山重庆片区各区县大量承接了东部地区转移出的高载能重化工等产业，见表10-6。

表 10-6　　　　　武陵山重庆片区各区县工业园区情况

工业园区名称	建设时间	规划规模	主要产业
黔江正阳工业园区	2003 年	25 平方公里	食品、新材料、化工
丰都工业园区	2003 年	10 平方公里	食品、轻工、机械、医化
石柱特色工业园区	2006 年	20 平方公里	有色金属、非金属矿业
秀山工业园区	2006 年	40 平方公里	通信设备、食品药品、纺织服装、硅产业、林产品加工、特色矿产品
酉阳工业园区	2002 年	18.13 平方公里	光伏、水泥、锰业
彭水工业园区	2006 年	6.4 平方公里	农副产品加工、矿产品加工、建工建材
武隆工业园区	2003 年	19 平方公里	机械装备、新材料、电子信息、特色食品、旅游商品

高能耗产业以较低的技术水平和较高的产出回报契合了片区的经济发展思路，为了服从财政和企业的发展需要，从而不惜以环境污染为代价。传统的"大生产、大消费、大废弃"的工业发展成为片区工业产值的最大贡献者。但是，环境的破坏也是显而易见的，如原煤、电力等能源消耗居高不下，工业园区环境污染物排放强度和万元 GDP 化学需氧量持续走高。工业在高速发展的同时，对植被的破坏和对水资源过度利用成为片区山地生态新的破坏源。

二、武陵山重庆片区生态贫困形成机理

一般情况下，导致生态贫困的原因包括受客观存在的先天自然影响，和人类活动强度超出生态环境的承载极限。两者交替发生作用，形成恶循环，加剧区域性贫困程度。

（一）脆弱的生态环境不能支撑经济发展基础

土地资源稀缺、基础设施建设不足极大地制约了武陵山重庆片区的经济产业

发展。片区生态资源包含了森林、水资源及多样性生物，但对人类经济发展所需要的土地、能源等资源供给则十分稀缺。片区平均海拔高，气候相对恶劣，旱涝灾害多发，泥石流、风灾、雨雪冰冻及石漠化等自然灾害频发。区域内部分地区水土流失严重、土壤贫瘠化，严重影响了经济发展的资源性基础。另外，公路、铁路、电力和通信等基础设施落后，不能创造出经济发展所需的仓储、包装、运输等便利性。而受制于经济发展的低水平，金融、技术、信息等高端市场体系建设严重不足，产品要素交换和对外开放程度，以及过高的物流成本等，都严重限制了本地区位优势的特色产业发展。

（二）粗放型经济发展模式加重生态危机

1. 粗放农业加重土地贫瘠。

武陵山重庆片区经济发展相对滞后，作为第一产业的农林牧渔在整个国民经济构成中占比过高。2016年，武陵山重庆片区第一产业、第二产业、第三产业结构比例为16.09：46.34：37.58，与全国8.6：39.8：51.6相比，第一产业明显偏高，见表10-7。

表10-7　2016年武陵山重庆片区第一产业、第二产业、第三产业结构比例

地区	第一产业（万元）	第二产业（万元）	第三产业（万元）	产业结构比
黔江	220302	1153811	814298	10.07：52.72：37.21
丰都	321635	809779	574212	18.86：47.48：33.67
武隆	215654	573879	666597	14.81：39.41：45.78
石柱	252471	717313	484392	17.36：49.33：33.31
秀山	212498	714528	578840	14.11：47.46：38.43
酉阳	277054	545319	472435	21.4：42.12：36.49
彭水	252467	532296	502095	19.62：41.36：39.02
合计	1752081	5047225	4092869	16.09：46.34：37.58

资料来源：2017年武陵山片区各区县《国民经济和社会发展统计公报》。

传统农业受自然生态环境影响十分明显，片区农业生产技术落后，人们只能以牺牲生态环境为代价来扩大再生产，虽然经过打工经济洗涤，部分农业抛荒，但传统生产生活方式仍对生态环境产生不良影响。

2. 传统工业产业环境污染严重。

现阶段"大生产、大消费、大废弃"的传统工业产业仍然是武陵山重庆片区

工业产值的最大贡献者。传统工业的"消排两高"对生态产生极大破坏。

一是原煤和电能等能源消耗量居高不下。2016年，武陵山重庆片区规模以上工业能源消费总量为288.63万吨标准煤，占全市3975.28万吨标准煤的7.5%，见表10-8。

表10-8　　2016年武陵山重庆片区各区县规模以上工业能源消费总量

单位：万吨标准煤

黔江	丰都	武隆	石柱	秀山	酉阳	彭水	片区合计	重庆市
33.91	114.75	9.43	56.95	45.6	8.41	19.58	288.63	3975.28

资料来源：2017年《重庆统计年鉴》。

二是过度聚集的化工企业致使工业园区环境污染物排放强度和万元GDP化学需氧量排放居高不下。片区工业园区承接了大量化工企业，形成化工产业聚集地，工业园区二氧化硫排放量逐年增加，对生态环境造成影响。

3. 新兴工业生态产业发展受技术、成本和市场局限较大。

医药、食品、新能源、绿色旅游、康养产业长期以来主要依赖天然资源、气候、地理位置和传统生产工艺等低级生产要素，缺乏对研发、设备、技术、管理、市场营销和品牌建设等方面的持续投资与创新，只具有资源优势，没有经济优势和竞争优势。一是减排和减耗、转化技术不成熟及治理污染费用大等因素，导致企业运行成本过高。二是部分新兴工业生态产业过分依赖政府补贴和能源政策扶持，市场融资渠道不畅。三是在全球经济放缓的趋势影响下新型产业面临市场萎缩危机和竞争压力。

4. 工业生态集群关联度和依赖性差。

一是传统优势产业间没有形成有机融合和相互支持的产业集群，页岩气、垃圾发电、风能未成为优势产业的能源支撑，化工、装备制造、新能源汽车等产业与本地资源契合度较差。二是生态经济服务业尚未与工业生产有效剥离，成长空间受限。部分企业特别是龙头企业，都建有热能服务、污水处理等环境治理配套设施，一方面，增加了能源消耗；另一方面，也压缩了生态服务型企业市场。三是废物处理和再生资源开发企业总量不足。工业废料处置多由园区以行政监管方式执行，污水治理设施由工业园区公益建设，以承包方式委托第三方管理；工业废渣直接运到填埋场，但受填埋年限和废渣类型限制，无法全部处理。利用垃圾发电、废水循环利用等环保企业建设严重滞后。

第三节 生态环境保护与反贫困联动的对策建议

武陵山重庆片区生态环境保护与地区扶贫在缓解贫困和改善生态环境两个目标上具有高度的重叠性，因此，生态环境保护与扶贫在政府制定区域宏观发展战略和规划时，可以统筹考虑，将生态建设与扶贫减贫目标相结合，可以创新工作思路，有利于增强贫困地区的自我发展能力，降低反贫率。应该说，在新时期，随着人类对贫困的理解不断深入，统筹扶贫政策和地区生态建设将是新时期区域社会经济发展的一种趋势和新的选择。

一、切实建立促进生态环境保护的产业可持续发展机制

生态环境保护与建设是以可持续发展观作为目标指向的，解决人与自然之间矛盾冲突的问题。精准扶贫解决了贫困状态的人群和地区的发展问题，是可持续发展观对国家经济社会发展的内在要求。现阶段，"两型社会"建设已成为全国社会的共识，但在贫困地区，对于环境与经济的共赢发展还存在着许多复杂和矛盾的思想。尤其是在地方经济发展、政绩考核和财政压力的矛盾压力下，在比较生态环境与地方经济社会发展的重要性和选择上，地方政府不得已做出牺牲环境发展经济的决定。因此，必须从政策层面调整改革进行解压，从政策和战略的高度理顺生态环境保护与经济发展的关键，设计出生态环境保护建设与精准扶贫有机结合，依托生态资源优势，发展生态产业，消除贫困，实现贫困地区的可持续发展。

（一）实施有效的财政和税收支持政策

1. 在各片区财政建设预算中增加节能减排支出。

政府通过财政支持，鼓励企业自主实施节能技术改良项目，推广和普及节能减排的新技术、新工艺、新产品。一是鼓励支持企业加大节能技术改造力度，加紧研究和开辟新能源，提高非石化能源的消费比重；推进可再生能源、地热资源和水源热泵技术规模化应用，推动企业节能减排，实现资源集约高效利用和废物循环利用。二是支持引进环保节能新技术项目，重点引入工业废弃物再利用技术，如磷石膏废渣再利用、连续微滤和渗透组合水处理工艺等，培育壮大节能环保龙头企业。三是财政支持建立龙头企业、地方高校和科研院所联合科研攻关机制，在人力、物力和财力方面协同协作，针对工业"三废"、

生活垃圾、生活污水等废物资源开发利用研发新技术，谋划新产业。四是鼓励和资助民间发明创新。

2. 加大财政转移支付的力度。

扩大民族地区、贫困地区天然林保护工程、退耕还林工程以及国债补助范围，将贫困地区因受高耗能、高污染破坏的生态环境作为补助对象。作为生态保护功能区，武陵山重庆片区实行了限制开发政策，如限制高耗水农业、重工业开发等，这些措施没有得到有效的后续保障，在一定程度上导致了贫困地区发展落后于其他地区，脱贫致富困难。因而，国家和政府应加大对其专项财政转移支付力度，减少或取消各类项目的地方配套科收，支持片区控制"两高企业"。

3. 对无害和环保产业实行优惠政策。

制定并执行环保企业的政策优惠措施，在资金、人力、场地以及产业链构建等方面给予支持，鼓励企业吸收金融资本和民间资本投向能耗低、污染少、附加值高的项目。扶持重化工、装备制造、制药等重点耗能企业，淘汰能耗大、效益差、污染高的设备和产品。支持环境无害产业和环保产业发展，在国家税收政策允许的范围内增加优惠项目，如降低环保企业的各种税负，给予"三废"综合利用产品和清洁企业一定的税收补助等。

（二）合理调整工业生态经济产业结构

一是坚持"以产促城、产城联动"的发展策略，以化工产业治理为抓手，升级工业产业模式，使其向环境友好型产业良性发展。二是鼓励和支持新兴生态产业跨越式发展，鼓励传统优势产业进行技术、产品和生态工艺创新，着力培育清洁能源、电子信息、旅游、新能源和智能汽车、生物医药和康养等产业龙头。三是建设生态服务型企业群，大力发展废物回收利用、生态治理和绿化园林产业。四是关停并转一批环境治理成本大于产能效益的环境污染企业。

（三）强化生态环境建设的政绩考核

加大生态环境建设考核在政绩考核中的比重，把生态环境保护和基础教育、公共医疗、社会保障等民生工程放在同行重要的位置。生态环境保护涉及美丽家园建设，是地方政府不可缺少的政绩考核内容。加大生态环境建设政绩考核，一是可以讨论制定《环境综合整治定量考核工作实施方案》，将涉及环境综合整治目标细化量化，再分解为不同的项目指标进行考核，各部门各司其职，各负其责。二是切实推进河长制、山长制，将生态环境建设任务明确到县、乡、村、社各级，让各级主要领导人挑起重担，肩负责任。

二、把生态环境优势转化为资源优势

武陵山重庆片区森林、植被、水能、风能等资源丰富，产业发展潜力较大，生态优势较为明显。和中东部地区相比，武陵山区的"华中氧吧""华中药库"等生态特色正转变为一种品牌效应。因此，武陵山重庆片区要辩证地认识"欠发达、待开发、未污染"的特殊情况。从一开始就要树立"环保先进、生态立区"的发展思想，发挥新兴特色产业的后发优势，依托自身生态资源发展具有本地特色的持续发展之路。如积极发展榨菜、猕猴桃等特色农业，引进国内外食品加工先进工艺开发特色食品、饮品以及养生产品，以较高的科技附加值提升产品的市场竞争优势；发展青蒿、藿香、金银花等本地特色中草药，发展现代中医药产业等，片区应放眼世界，立足长远，发展与生态环境相适应的绿色产业。此外，武陵山重庆片区得天独厚的气候资源、民族文化资源和区位优势也为片区发展旅游产业、康养产业、文化产业提供了良好的条件。

（一）依托传统农业资源发展生态农业

武陵山重庆片区在发展生态农业方面有着较好的比较优势。片区光热资源丰富，为各种生物生长提供了充足的条件。在长期的历史发展过程中，片区积累了众多的农业生产知识和经验，创造了灿烂的农耕文化，农产品资源丰富，如水稻、玉米、薯类等食粮作物，板栗、猕猴桃、核桃、油茶、油桐、烟叶等经济作物，猪、牛、羊、鸡、鸭等畜禽产品以及黄连、杜仲、金银花等中药材。发展生态农业，就是采取多种有效措施调整传统农业结构，以工业化思想发展农业，一是加强对现有农业资源的管理与保护，在满足农用土地的基础上，大力开展植树造林、封山育林、退耕还林，提高区域内森林覆盖率和林业经济效益。二是要引导农民瞄准市场，依靠科技进步，更新农林产品，推广优质产品以及种植和饲养方法，创新片区特色农产林牧产品、深加工产品和精加工产品，提高农产品的竞争力。三是创新农业经营方式，采取"公司+基地+农户""公司+农户""公司+基地"等多种方式，发展生态农业，创造良好的生态农业产业发展环境。四是积极宣传、普及生态和环保知识，引导片区农民树立节约能源、清洁生产和保护环境的生态意识。

（二）改造传统工业构建生态工业经济体系

生态工业主张把各种生产废弃物不断地转变为各种资源，实现清洁生产和环境保护，最终实现生产技术从传统"资源—产品—废弃物"的单向流动转变为"资源—产品—再生资源"的循环物质流动。循环物质流动利于产业集群的生态化、循环经济的集群化，延长工业生态经济产业链，构建产业网络。武陵山重庆片区生态工业体系建设，一是要立足于区域优势，规划设计工业生态经济集群，探索优势产业与工业园区建设、工业布局与城市民生改善、生态资源与产业开发、工业生产与生态服务等内生关联。二是以优势产业为核心，打通上下游市场，形成新材料、能源、医药、食品、旅游等多条产业链，形成产业集群。三是实施工业园区生态化改造工程，推动园区工业用水、蒸汽、热力集中供应及工业废水、废物集中处理。四是推广循环化生产方式，弥补传统产业向新兴产业过渡的渠道缺陷，支持生态服务型企业建设，大力发展以工业"三废"、生活垃圾为资源的新型节能环保产业。

工业生态经济产业示范园通过企业间的副产物和废物交换、能量和废水的逐级利用、基础设施共享来实现园区在经济效益和环境效益的协调发展。一是以工业园区改造升级为契机，重点引进"三高三低"（高技术、高投入、高产出；低能耗、低材耗、低污染）项目，吸引上下游补链项目，优化和提升产业结构与产品结构。二是引进专业化废弃物、废金属、旧电子等高水平资源回收公司，建立以废物回收利用为主体的"静脉产业群"，推进废物循环代谢链形成。三是加强基础设施和集中服务设施建设，利用商业运作 POT 和 PPP 模式，引进生态治理服务型企业，开展水回用、垃圾发电、污泥治理还田等废物的资源化利用。

（三）做强做大生态旅游产业

生态旅游要求将旅游发展与生态保护、经济发展紧密结合，兼具了环境保护、资源涵养和社会经济发展的多重功能。新型旅游产业已突破了山水观赏性的游览，增加了融合性因素，自然与人文、文化与旅游、农业与旅游、工业与旅游等多种融合方式极大地拓展了旅游产业的发展空间。生态旅游更强调人与自然的和谐，强调旅游者与当地居民的行为规范更应该符合于环境价值观念。

武陵山重庆片区旅游资源类型多样且丰富多彩，不仅有奇山秀水，还有众多的文物古迹、少数民族风情。如仙女山、阿依河、小南海、桃花源等。发展生态旅游，武陵山重庆片区正逢其时，一是要及时制定生态旅游发展规划与战略，在保护资源的前提下推动生态旅游的全面发展。二是积极进行环保旅游宣传，倡导绿色旅游，引进可持续旅游行业体系，提高景区的服务管理水平和景区的美誉度。三是维护多方参与者的权益，推动生态旅游发展与权益分享公平。

三、建立积极有效的生态补偿机制

生态补偿要兼顾生态系统服务价值、生态保护成本、发展机会成本，综合运用行政和市场手段，调整生态环境保护和经济建设相关各方面之间的利益关系。武陵山重庆片区作为国家重要的区域性生态安全屏障的重要组成部分，其在生态屏障方面发挥重要作用，它的发展也创造了大规模发展生态旅游和其他生态产业的机会，但如何平衡生态产业与限制性产业的布局，这需要从全域的高度去平衡区域的宏观利益，在可承载的范围内进行相应的生态补偿。

一是健全生态补偿的公共财政制度。进一步调整优化支出结构，确保生态补偿最基本的资金需求，市及各区县财政要逐步增加预算安排，重点支持"生态环境保护和治理""城乡环保基础设施和环境监测监控设施建设""生态公益林建设""千万农民饮用水""万名农民素质培训""农村沼气"等工程建设以及水土保持、自然资源保护、城乡环境综合整治等生态补偿。

二是加快构建生态补偿的扶持政策，促进产业结构调整。通过加强规划引导、制度保障、政策激励等多种手段，加快区域经济结构调整和经济增长方式的转变，构建与生态环境承载能力相适应的生产力布局，努力实现区域经济的可持续发展。着力加强循环经济发展规划的实施力度，大力推进节能降耗。鼓励工业园区、企业推行清洁生产，开展循环经济试点和绿色企业创建，努力营造市场导向、政府推动、企业和公众主动参与的节能降耗工作新格局，形成经济平稳较快增长与单位能耗不断下降的良性循环机制。

三是逐步建立生态补偿的市场化机制。完善水、土地、矿产、森林、环境等各种资源费的征收使用管理，加大各项资源费支出中用于生态补偿的比重。探索排污权交易机制和水权制度建设。搭建交易平台，逐步推行政府管理制度下的排污权交易试点，通过实践探索积累经验，逐步实行污染物排放指标有偿分配和排污权交易机制，运用市场机制降低治污成本，提高治污效率。完善水资源合理倒置和有偿使用制度，加快水权制度建设，推动流域生态服务补偿市场的构建，逐步使片区水资源以有价的形态通过市场调节和政府引导得到更加合理的利用和更为有效的保护。

第十一章

结论与建议

国家扶贫开发"十三五"规划宣称:"中国要在 2020 年全面实现脱贫",这将意味着在 2020 年之后,中国正式步入后扶贫时代。不可否认的是,在打通脱贫"最后一公里"之后,贫困现象还将不同程度存在。那么,后扶贫时代的反贫困策略也将随着贫困状况的改变而调整。我们认为,强化城乡公共服务有效供给和均等化将是应对未来贫困问题最重要的措施。

第一节 乡村公共服务的反贫困机理

乡村公共服务是各服务供给主体在乡村组织实施的为乡村居民提供基本而有保障的农村基础设施建设、文化教育、医疗卫生和社会保障等公共产品的服务。乡村公共服务的反贫困机理研究的出发点在于无差别的公共服务,而公共服务的反贫困效果的显示点则在于服务的专业性及可达性。

本书认为,武陵山重庆片区目前的乡村公共服务侧重于基础设施建设、教育、医疗、公共文化、就业、科技以及生态保护七个方面。这七个方面针对贫困群体和贫困地区发挥的生产生活条件、区域产业发展以及贫困人口能力提升三个方面,即公共服务从通过专项服务改善乡村环境、培育区域产业发展和提升贫困人口的综合素质,实现片区反贫困目标,见图 11-1。

一、改善乡村环境

公共服务的基础设施建设、生态保护致力于乡村居民的生产生活环境的保护与改善。道路、水利、电力、民居改造、生态建设构成当前乡村公共服务的主要内容。其中,道路、居住环境、水电气等能源供应是乡村居民生产生活必不可少的基础性条件,而生态环境的保护则关系到人类长久生存和发展的百年大计。

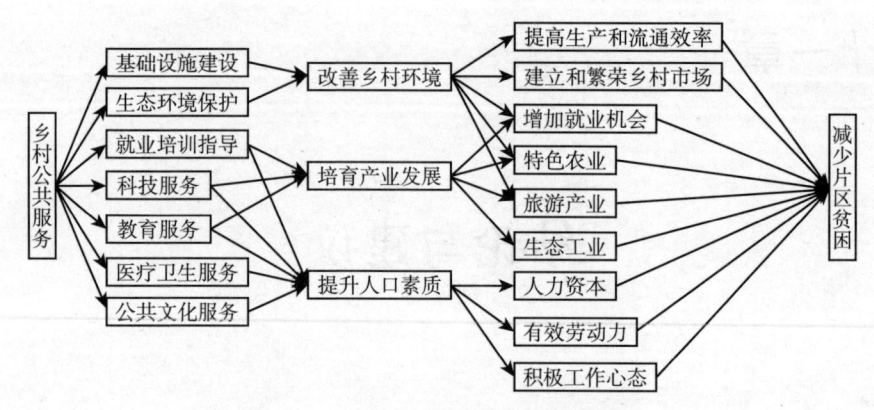

图 11-1　乡村公共服务的反贫困机理

乡村公共服务基础设施建设与生态环境保护最直接的作用就是改善乡村环境，通过交通、教育、医疗以及中心村社便民服务设施的建设，可以在提高生产和流通效率、建立和繁荣乡村市场、增加就业机会和发展特色产业等方面减少片区贫困。基础设施建设可以通过增加非农部门就业和工资来增加家庭收入。同时，从长远发展看，基础设施建设直接改善乡村环境，包括产业发展环境、对外交流环境，有利于农业现代化转型，有利于工业和服务业进入乡村。另外，基础设施建设能够在一定程度上降低交易成本，增加乡村产品的市场竞争力。生态环境保护则在人们生存条件上尽量保持良好状态，使之不至于危害人类健康安全，而良好的乡村生态环境、生态景观则可以成为发展生态旅游等的特色产业。

武陵山重庆片区属于生态保护较好的地区，也受区域、地理、生态以及经济发展状况决定，目前，保存较好的生态系统以及稍显落后的乡村公共服务供给水平是区域最实际的情况。到 2017 年，武陵山重庆片区交通、教育和医疗卫生等基础设施建设取得了较大发展，但是，缺水、缺燃料、缺电以及缺网络信号却是当前大部分乡村共同存在的现实性问题。

二、助推特色产业发展

乡村公共服务助推产业发展的实现路径可分为三个方面：一是服务农业发展直接增加农民收入；二是服务工业发展可以增加就业机会、增加工资帮助减贫；三是服务第三产业既可以直接增加收入，又可与工农业一起增加非农就业和工资收入。

产业发展是一个地区经济快速增长和贫困群众快速脱贫最合理的选择，在广大贫困地区要发展经济产业，必须首先立足于地方的物资资源的丰厚度，还需要大量的产业工人。其中，涉及政府、企业和劳动力等多方需求的统一。地方政府主导经济产业发展，其诉求指向为壮大地方经济，增加本地的财政收入，通过公共财政投入进行经济的循环发展。企业是经济产业发展的载体，也是主力军，缺少了企业，也就缺少了经济产业主体，经济也无从说起，而企业的诉求则是极大化利润的获取。劳动力则需要依附于企业进行劳动，从而获得工资性收入、经营性收入以及财产性收入。劳动力个体收入的获得则需要企业提供就业机会，以及个体能力和综合素质的提升。公共服务通过就业培训、科技服务、教育以及医疗卫生等专项服务有效地服务地区的特色产业发展。

武陵山重庆片区贫困群体可以在企业和社会责任两个方面实现间接减贫。从2011~2016年片区经济产业发展现状看，大部分贫困户从经济作物种植、参与企业工作以及土地流转方面获得利益。特色经济作物的种植还带动了养殖、农资、果品加工、包装、物流、电商以及旅游等相关产业的发展。在工业发展方面，结合片区资源优势，已逐步形成了生物制药、新能源、化工化纤、电子信息以及工业物流等产业群集式发展。工业产值在片区不断增加，也创造了大量的就业机会，营造了良好的投资环境。特别是旅游业得到长足发展，国家A级景区增加迅速，旅游产业的发展带动了片区乡村的交通、村庄面貌以及农民的经营热情。

三、提升人口素质

乡村公共服务以社会事业发展为目标，其中，医疗、教育服务通过促进非农就业和工资增长间接增加家庭收入，科技服务通过实用技术推广运用，促进特色产业来实现减贫。医疗卫生服务提供医疗服务减少致病致贫现象，保证有效劳动力的供给；教育服务则可以提高劳动者知识水平和就业竞争力，医疗与教育的结合有助于农村富余劳动力向非农产业转移而获得更多的收益，更有利于打破贫困的代际传递和贫困积累。

当前，武陵山重庆片区人口与社会、资源、环境之间的矛盾依然尖锐。公共服务与扶贫相结合离不开人口素质的提升，医疗卫生和计划生育服务建立了良好的政策环境和完备的调控保障体系。教育和科学技术事业不仅是特色产业发展直接的推动力，更是提高人口科学技术素质的基本途径。

第二节　推动乡村公共服务与反贫困联动的对策建议

一个地区的贫困在很大程度上是由于长期不到位的公共服务。综合分析贫困地区的致贫因素，其中，生态失衡、基础设施差、社会保障低、医疗卫生条件差、基础教育落后等都直指贫困地区公共服务不足问题。从当前现状看，武陵山重庆片区乡村基本公共服务体系已逐步建立，但其服务效果并没有预期显现，基本公共服务供给水平低，仍然是当前各区县存在的共性问题，严重制约了片区经济社会的发展，也拖累了扶贫工作进程。因此，做好武陵山重庆片区的反贫困工作，需要创新工作思路，从改善和提升乡村公共服务水平的角度出发，结合片区贫困状况，注重公共服务均等化，提出相应的解决方案，实现精准化扶贫。

一、实现乡村公共服务与反贫困联动需要破解的难题

"贫穷是社会的伤疤，减贫是政府的天职，扶贫济困是人类的良心"[①]。社会在发展，贫困状况也在变化，政府扶贫的决心从未变化。但是，扶贫工作在实际过程中，由于多种原因导致的一些问题和风险的出现，从供需变化来看，乡村公共服务与反贫困联动还存在着供需对象意愿不符、公共服务供需矛盾等多方面需要解决的现实性问题。

（一）政府扶贫意愿与贫困户脱贫意愿错位

政府扶贫工作遵循一贯以来"自上而下"的扶贫帮扶策略，在扶贫工作中，往往是通过上级政策、指标划定、责任到人的刚性操作完成扶贫工作任务。在这样的工作体制之下，工作的指向是"完成上级指标任务"，而对于实际情况则存在盲点。在上级领导和基层执行者之间往往会通过统计报表数据来反映扶贫工作进度，而关于贫困地区和贫困户的具体特征、典型案例则知之较少。有的扶贫工作能够在工作报表中记录每家贫困户的"袜子有多少""有多少人多少次进行过帮扶"等表面痕迹，而对于贫困实际的生活状况、想法则知之甚少。政府通过多种形式的扶贫工作方式无差别地进行贫困村的整体搬迁、整村推进等，在政策层面做到了极大努力，而实际操作中则因为政策的刚性却无法解决一些贫困人口的

---

① 李春光：《国务院扶贫办：中国对全球减贫的贡献率超过 70%》，中国发展门户网，2010 年 10 月 12 日。

特殊需求。在人对人、点对点的帮扶过程中，政府扶贫工作人员往往是"上门一回，送一回粮油"，而关于贫困户自己是否选择正确的脱贫方式，有没有脱贫等问题则不在关注之列。因此，政府扶贫与贫困脱贫意愿形成较大反差，扶贫工作人员只是完成上级交办的工作任务，与贫困户需要的真增收、真脱贫等愿望在形式与结果上存在不一致性。同时，一些政府部门并没有认识到公共服务与脱贫的关系，乡村公共服务供给基本上也是由政府"从上至下"统一安排，没能针对贫困地区公共服务需要进行安排资源。

（二）基本公共服务供给与乡村需求不符

农村基本公共服务供给是以满足农民需求为目标，但在实际工作中，政府提供的公共服务形式僵化，与农民真正需求不符。乡村公共服务供给遵照工作的一体化模式，由中央政府和省一级政府负责编制农村公共服务总体规划，侧重于文体、教育和医疗卫生基础设施等硬件建设，同时将规划进行广泛的公示，做到家喻户晓，在指标上做到达标。一方面，政府的乡村公共服务做了大量的工作，基础设施建设指标样样达标，甚至有些乡村出现了基础设施"过剩"的现象，即大部分基础设施长期闲置，缺少使用和维护，任其自然坏掉。另一方面，农民真正的需求意愿得不到满足，无法在"自下而上"的乡村公共产品"需求—供给"决策机制中发表意见，体现意志。在公共服务供给决策中无法行使自己的权利，造成对公共资源的筹集和使用缺乏有效监督。

（三）乡村公共服务供给不均衡

在乡村公共服务供给中存在"重硬轻软"的现象，硬指标针对农民基本生产生活需求，是表面的硬件设施建设，而软指标则关乎农民自身素质提高和农村长期发展。由于政绩考核指标体系以及工作经费问题，不少基层政府往往热衷于用较少投入解决"面子"上的工程，而不会着力解决见效慢的"软服务"，如农民急需的科技信息服务、农村社会保障、就业服务等。另外，长期以来的城乡、区域以及群体差异导致乡村公共服务供给的不均衡现象出现。历史原因导致贫困地区乡村公共服务欠账很多，乡村基本公共服务主体在一定程度上缺失，如城乡建设投资差距、基础教育资源配置差距、乡村公共医疗服务水平低下、城乡社会保障差距等，都是当前乡村公共服务供给不均衡的表现。

二、实现公共服务与反贫困联动的对策建议

武陵山重庆片区乡村公共服务供给不足是贫困产生的重要根源，那么，加强

乡村公共服务供给，助推反贫困事业发展，是一项可供选择的路径。因此，实现乡村公共服务与反贫困联动，需要从以下几方面进行努力。

（一）提升乡村基本公共服务供给能力

公共服务供给能力是公共部门和企业为满足社会公共需求，向公民个人和组织提供基本公共服务的数量大小和质量高低的本领。目前，乡村公共服务的供给主体仍然以政府担纲主要角色，在实际工作中通过基础教育服务、医疗卫生服务、社会保障服务、基础设施服务、环境治理服务等方面供给公共产品和服务。政府服务能力则多从财政资金、政府职能、组织结构和人员素质等方面得以体现。因此，提升乡村基本公共服务，一是政府加强财政资金的管理与运用、转变职能，优化组织结构和建设干部中的人才队伍，通过一定的渠道和方式，获得、整合和配置各种有形或无形资源，不断为社会成员提供他们所需要更多的公共产品和服务。二是建立政府主导下的多元供给模式，通过竞争、选择，让更多的民间机构、社会部门共同参与到乡村公共服务供给体系中，为社会成员提供多种选择机会。三是科学构建乡村基本公共服务供给能力评估体系。针对贫困地区的反贫困需求，从贫困地区所急需的基础设施建设、义务教育、公共医疗卫生、就业培训、科技服务、公共文化、社会保障和生态环境建设八个方面选取指标，并根据实地调研情况编制公共服务供给能力评估指标体系。

（二）采用灵活的公共服务供给实现形式

从目前武陵山重庆片区乡村公共服务现状来看，各区县在许多方面做到了硬件指标达标，但在软件方面有所欠缺。比如，在公共文化服务中，"农家书屋"基本上实现了乡村全覆盖，但通过走访调查，发现其中问题还有很多：首先，农家书屋的书籍是不是贫困地区所需要的，农民有没有兴趣去读这些书，当代农民阅读习惯发生改变，农家书屋有没有相应的服务措施；其次，农家书屋的图书数量和类型是不是都要一致，或者是只重数量不重质量，是否考虑到农家书屋服务对象的数目；最后，图书的利用率怎样，是否有人借阅。这些问题在一些乡村都表现出来，有些农家书屋成为摆设，终年无人问津，书屋的价值没有实现预期的效果。

从乡村公共服务需求来看，乡村居民需求越来越多元化，所以，从供给方面则要考虑选择符合各区县、乡村的基本公共服务的实现形式，做到针对性和灵活性。在实践中，可以采取流动服务形式，公共服务的流动形式具有主动、便捷、灵活、专业化以及可重复供给等特征，如通过"流动科技服务（科技大篷车）""流动图书馆""流动司法所""流动法庭"等到偏远乡村上门服务，能够在一定程度上满足偏远乡村的公共服务需求。另外，乡村的科技、教育、医疗卫生、法律宣传、生态环境保护等公共服务要充分考虑所在贫困区的经济发展状况，要结合乡村发展水平、发展特色、人口、区位和环境等因素，在供给中注意质与量的差别，不能简单地在指标硬件上作比较，要更加注重乡村公共服务的实施效果，在供给形式上做到农民喜闻乐见和便于接受，使基本公共服务的实惠落到实处。

（三）建立公共服务与反贫困联动监控评价机制

公共服务与反贫困联动评价最终要在反贫困效果中得以体现。公共服务与反贫困的结合，是普遍性帮扶与精准性扶贫的有机结合，可以互为表里。对于他们的评价就是要看公共服务对于农民生产生活条件的改善程度。两者联动，其准则是公共服务的全面覆盖是不是真正促进了贫困群体实现有效的、可持续性的脱贫。因此，各区县应该结合本地实际情况，制定公共服务与反贫困联动绩效的评价标准体系，从政府、贫困者以及第三方评价单位对公共服务与反贫困联动的实际成效作出评价，以便于找到问题，总结经验。

建立公共服务与反贫困联动监控评价机制，首先，要建立一个科学合理的监控与评价体系。这个体系提供服务过程监督、资金使用监督等技术与策略，在政策执行、形式和方法上考查公共服务与反贫困联动的规范性，在群众满意度调查上评价公共服务供给质量，在反贫困工作实际贡献度上评价公共服务的覆盖与减贫效果。其次，理顺公共服务与反贫困联动的主客体关系，即确定实施监控的主体和客体以及主客体间的关系，具体的监控如何实施等。由此建立起政府、贫困者以及第三方评价单位共同参与的监控主体系统。最后，要监控评价的结果进行评估与反馈。通过结果的反馈，形成对主要问题的解决方案，以便于在下一环节进行修正和规避，从而形成良性循环，促进有效扶贫。

总之，武陵山重庆片区乡村公共服务与反贫困联动的实践表明，有效的公共服务将明显缓解地区的贫困发生。作为重庆市少数民族聚居区，该地区具有十分突出的民族地区特征。贫困地区和少数民族地区特征的结合，使片区反贫困工作更有特殊意义。基于片区自然条件与少数民族地区的经济发展状况，乡村公共服务与反贫困联动一定要契合区域自然的独特背景、特征和现状，实现公共服务的普遍帮扶与精准扶贫的有机结合，才能有效促进贫困地区的脱贫与发展，并由此探求少数民族地区经济社会创新实践的新思路、新方法，对民族地区的健康、快速、稳定和可持续发展提供有价值的参考。

参考文献

[1] [阿根廷] 劳尔·普雷维什著，苏振兴、袁兴昌译：《外国资本主义：危机与改造》，商务印书馆1990年版。

[2] 刁田丁、兰秉洁、冯静：《政策学》，中国统计出版社2000年版。

[3] [美] 卡尔·帕顿、大卫·沙维奇著，孙兰芝译：《政策分析和规划的初步方法》，华夏出版社2001年版。

[4] [印] 阿玛蒂亚·森著，王宇、王文玉译：《贫困与饥荒》，商务印书馆2001年版。

[5] [印] 阿玛蒂亚·森著，任赜、于真译：《以自由看待发展》，中国人民大学出版社2002年版。

[6] 国家计划发展委员会政策法规司：《西部大开发战略研究》，中国物价出版社2002年版。

[7] [美] 马丁·瑞沃林著，赵俊超译：《贫困的比较》，北京大学出版社2005年版。

[8] 陈庆云：《公共政策分析》，北京大学出版社2006年版。

[9] 范小建：《扶贫开发形势和政策》，中国财政经济出版社2008年版。

[10] 艾米娅·利布里奇、里弗卡·图沃-玛沙奇、塔玛·奇尔波著，王红艳译：《叙事研究：阅读、分析和诠释》，重庆大学出版社2008年版。

[11] [英] 凯蒂·加德纳、大卫·刘易斯著，张有春译：《人类学、发展与后现代挑战》，中国人民大学出版社2008年版。

[12] 胡仙芝：《社会组织化发展与公共管理改革》，群言出版社2010年版。

[13] 郑功成：《城乡基本公共服务均等化的成都试验——发展实践、宝贵经验与完善建议》，中国社会科学院出版社2011年版。

[14] 贺雪峰：《新乡土中国》，北京大学出版社2013年版。

[15] 游俊、冷志明、丁建军：《中国连片特困区发展报告（2013）：武陵山片区多维减贫与自我发展能力构建》，社会科学文献出版社2013年版。

[16] 《我们的酉阳》编委会：《我们的酉阳》，重庆大学出版社2013年版。

[17] 严书翰：《我国生态文明建设的酉阳实践》，中共中央党校出版社2013

年版。

[18] 蒯正明:《推进城乡基本公共服务均等化研究》,上海社会科学院出版社 2014 年版。

[19] 李雪峰:《贫困与反贫困——西部贫困县基本公共服务与扶贫开发联动研究》,中国财政经济出版社 2016 年版。

[20] 向德平、张大维:《连片特困地区贫困特征与减贫需求分析——基于武陵山片区 8 县 149 个村的调查》,经济日报出版社 2016 年版。

[21] 阎云翔著,陆洋译:《中国社会的个体化》,上海译文出版社 2016 年版。

[22] 时正新:《论科技扶贫》,载《中国农村经济》1987 年第 2 期。

[23] 张瑞才、郑维川:《云南省 73 个贫困县科技扶贫规划研究》,载《云南社会科学》1995 年第 6 期。

[24] 罗雍:《论科技扶贫的战略转变》,载《江西社会科学》1997 年第 12 期。

[25] 吴建、宋瑶、张鹤:《贫困人口医疗求助研究进展》,载《河南医学研究》2004 年第 4 期。

[26] 吕卓鸿:《政府承担公共医疗卫生的理论基础和范畴界定》,载《中国卫生事业管理》2005 年第 2 期。

[27] 牛利华:《教育贫困与教育贫困》,载《学术研究》2006 年第 5 期。

[28] 重庆市科委农村处:《重庆构建城乡统筹的基本科技公共服务体系的调研报告》,载《中国农村科技》2007 年第 11 期。

[29] 张峭、徐磊:《中国科技扶贫模式研究》,载《中国软科学》2007 年第 2 期。

[30] 杨起全等:《新时期科技扶贫的战略选择》,载《中国科技论坛》2007 年第 5 期。

[31] 周华:《益贫式增长的定义、度量与策略研究——文献回顾》,载《管理世界》2008 年第 4 期。

[32] 王泉基:《关于基础设施建设对农村扶贫工作的作用的探索研究》,载《传承》2008 年第 5 期。

[33] 张世伟、周闯:《城市贫困群体就业扶持政策的劳动供给效应——一个基于自然实验的研究》,载《经济评论》2008 年第 6 期。

[34] 王根贤:《西部地区国家级贫困县农村公共医疗卫生调查——以四川省通江县为例》,载《地方财政研究》2009 年第 1 期。

[35] 靳永翥:《关系资本:贫困乡村公共服务提供机制研究的新视阈》,载《东南学术》2009 年第 5 期。

[36] 徐勇：《"服务下乡"：国家对乡村社会的服务性渗透——兼论乡镇体制改革的走向》，载《东南学术》2009年第1期。

[37] 韩嘉玲、孙若梅、普红雁、邱爱军：《社会发展视角下的中国农村扶贫政策改革30年》，载《贵州社会科学》2009年第2期。

[38] 陈文贤、聂敦凤、李宁秀、毛萌：《健康贫困与反贫困策略选择》，载《中国卫生事业管理》2010年第11期。

[39] 陈化：《健康贫困与卫生公平》，载《学术论坛》2010年第7期。

[40] 朱海平：《少数民族社会的文化建设与创新》，载《南方论坛》2010年第11期。

[41] 陈振华：《城乡统筹与乡村公共服务设施规划研究》，载《北京规划建设》2010年第1期。

[42] 惠银春：《基本公共服务均等化视野下的浙江省农村反贫困研究——以浙江省开化县为例》，浙江大学硕士学位论文，2010年。

[43] 向德平：《包容性增长视角下中国扶贫政策的变迁与走向》，载《华中师范大学学报》（人文社会科学版）2011年第4期。

[44] 陈璐、王邦祥：《重庆科技服务体系发展现状》，载《东方企业文化》2011年第5期。

[45] 李乐为、王丽华：《就业激励与援助：贫困求助制度演进和优化的基本取向》，载《甘肃社会科学》2011年第3期。

[46] 辛卫振、同春芬：《中国农村扶贫政策问题研究回顾与展望》，载《绥化学院学报》2011年第5期。

[47] 陶振：《乡村公共服务决策机制的变迁与诠释》，载《天津行政学院学报》2011年第2期。

[48] 马俊军：《服务型政府视野下的乡村公共服务体系构建》，载《农村经济》2011年第3期。

[49] 苏明、刘军民、贾晓俊：《中国基本公共服务均等化与减贫的理论与政策研究》，载《财政研究》2011年第8期。

[50] 朱金鹤、崔登峰：《新形势下新疆国家级贫困县的贫困类型与扶贫对策》，载《农业现代化研究》2011年第3期。

[51] 杨颖：《公共支出、经济增长与贫困——基于2002~2008年中国贫困县相关数据的实证研究》，载《贵州财经学院学报》2011年第1期。

[52] 谢君君：《教育扶贫研究述评》，载《复旦教育论坛》2012年第3期。

[53] 王丽华：《就业援助：西部农村反贫困的现实抉择——基于减缓地缘性贫困和生态贫困的视角》，载《理论探讨》2012年第2期。

[54] 毕瑞祥：《基于社会政策视角的农村扶贫开发发展策略研究》，载《财政监督》2012年第6期。

[55] 王亚凤：《我国政府购买公共服务的模式研究》，郑州大学硕士学位论文，2012年。

[56] 王晶：《三峡库区基层公共投入与农村移民的发展》，载《中共福建省委党校学报》2012年第5期。

[57] 曾小溪、曾福生：《基本公共服务减贫作用机理研究》，载《贵州社会科学》2012年第12期。

[58] 郭佩霞：《政府购买NGO扶贫服务的障碍及其解决——兼论公共服务采购的限度与取向》，载《贵州社会科学》2012年第8期。

[59] 张瑜、李东林：《民族地区社会组织公共服务"参与式"供给的效果评价》，载《中国集体经济》2012年第15期。

[60] 郑洲：《西藏农牧区村级公共服务制度创新研究》，载《民族学刊》2012年第1期。

[61] 李云：《文化扶贫：武陵山片区扶贫攻坚的战略选择》，载《民族论坛》2012年第11期。

[62] 陈健：《扶贫地区基础设施建设思考——广西梅林村扶贫基础设施建设调研》，载《中国发展》2012年第6期。

[63] 王增文：《贫困恶性循环、福利依赖与再就业收入》，载《中国人口·资源与环境》2013年第1期。

[64] 尹飞霄、罗良清：《中国教育贫困测试及模拟分析：1982~2010》，载《西北人口》2013年第1期。

[65] 肖湘愚：《湖南推进武陵山片区区域发展与扶贫攻坚战略研究》，载《吉首大学学报》（社会科学版）2013年第3期。

[66] 向阳生：《扶贫开发与农村低保制度的有效衔接及评估与改革》，载《贵州社会科学》2013年第12期。

[67] 牛华、李雪峰：《西部贫困县基本公共服务与扶贫开发联动关系探析》，载《内蒙古师范大学》（哲学社会科学版）2013年第6期。

[68] 曾福生、曾小溪：《基本公共服务减贫实证研究——以湖南省为例》，载《农业技术经济》2013年第8期。

[69] 樊泳湄：《加强公共文化建设与改善云南文化民生》，载《中共云南省委党校学报》2013年第5期。

[70] 黄永红：《试论空间视域中的农村社会建设——关于过疏化乡村公共服务的对策研究》，载《重庆电子工程职业学院学报》2013年第5期。

[71] 林雪霏：《我国场域内的反贫困逻辑：基于多维理论视角》，载《重庆社会科学》2014 年第 9 期。

[72] 田代贵、王定祥：《"发展中贫困"困局的成因与破解对策——来自新阶段重庆扶贫开发的调查与分析》，载《西部论坛》2014 年第 6 期。

[73] 张家偶：《城镇化背景下武陵山区致贫因素与扶贫模式研究——以湖北宣恩县为例》，载《特区经济》2014 年第 9 期。

[74] 廖金萍、陶叡：《集中连片特殊困难地区农村公共服务供给优先次序研究——基于赣罗霄山区农户的视角》，载《理论观察》2014 年第 11 期。

[75] 魏淑艳、田华文：《我国农村与扶贫政策未来取向分析》，载《社会科学战线》2014 年第 3 期。

[76] 张姗姗、邱靖：《贵州省农村公共服务发展对反贫困的作用研究》，载《兴义民族师范学院学报》2014 年第 3 期。

[77] 伍琴：《公共投资对集中连片特困地区的扶贫机制研究——以赣南原中央苏区为例》，载《江西社会科学》2014 年第 9 期。

[78] 祁毓、卢洪友：《污染、健康与不平等——跨越"环境健康贫困"陷阱》，载《管理世界》2015 年第 9 期。

[79] 周灿：《公共服务视角下德昂族扶贫开发对策研究》，载《黑龙江民族丛刊》2015 年第 4 期。

[80] 龚志伟：《社会组织参与乡村公共服务：功能阻滞与策略创新》，载《中共天津市委党校学报》2015 年第 6 期。

[81] 张天舒：《内蒙古贫困县基本公共服务与扶贫开发联动研究——以兴安盟科右中旗为例》，载《内蒙古科技与经济》2015 年第 1 期。

[82] 牛华：《基本公共服务视角下贫困县扶贫开发路径选择——基于内蒙古 7 个典型贫困县的调研》，载《人民论坛》2015 年第 12 期（下）。

[83] 张渝、王永生：《重庆市秀山县高山生态扶贫问题与对策研究》，载《安徽农业科学》2015 年第 27 期。

[84] 张天舒：《少数民族地区贫困县基本公共卫生服务与扶贫开发联动——以内蒙古自治区 9 个国家级贫困旗县为例》，载《中国管理信息化》2015 年第 9 期。

[85] 凌经球：《推进滇桂黔石漠化片区扶贫开发的路径研究——基于新型城镇化的视角》，载《广西民族研究》2015 年第 2 期。

[86] 刘璐琳：《武陵山片区教育贫困新特点与对策研究》，载《民族教育研究》2015 年第 1 期。

[87] 郑中华、郑东风：《"龙凤经济协作示范区"公共服务一体化建设的对策思考》，载《经济研究导刊》2015 年第 26 期。

[88] 戈大专、龙花楼、屠爽爽、李裕瑞：《新型城镇化与扶贫开发研究进展与展望》，载《经济地理》2016年第4期。

[89] 迟瑶、王艳慧：《武陵山片区扶贫重点县农村基本公共服务均衡化差异分析》，载《地理信息科学》2016年第3期。

[90] 肖云峰：《大扶贫背景下的基本公共服务均等化研究——以昆明市东川区阿旺镇为例》，云南财经大学硕士学位论文，2016年。

[91] 文敏、文波：《国内外基本公共服务均等化研究综述》，载《昭通学院学报》2016年第3期。

[92] 黄承伟、刘欣：《"十二五"时期我国反贫困理论研究述评》，载《云南民族大学学报》（哲学社会科学版）2016年第2期。

[93] 龙涛：《生态扶贫研究综述与重点展望》，载《四川林勘设计》2016年第3期。

[94] 黄金梓：《生态扶贫的源流与制度》，载《文史博览》（理论）2016年第1期。

[95] 黄金梓：《论我国生态扶贫研究的范式转型》，载《湖南生态科学学报》2016年第1期。

[96] 沈茂英、杨萍：《生态扶贫内涵及其运行模式研究》，载《农村经济》2016年第7期。

[97] 杨文静：《生态扶贫：绿色发展视域下扶贫开发新思考》，载《华北电力大学学报》2016年第4期。

[98] 舒莉芬：《教育贫困与收入贫困关系的实证研究——以江西省连片特困地区为例》，载《教育学术月刊》2016年第3期。

[99] 刘军豪、许锋华：《教育扶贫：从"扶教育之贫"到"依靠教育扶贫"》，载《中国人民大学教育学刊》2016年第2期。

[100] 王介勇、陈玉福、严茂华：《我国精准扶贫政策及其创新路径研究》，载《中国科学院院刊》2016年第3期。

[101] 骆方金：《生态扶贫：概念界定及特点》，载《改革与开放》2017年第5期。

[102] 张琰飞、朱海英：《武陵山片区教育贫困演变及扶贫对策》，载《吉首大学学报》（自然科学版）2017年第1期。

[103] 世界银行：《从贫困地区到贫困人群：中国扶贫的演进——中国贫困和不平等问题评估》，2009年3月。

[104] 中共中央、国务院：《中国农村扶贫开发纲要（2001~2010年）》，2001年6月。

［105］中共中央、国务院:《中国农村扶贫开发纲要（2011~2020年）》，2011年12月。

［106］国务院:《国家基本公共服务体系"十二五"规划》，2012年7月。

［107］国务院:《武陵山片区区域发展与扶贫攻坚规划（2011~2020年）》，2013年3月。

［108］重庆市统计局:《重庆统计年鉴（2010）》，2011年。

［109］重庆市统计局:《重庆统计年鉴（2011）》，2012年。

［110］重庆市统计局:《重庆统计年鉴（2012）》，2013年。

［111］重庆市统计局:《重庆统计年鉴（2013）》，2014年。

［112］重庆市统计局:《重庆统计年鉴（2014）》，2015年。

［113］重庆市统计局:《重庆统计年鉴（2015）》，2016年。

［114］重庆市统计局:《重庆统计年鉴（2016）》，2017年。

［115］《黔江区国民经济和社会发展统计公报》，2011~2017年。

［116］《石柱县国民经济和社会发展统计公报》，2011~2017年。

［117］《酉阳县国民经济和社会发展统计公报》，2011~2017年。

［118］《彭水县国民经济和社会发展统计公报》，2011~2017年。

［119］《武隆县国民经济和社会发展统计公报》，2011~2017年。

［120］《丰都县国民经济和社会发展统计公报》，2011~2017年。

［121］《秀山县国民经济和社会发展统计公报》，2011~2017年。

［122］重庆市科协、重庆市统计局:《重庆科技统计年鉴2016》。

［123］重庆市卫生与计划生育委员会:《2016年重庆市人口和医疗资源及服务情况分析报告》。

后　　记

　　本书是重庆市 2011 协同创新中心"武陵山片区绿色发展协同创新中心"重大委托项目"武陵山重庆片区乡村基本公共服务与反贫困联动机制研究"（XTCX04）和重庆市涪陵区社科事业专项委托项目"武陵山重庆片区基本公共服务与扶贫开发联动的实践与研究"（FLZXWT201801）最终成果，是作者历时三年多的实地调研的心得。

　　本书将基本公共服务作为地区经济社会全面发展的内生变量，是资源、人力资本、金融资本以外不可或缺的发展要素。研究重点以武陵山重庆片区地理区位、发展历史、政策、区域发展格局以及贫困人口心理特征为背景，围绕基本公共服务供给、保障水平和贫困地区自我发展能力，分析公共服务供给的效度。一是通过研究文献厘清基本公共服务与反贫困的应然关系。梳理涉及贫困、基本公共服务及其相互关系，深化基于贫困理论、基本公共服务均等化、公共治理理论等的认识，从不同角度解释公共服务与扶贫开发的启示意义；通过回顾有关贫困问题认识的深化和基本公共服务的发展历史，总结地区通过基本公共服务缓解贫困的经验。在上述文献分析中说明基本公共服务与反贫困联动体现在内容与方式互补、目标的一致性，其意义不仅在于结构性贫困需要公共服务来消除，更关系到"后扶贫时代"贫困地区的可持续和高质量发展。二是通过实地样本调研探究基本公共服务与反贫困的实然关系。以武陵山重庆片区 7 个区县为研究样本，对各区县的扶贫开发实践进行调查研究，考察公共政策、基础设施建设、教育、医疗、文化、就业服务、科技服务和生态环境保护等具体案例和数据，深入分析片区基本公共服务存在的主要问题及原因，以及基本公共服务提供对扶贫开发的影响程度。

　　本书认为，均等化的基本公共服务和贫困地区脱贫有着天然的内在联系。武陵山重庆片区目前的乡村公共服务侧重于基础设施建设、教育、医疗、公共文化、就业、科技以及生态保护七个方面。这七个方面针对贫困群体能力提升，贫困地区发挥区域产业发展和生产生活条件改善发挥作用，即公共服务从通过专项服务改善乡村环境、培育区域产业发展和提升贫困人口综合素质，实现片区反贫困目标。

本书的出版得到了长江师范学院、涪陵区社科联以及经济科学出版社的大力支持。感谢涪陵区社科联何侍昌主席、长江师范学院武陵山区特色资源开发与利用研究中心主任熊正贤教授以及经济科学出版社王娟编辑为本书出版给予的关心和帮助!

扶贫研究领域政策性强、范围广、时间长、内容多,且文献散、资料乱,加之本人学识水平有限,书中难免出现一些疏漏甚至错误,敬请各位读者批评指正。

刘安全
2018年10月于重庆涪陵